LA VIE
DE MADAME J. M. B. DE LA
MOTHE-GUYON,

ÉCRITE PAR ELLE-MÊME,

QUI CONTIENT TOUTES LES EXPÉRIENCES DE

LA VIE INTÉRIEURE,

Depuis ses commencemens jusqu'à la plus haute consommation, avec toutes les directions relatives.

NOUVELLE ÉDITION

TOME I.

A PARIS;
Chez les LIBRAIRES ASSOCIÉS.

M. DCC. XCI.

PREFACE.

SOMMAIRE.

I. Des personnes envoyées de Dieu pour communiquer aux hommes la vérité salutaire, & comment le Démon s'y oppose de toutes ses forces.
II. De la Vie & des Ecrits de Madame Guyon.
III. De la Purification terrible qu'elle a soufferte & de ses grandes persécutions & épreuves.
IV. De ses sentimens sur la Grace.

I.

Dieu, qui veut que tous les hommes soient sauvés par la connoissance de la vérité salutaire, ne manque pas de leur envoyer pour cet effet de tems à autre des personnes qu'il lui plait de se choisir & de se préparer pour les rendre propres à la leur communiquer, par l'entremise de leurs paroles, de leurs écrits, & de leur vie exemplaire : Mais l'ennemi des hommes & de leur salut, l'ange rebelle, ayant avec ses complices des desseins tout contraires à ceux de Dieu, ne manque pas non plus de son côté à s'y opposer de tout son pouvoir. Cet ennemi, pour arrêter le cours de la vérité & ses effets, non content d'avoir répandu par-tout où il a pû les ténèbres soit de l'erreur, soit de l'ignorance, & la contagion des mauvais exemples, qui entraînent la plûpart des hommes à la perdition, se fait de plus un plaisir singulier de s'en prendre aux ames de choix qui servent le Seigneur, à leurs paroles, à leur doctrine, à leur conduite ; non en les représentant comme elles sont dans la vérité, & puis s'y opposant directement : cela ne pourroit tromper les bons : mais en les obscurcissant, en les déguisant artificieusement, & même en leur supposant à faux des discours, des sentimens & des faits les plus pernicieux qu'il puisse imaginer : afin que les gens de bien prévenus de la sorte, viennent à concevoir de l'aversion pour ces personnes-là & pour tout ce que Dieu les a rendu capables de faire pour le bien des ames; & que non-seulement ils s'en privent eux-mêmes, mais qu'ils en viennent même jusqu'à se persuader qu'ils rendront service à Dieu s'ils peuvent contribuer à leur extinction entiere & universelle.

Il faut absolument ignorer l'histoire sainte & celle de l'Eglise, pour ne pas savoir que c'est ainsi que cet ennemi du salut des hommes a fait recevoir & traiter les Saints Prophétes, le Saint des Saints, ses Apôtres

Préface

& ses disciples, les premiers Chrétiens, & dans la suite de tous les tems, ceux qui ont été à Dieu d'une maniere particuliere & dont il se servoit pour le bien salutaire des ames. Le plus grand mal qu'il y avoit dans ce procédé de l'ennemi commun n'étoit pas ni les souffrances, ni même la captivité ou la mort qu'on procuroit souvent à ces amis de Dieu, qui, au contraire, en faisoient leur bonheur & le sujet de leur joie : mais c'est qu'outre que le Démon aggravoit de la sorte les péchés de ceux qu'il employoit à s'opposer au bien, il détournoit par cela même les ames de bonne volonté des moyens de leur salut, qu'elles auroient pû embrasser si Satan ne les leur avoit pas couvert du voile de ses calomnies & de ses mensonges pour leur en donner de l'horreur.

Cette pernicieuse méthode a tellement réussi de tout tems à cet ennemi, qu'il ne faut pas douter qu'à mesure que son tems devient court, il ne s'efforce à la mettre en usage par tout & envers tous, & ainsi à prévenir, à tromper & à séduire par son moyen les meilleurs mêmes.

Il ne faut pas que les ames de bonne volonté, si elles ne se tiennent bien sur leurs gardes, se croient incapables d'être trompées de la sorte par les artifices de cet ennemi. Après la prédiction de Jésus-Christ, & un exemple aussi grand que celui de Saint Paul, il n'y a personne, pour assuré qu'il soit de sa probité & de sa bonne volonté, qui n'ait sujet de craindre, s'il se laisse aller à la sécurité ou à la négligence dans ce point ci. Jésus-Christ nous a prédit que des personnes de la meilleure volonté du monde, dans l'intention de servir le vrai Dieu, se laisseroient surprendre & aveugler jusqu'au point de croire (*a*) lui rendre service en persécutant & en faisant mourir ses véritables disciples; & Saint Paul, étant encore Saul, a vérifié cette prédiction dans sa personne. Il déclare (*b*) hautement d'avoir toujours eu la meilleure volonté du monde, s'étant conduit continuellement en suivant devant Dieu les meilleurs mouvemens de sa conscience : & cependant ce bon cœur, cet homme de bien & qui craignoit Dieu, se laisse aller à la persécution de l'Evangile du salut & de ceux qui l'annonçoient aux hommes de la part de Dieu. Comment cela ? C'est qu'au lieu de s'informer des choses par lui-même, & de les rechercher & regarder en leur source, il s'étoit contenté

(*a*) Jean. 16. v. 2. (*b*) Act. 23. v. 1.

des rapports & des impreſſions que lui en avoient données quaſi unanimément des gens de toutes ſortes, de qualité même, & non médiocres, des Pontifes, des Docteurs de la Loi, des dévots, & tout le général du peuple d'Iſraël, qui lui avoient fait paſſer Jéſus‑Chriſt & ſes diſciples pour des gens qui annonçoient une doctrine dangereuſe & qui n'alloit à rien moins qu'à la ruine de toute la Religion & de la Loi de Dieu. Il les croit bonnement ſans les ſuſpecter ſoit de malice ou de déguiſement, ſoit de prévention, ou d'ignorance, ou de zèle mal-entendu; & ſur cela il laiſſe agir ſon zèle & ſa bonne volonté contre la vérité & l'innocence juſqu'à un tel excès & avec une inflexibilité ſi opiniâtre, qu'il fallut un miracle pour le retenir & le faire revenir d'une ſi funeſte mépriſe. Il reconnoît lui-même enſuite, bien qu'il ait agi de la ſorte par ignorance, qu'il ne laiſſoit pas cependant d'avoir grievement péché contre Dieu par une telle conduite. (a) *Je ſuis*, dit-il, *le premier des pécheurs: je ne ſuis pas digne d'être Apôtre, parce que j'ai perſécuté l'Egliſe de Dieu.* Mais il le fut pourtant après être revenu avec grand regret de ſes préjugés ſi mal fondés.

(a) 1. Tim. 1. v. 15.   1. Cor. 15. v. 9.

Jésus-Chrift & ce même Apôtre, pour en prévenir déformais de pareils, dans les perfonnes même de meilleure volonté, nous ont recommandé deux précautions. Celle de Saint Paul est conçue en ces paroles qu'il adreffe aux fidéles de Theffalonique: (a) *Eprouvez tout, & approuvez ce qui eft bon.* Eprouver une chofe c'eft en prendre connoiffance par foi-même, en effayer ou s'en appliquer l'ufage, & voir fi de là il nous refulte un plus grand avancement vers le bien folide & un plus grand éloignement du mal. Quand une chofe a foutenu cette épreuve dans nous, c'eft alors que d'éprouvée elle nous doit devenir approuvée. Que fi après cela il fe peut trouver encore des perfonnes qui témoignent de ne pas approuver ce qui pourtant a foutenu cette épreuve-là, ce fera fans doute pour n'avoir pas obfervé cette autre leçon du Fils de Dieu, qui nous infinue de n'avoir en cette affaire-là aucun égard ni aux hommes, ni à leur gloire, ni à la nôtre; mais uniquement à la feule gloire de Dieu; omiffion qui fut la caufe de l'incrédulité des Juifs & de la diffimulation des meilleurs d'entr'eux, comme il le leur reproche par ces paroles de l'Evangile de Saint

_____
(a) 1. Thef. 5. v. 21.

Jean : (a) *Comment pourriez-vous croire, vous, qui recherchez la gloire que vous vous donnez les uns aux autres, & qui ne recherchez point la gloire qui est de Dieu seul ?* & selon cette autre remarque du même Evangeliste : (b) *Plusieurs des Sénateurs mêmes crurent en lui : mais à cause des Pharisiens ils n'osoient le reconnoître publiquement, de crainte d'être chassés de la Sinagogue : car ils ont plus aimé la gloire des hommes que la gloire de Dieu.*

Il faut donc pour profiter sûrement des vérités que Dieu nous communique quand il lui plait & par qui il lui plait, que chacun s'applique à les connoître de source ; & que lors qu'on en est convaincu, on s'y rende en toute sincérité & droiture de cœur, sans avoir égard à ce que les hommes, de quelque condition & qualité qu'ils soient, en pourront penser ou dire, si on les aura pour amis ou pour ennemis ; si cela déroutera notre réputation & nos affaires temporelles, ou les avancera. Il nous doit suffire uniquement de plaire à Dieu ; & qu'en nous rendant à sa vérité, nous nous mettions ainsi en état de le glorifier & ici & éternellement par notre conformité avec Jésus-Christ, qui fut premierement méprisé, rejetté & crucifié ; & puis en-

(a) Jean 5. v. 44.   (b) Jean 12. v. 42.

suite glorifié & glorifiant Dieu son Pere dans toute l'éternité. Il a dit ; (a) *Je suis venu dans le monde pour rendre témoignage à la vérité: & quiconque est du parti de la vérité, écoute ma voix* : & encore : *mes brebis connoissent ma voix : elles ne connoissent point la voix des étrangers. Elles me suivent, & je leur donne la vie éternelle.*

Tout ce que l'on vient de dire, ne regarde pas seulement le tems passé. Il est de tous les tems que durera encore le monde corrompu, du présent comme de l'avenir. A mesure que les ténèbres & les péchés se multiplient sur la terre, la miséricorde du Seigneur ne manquera jamais de multiplier ses lumieres & ses graces en faveur de ceux qui voudront se sauver en s'y rendant. L'ennemi de Dieu & des hommes s'y opposera encore sans doute, & fera son possible pour décrier, pour éteindre, pour exterminer & les graces de Dieu & les personnes dont il se servira pour les communiquer aux hommes. Et cet ennemi non content de disposer des méchans pour cet effet-là, tentera les bons à son possible pour les détourner des impressions de la vérité, ou pour les en faire déchoir s'ils avoient déja commencé à la connoître, & même pour les por-

___
(a) Jean Chap. 18. v. 37. & Ch. 10. v. 5. 27. 28.

ter après leur relâchement à s'en déclarer les ennemis, & à s'opposer à sa communication: & rien ne les peut garantir d'un tel péril, sinon que l'on se mette sur ses gardes en observant les précautions que l'on vient de marquer.

II.

Les instructions & les écrits de l'Auteur, dont voici la Vie, ne commencerent pas plutôt à paroître, que tous ceux qui voulurent en prendre connoissance de la maniere que l'on vient de dire, furent convaincus dans le fond de leurs cœurs que le tout venoit de Dieu, & que tout alloit à Dieu & au salut éternel de nos ames. Ils n'en ont pû douter aussi long-tems qu'ils ont voulu ne regarder qu'à Dieu & à sa gloire unique. Mais dès que l'ennemi, soit par ses propres tentations, soit par les artifices de quelques-uns de son parti, a pû leur faire détourner la vue de ce point là, & envisager quelqu'autre chose, il en est tombé plusieurs, dont néanmoins quelques-uns en sont revenus, pendant que les autres sont demeurés, partie dans leur simple relâchement, partie dans une aliénation si pleine & si étrange, que de s'être opposé ensuite de tout leur pouvoir aux mêmes vérités qu'ils avoient auparavant goûtées, & qu'ils ont puis après tâché de rendre suspectes par toutes sortes d'artifices pour de là faire rejetter & condamner universellement tout ce qui pouvoit venir de la même source, qu'on a voulu faire passer pour empoisonnée, dont tout le monde devoit se donner de garde.

C'est de la sorte, & par des moyens encore plus odieux, qu'on a cru durant un assez long-tems avoir éteint & supprimé entierement ce qui regardoit les écrits & les faits de Madame Guyon, à quoi on ne pensoit plus que par hazard comme à une fable passée, ou à une espèce de comédie pleine d'extravagances qui s'étoit jouée vers la fin du dernier siecle & terminée assez tragiquement. Mais Dieu, qui ne vouloit point que les grandes & salutaires vérités, qu'il avoit dessein de communiquer aux ames de bonne volonté par cet insigne organe de son Esprit Saint, demeurassent stériles, s'est servi pour les faire revivre & pour en répandre par-tout la connoissance, des mêmes personnes qui avoient cru les éteindre, & des mêmes moyens dont ils s'étoient servi pour cet effet. Car outre quelques-uns de ses papiers qu'ils communiquerent à des particuliers, les ouvrages qu'ils publièrent eux-mêmes à l'encontre ayant passé dans les pays étrangers, porterent la curiosité de plusieurs, mêmes entre des personnes de considération, à vouloir un peu pénétrer le fond d'une affaire qui avoit fait depuis peu un si grand bruit. Ce qui les ayant engagé à rechercher ses écrits, & à lire sans préjugé ceux qu'ils purent trouver, ils en furent tellement touchés, qu'ils firent leurs efforts pour en découvrir & ensuite rendre publics pour la gloire de Dieu & le bien éternel de ceux qui veulent faire leur salut, tout autant qu'ils pourroient en recouvrer. Quelques Seigneurs d'Allemagne & d'Angleterre & d'ailleurs non contents d'une simple lecture, ayant ouï dire que cette Dame depuis la mort de son plus grand adversaire avoit été délivrée de sa dure captivité, & reléguée quelque-part, où pourtant il n'étoit pas impossible de la visiter, resolurent de tenter s'ils y pourroient réussir. Ils eurent la satisfaction de la trouver, & de lui parler à souhait. Elle leur fit confidence de l'histoire de sa vie écrite & revûe par elle-même, & que son intention étoit qu'on en fit part au public lorsque Dieu l'auroit retirée du monde: elle remit même son manuscrit à un milord d'entr'eux qui s'en retournoit en Angleterre, & qui le posséde encore à présent.

Cependant comme Dieu en a retiré l'Auteur il y a déja quelque (*a*) tems, c'est pour

(*a*) L'an 1717. le 9. de Juin, à Blois.

ne pas retarder davantage l'exécution de sa volonté, que voici la publication de cette même Vie sur une copie tirée & revûe avec soin sur son manuscrit original. On ne sauroit douter, que toute ame qui est capable de rentrer en soi-même avec sincérité & simplicité de cœur, n'en doive retirer des avantages très-salutaires, & un avancement considérable dans la connoissance & pour la pratique des voies de Dieu les plus intérieures & les plus divines; & peut-être même quelques-uns de ceux qui s'en étoient laissé détourner par les fausses insinuations des personnes artificieuses, pourront s'en rapprocher, ou encore, à l'imitation de Saint Paul, ramener leur zèle à soutenir la vérité & l'innocence, par un motif de l'avancement de la gloire de Dieu plus éclairé qu'il n'étoit auparavant.

On ne pouvoit différer davantage la publication de cet ouvrage sans faire tort à ceux qui peuvent en profiter salutairement, aussi bien qu'aux divines lumieres dont Dieu a dessein de nous éclairer pour sa gloire, & qu'on avoit non-seulement mises sous le boisseau, mais ensevélies sous des tas de calomnies horribles, de fables scandaleuses, d'historiettes ridicules, de faussetés criminelles & de toutes sortes de malins artifices, pour en donner de l'aversion

& de l'horreur à tout le monde, par la simple idée qu'on répandoit ainsi par-tout de la personne dont il est question, jusques là que même des religieux qui par leurs regles auroient dû garder le silence, bien loin de faire parler la calomnie, semblent y avoir pris part avec plaisir, comme on le voit dans l'Auteur anonyme de la Vie d'un Evêque de ce dernier siecle, qui a bien voulu remplir presque tout un Chapitre (*a*) de son ouvrage de plusieurs fables de cette nature aussi fausses que scandaleuses, que la seule considération de son Evêque auroit dû lui faire rejetter, bien loin de les adopter & de les publier. Car il devoit savoir, que son Evêque, nonobstant ses dissentimens d'avec madame Guyon, touchant les lieux de sa résidence, & la maniere de s'employer à l'avancement de la piété, lorsque néanmoins il consultoit son cœur & sa conscience, sans prêter l'oreille à des insinuations d'ennemis, ne pouvoit s'empêcher d'estimer a vertu, & d'en témoigner toujours en bien. Il a assuré dans une lettre qu'il écrivit l'année même qu'il mourut, que *sa mémoire, & sa conscience ne lui reprochoient pas d'avoir jamais par-*

(*a*) Liv. III. Chap. 4. de la Vie de M. Jean d'Aranthon, Evêque de Geneve &c. Imprimée à Lyon 1697.

lé autrement d'elle qu'avec beaucoup d'eſtime, & de reſpect. — *J'ai toujours*, (dit-il dans la même lettre) *parlé* DE LA PIÉTÉ ET DES MŒURS *de cette Dame avec éloge. Voila en peu de mots les véritables ſentimens où j'ai toujours été à ſon égard.* Cette lettre eſt datée du 8ᵉ. de Février 1695, & ce Prélat mourut le 4 de Juillet de la même année : & on la voit toute entiere dans la *Réponſe de M. l'Archevêque de Cambrai* (qui en avoit l'original) *à la Rélation du Quiétiſme de M. l'Evêque de Meaux* (pag. 12. & 13.) On verra dans l'hiſtoire que voici, qu'il ne faut pas s'étonner ſi une perſonne contre laquelle on a écouté tant d'impoſteurs, & même employé juſqu'à des faux témoins de profeſſion & des fauſſaires à gages pour contrefaire ſon écriture, & lui ſuppoſer des fauſſes lettres, ait été dans le décri univerſel que chacun ſait, & traitée de la maniere qu'elle l'a été en conſéquence des jugemens qu'en ont rendus des Juges ou mal-informés, ou juges & parties tout-enſemble. Mais il étoit juſte qu'au moins après ſa mort ſon innocence, ſa piété fonciere & ſes vertus épurées & extraordinaires, ne fuſſent pas moins reconnues & publiées que toutes les productions de ſa plume, auxquelles cette hiſtoire de ſa vie & de la maniere dont Dieu l'a gouvernée, doit

donner

donner un grand poids dans les cœurs disposés à faire salutairement leur profit des graces & des merveilles de Dieu.

Car ils verront ici, que les écrits & les lumieres de cette ame de choix, bien loin d'être du nombre des productions idéelles & étudiées de l'esprit humain, qui ne donne ordinairement que des spéculations stériles & des images vaines & sans aucune vie, sont véritablement des réalités animées, & toutes d'expérience ; que ce sont des productions vivantes & effectives d'une ame qui, parfaitement morte à elle-même, à toute propriété & à toutes choses, étoit passée en Dieu, y avoit pris vie, racine, vigueur, qui étoit devenue forte en lui, qui tiroit tout de lui, qui étoit régie par lui, & qui plus est, avoit été choisie par lui, & remplie de dons extraordinaires & de graces surabondantes, pour en faire communication à d'autres ames, au salut desquelles il vouloit l'employer, après l'y avoir premierement préparée, & se l'être consacrée par les épreuves purifiantes & les croix continuelles qu'on verra par-tout dans cette Vie.

Si ce procédé sembloit étrange à quelques-uns, ce seroit faute d'avoir remarqué ce que (*a*) S. Paul dit de Jésus-Christ même,

---

(*a*) Heb. 2. v. 10. &c.

que *Dieu voulant conduire par lui plusieurs enfans à sa gloire, il étoit juste & convenable qu'il consacrât & perfectionnât par des souffrances & des afflictions celui qu'il leur donnoit pour Chef & Conducteur.* Le même Apôtre assure encore, (*b*) que *Dieu a destiné les ames de choix, à être rendues conformes à l'image de son Fils.* On peut voir dans les Evangiles quelle a été cette image du Fils de Dieu; & dans les Actes des Apôtres aussi bien que les écrits de Saint Paul, comment ils ont porté toute leur vie la même image, à laquelle la personne dont il s'agit ici a eu sa part d'une maniere bien particuliere.

III.

Cette terrible privation & purification par où elle y fut préparée, & qui lui dura plusieurs années de suite, ne doit point étonner les Lecteurs qui peut-être n'auroient encore entendu rien de pareil. C'est la même en substance qu'ont éprouvée les grands & saints Patriarches Job & David, & quantité d'ames éclairées dont on honore encore la mémoire & la sainteté. Le savant & pieux Cardinal Bona en a fait l'énumération (*c*) de quelques-

---

(*b*) Rom. 8. v. 29.
(*c*) *Voie abregée pour aller à Dieu*, Chap. X.

unes, aussi bien que de quelques Ecrivains spirituels qui ont décrit cet état-là sous les termes de *privation rigoureuse*, de *nuit obscure*, de *mort spirituelle*, d'*angoisses intérieures*, de *langueur infernale*, de *terrible martyre*, de *purgatoire* & de *tourment horrible & indicible* & semblables : état qui se consomme ordinairement par ce qu'on appelle *le Sacrifice du Salut éternel*, qui n'est pas, comme quelques-uns l'ont voulu objecter sans bien l'entendre, un consentement à la haine de Dieu, mais un consentement à demeurer pour toujours si Dieu le veut, à sa divine gloire, dans ce même état de privation rigoureuse que tant de Saints ont éprouvé, & où bien loin de consentir à haïr Dieu, on aimeroit mieux (comme on le verra (*d*) ici) mille enfers que le moindre péché ; état qui est enfin suivi, comme le remarque ce pieux Cardinal, de celui de la plus pure union avec Dieu, &, selon qu'il plait à Dieu, de plusieurs autres dons & graces de dégrés très-sublimes. On en verra ici des exemples de plusieurs sortes, & d'aussi sublimes qu'on en puisse remarquer ailleurs. Comme il y a là dedans bien des choses qui passent la compréhension naturelle de l'esprit humain, il sera bon de se souvenir en

_____
(*d*) I. Part. Chap 25. & 26.

les lisant de cette parole de S. Paul : (*a*) *Nul ne connoît ce qui est en Dieu que l'Esprit de Dieu*: & encore : *L'homme spirituel juge de tout, & ne peut-être jugé de personne.*

Cet avis de l'Apôtre doit aussi servir à ce qu'on se donne de garde de condamner l'ingénuité avec laquelle cette ame pure a décrit sans déguisement une partie des persécutions qui lui ont été suscitées par toutes sortes de personnes. Dieu, qui est plus sage que tous les hommes, a jugé à propos qu'elle en agît ainsi : & voici la déclaration qu'elle en a fait en termes exprès. (*b*) *Quoique j'aie été obligée d'écrire le procédé de ceux qui me persécutent, je ne l'ai point fait par ressentiment; puisque je les porte dans mon cœur & que je prie pour eux, laissant à Dieu le soin de me défendre & de me délivrer de leurs mains sans que je fasse un mouvement pour cela. J'ai cru & compris que Dieu vouloit que j'écrivisse sincérement toutes choses afin qu'il en fût glorifié; & qu'il vouloit que ce qui a été fait dans le secret contre ses serviteurs, soit un jour publié sur le toit : & plus ils tâchent de se cacher aux yeux des hommes, plus Dieu manifestera toutes choses.* On verra néanmoins dans

(*a*) 1. Cor. 2. v. 11. 15.
(*b*) En sa Vie, Part. III. Ch. VIII. §. 7.

le cours de cette histoire, & sur-tout vers la fin, que Dieu lui a permis d'en passer sous silence la plus considérable partie, qui regarde ses dernieres persécutions & sa captivité.

Pour ce qui est de ses premieres épreuves qu'elle a essuyées dans le domestique, & dont elle fait des détails qui ne paroissent pas fort favorables aux personnes dont elle parle, elle s'est servie de tant de précautions & si souvent pour qu'on n'en fît aucun jugement à leur désavantage, qu'assurement nul de ceux qui pourroient y prendre quelque intérêt n'a aucun sujet de se mécontenter que Dieu ait voulu, que ces narrations & ces exemples de mortification & de patience servissent à l'édification des ames & à sa gloire par leur manifestation.

Il ne s'agit point ici d'aucune action qui ressente le crime & qui fasse tache, telles que Dieu a pourtant permis que les Ecrivains sacrés en ayent fait voir dans la maison de Jacob, de David, & dans plusieurs autres Saints qu'on n'en honore pas moins : il ne s'agit que de certaines vexations domestiques que Dieu permettoit à des personnes de bonne volonté & de probité ; qu'il employoit ainsi pour la fin glorieuse qu'il s'étoit proposée pour lui-même, pour le bien de tous, & même, à l'honneur véritable de ceux qui ont l'avantage de voir entre les leurs une si grande Sainte, qui même a fait suffisamment l'apologie des personnes domestiques par qui elle a été exercée.

Car on verra qu'elle a déclaré plus d'une fois, qu'ils avoient dans le fond la crainte de Dieu, une piété sincere, & beaucoup de vertu & de charité : que leur maniere d'agir envers elle étoit une pure dispensation de Dieu pour la purifier, à raison dequoi il leur fermoit les yeux, & leur permettoit les méprises nécessaires à l'effet qu'il en prétendoit : & que quand il en eut tiré cet usage, tous revinrent de leurs préventions & de leurs vexations, s'en humilierent devant elle, reconnurent le solide de sa vertu, & en devinrent même les panégiristes.

Un lecteur qui a quelque discernement ne doit pas dans ces occurences-là s'occuper de la considération de la personne qui fait la faute, ou méprise, & s'en étonner comme si, pour lui, il étoit bien au-delà de ces sortes de foiblesses : tel qui s'en croit incapable, si Dieu vouloit le mettre dans les occasions & qu'il le laissât à lui-même, en feroit cent fois pis, & peut-être n'en reviendroit jamais. C'est uniquement à la personne qui reçoit ces sortes de traitemens avec douceur, silence, patience, suppression des mouvemens de la nature, bénignité, bénéficence même envers le prochain; & actions de graces à Dieu, qu'il faut regarder pour s'en édifier; & demander à Dieu la grace de pouvoir l'imiter en de semblables rencontres.

Car il est certain que c'est pour cet effet que Dieu a permis que ces choses nous soyent mises ici devant les yeux; & que si on agissoit de la sorte dans toutes les occurences de la vie privée, & avec tous ceux que l'on doit converser, les mêmes choses qui nous sont ordinairement des sujets & des sources de dissensions & de débats, d'inimitiés & de haines, de guerres & de toutes sortes de maux temporels & souvent éternels, nous seroient changées en moyens, en secours, en écoles à nous faire devenir des Saints & des Anges en pureté, innocence, bonté & charité, &, pour tout dire, nous rendroient de véritables disciples & imitateurs de Jésus-Christ, duquel sans cela on ne l'est qu'imaginairement, ni Chrétien que de nom.

Autrefois Dieu pour purifier les Chrétiens se servoit de la haine & des persécutions des payens idolâtres, qui par leurs tourmens & par leurs feux les épuroient comme l'or dans la fournaise. Maintenant qu'il n'y a plus des payens pour un pareil effet, il plaît à Dieu pour purifier & fanctifier les ames, de fe fervir de la conduite journaliere, de l'humeur & des vexations de ceux avec qui l'on vit, parents, amis, voifins, prochains : fi nous recevions leurs manieres de fe comporter envers nous, en Chrétiens & felon l'intention de Dieu, elles nous rendroient de vrais Saints, & nous produiroient une paix inaltérable & éternelle, comme il paroît dans l'ame fanctifiée qui nous fait voir ici, que ces mêmes effets lui font venus par cette voie-là, laquelle eft fans-doute une bonne partie de la croix de chaque jour, que Jéfus-Chrift dit qu'il nous faut porter fi nous voulons aller après lui & l'accompagner dans ce monde & en l'autre.

I V.

Peut-être que des perfonnes d'un parti qui ne fait pas peu de bruit dans l'Eglife, ne feront pas fort contentes, de ce que Madame Guyon ne fe loue pas beaucoup en divers endroits, de la conduite qu'ils ont tenue à fon égard par la feule raifon qu'elle ne s'étoit pas voulu rendre à leurs fentimens particuliers ; car c'eft là l'unique raifon véritable du deffein qu'ils femblent avoir formé de s'oppofer à elle, à fes ouvrages, à fa réputation par-tout où l'occafion s'en préfente, fans que de fon côté elle fe foit jamais oppofée à eux de faits ni de paroles ni par écrit.

Seulement ne pouvoit-elle avouer leurs fentimens, parce qu'elle ne pouvoit les accorder comme il faut avec les principes de l'humilité, de l'amour de Dieu envers l'homme, & de celui de l'homme envers Dieu & envers le prochain. Elle étoit convaincue dans fon cœur d'avoir plufieurs fois refifté à la vraie grace de Dieu & de Jéfus-Chrift. Et de ne vouloir pas avouer cette réfiftance qu'on avoit faite à la grace véritable de l'Efprit Saint, ou, ce qui eft la même chofe, de vouloir foutenir que la vraie grace de Dieu eft irréfiftible ; lui paroiffoit un grand orgueil.

On met en fait, qu'en provoquant à la confcience des gens de bien qui font encore dans ce fentiment-là, & qu'on leur demande comme devant Dieu, fi en confcience & dans le fond de leurs cœurs ils peuvent dire à Dieu de n'avoir jamais réfifté à fa véritable & pure grace; ils feront obligés d'avouer en foupirant de ne l'avoir fait que trop fouvent : & cela eft arrivé même à des favans, mais finceres & humbles, en les prenant de ce côté-là.

On leur avoue que la vraie grace de Dieu eft efficace par elle-même, c'eft-à-dire, par

Dieu même, que c'eſt de Dieu ſeul & non de l'homme, que vient l'efficace, de ſa grace; comme c'eſt du ſoleil, & non de l'homme, que vient l'efficace, & la force d'éclairer. Mais que l'homme ne ſoit pas libre à donner lieu dans lui à cette efficace, ou non; comme il eſt libre à recevoir la lumiere efficace du ſoleil ou à lui fermer les yeux; cela eſt oppoſé, non ſeulement à la conſcience de quiconque s'examine bien, & à la nature de la liberté que Dieu a donnée à l'homme ſans vouloir l'en priver; mais auſſi à toute l'Ecriture, qui ſuppoſe & qui dit le contraire en (*a*) une infinité d'endroits, qui ſans cela deviennent inintelligibles.

On n'a pas moins de peine à comprendre & à avouer comment Dieu étant tout amour, toute bonté, toute félicité, lumiere & Sainteté, s'il avoit une grace irréſiſtible, aimeroit mieux ne la donner qu'à un petit nombre d'hommes & la refuſer à une infinité d'autres; enſuite dequoi ils doivent demeurer éternellement miſérables, haïſſant Dieu & le blaſphemant avec rage & douleurs infinies; que de

_____
(*a*) p. ex. Deuteron. 30. v. 19. Joſué 24. v. 15. Prov. 23. v. 26. Iſa. 1. v. 19. Eccli 15. v. 14. 16. Matth. 19. v. 21. Jean 6. v. 68. &c.

la donner à tous, & ainsi les rendre tous heureux, saints, l'aimant & le bénissant éternellement; vû qu'il n'en couteroit à Dieu qu'un acte de le vouloir, un acte de volonté d'un Etre qui naturellement est la Bonté infinie.

On ne sauroit comprendre que Dieu ayant donné son Fils, égal à lui, pour sauver tous les hommes, s'il avoit une grace irrésistible, qui sûrement ne peut-être égale en valeur à son Fils, mais bien au-dessous, étant une de ses opérations libres, leur auroit cependant refusé le moindre, sans quoi le don principal de son Fils égal à lui, devenoit inutile.

On ne peut concevoir, comment le Fils de Dieu, en qui Dieu prend tout son plaisir, demandant d'un côté à son Pere le salut de tous les hommes pour que tous l'aiment, le bénissent éternellement, & se réjouissent dans ce saint & éternel emploi; & que d'autre côté le Démon, ennemi de Dieu demandant les mêmes hommes afin que plongés dans un abîme de tourmens & de rages sans fin, ils l'y blasphément, l'y haïssent & maudissent éternellement; Dieu, supposé que par une grace irrésistible il auroit pû les donner tous à son Fils, ait néanmoins mieux aimé par le refus de cette grace en accorder au Démon la plus grande partie, préférer de la sorte la demande & les intentions diaboliques de cet ennemi, à celles de son Fils bien-aimé & au prix de son sang répandu pour le salut de tous.

Y auroit-il quelqu'un entre les gens de bien, qui s'il avoit en son pouvoir le moyen de faire aimer & bénir Dieu à tous les hommes, ne le leur communiquât pas à tous de tout son cœur? Et Dieu, ayant ce moyen irrésistible, auroit moins de bonté qu'un simple homme de bien, par le refus qu'il en feroit au plus grand nombre, quoique pourtant il soit la bonté même, & une bonté infinie, qui a créé les hommes pour être aimé d'eux!

Ce n'est pas à dessein de disputer contre personne qu'on allégue toutes ces considérations-là; on laisse volontiers chacun dans ses sentimens comme dans l'abondance de sa propre sagesse, piété & justice : mais c'est pour faire voir à ceux qui sont d'une opinion contraire, que si on ne se rend point à leurs pensées, ce n'est pas par un principe de partialité ni d'opiniâtreté, mais par celui d'une conscience qui estimant infiniment la bonté, l'amour & les vérités de Dieu, craindroit de les offenser en consentant à ce qui lui paroît n'y être pas conforme.

Si les gens de bien d'entre ceux qui insistent si fort sur la grace qu'ils appellent efficace par elle-même, c'est-à-dire en leur sens, irrésistible; si dis-je, ils croient participer à quelque mesure de cette grace, comme cependant la vraie grace est la charité même, laquelle, selon (*a*) Saint Paul, *est patiente, & douce, & bienfaisante, ne s'aigrit de rien, & tolére tout;* n'est-il pas juste, Chrétien, & convenable à des personnes de grace, de tolérer ceux qui ne différent d'avec eux sur ce point, que parce que l'estime qu'ils ont pour la bonté, l'amour & la grace de Dieu ne permet pas à leur conscience, foible si vous voulez, de faire autrement? C'est tout ce qu'on exige & qu'on a droit d'exiger d'eux chrétiennement; & plût à Dieu que ceux d'entr'eux qui ne sont plus, en eussent usé autrefois de cette sorte envers l'ame pieuse dont il s'agit ici; & que ceux qui sont encore, voulussent désormais sinon la *recevoir*, ou ses productions, *avec charité*, comme (*b*) le veut l'Apôtre, du moins les tolérer, les laisser pour ce qu'elles sont, sans augmenter le nombre de ceux qui par le débit des fables & des diffamations qu'ils répandent par-tout, s'opposent à la communication des moyens qui ont

(*a*) 1. Cor. 13. v. 4. 5. 7.   (*b*) Rom. 14. v. 1.

servi de voie à plusieurs pour retourner à Dieu solidement, & dont on peut encore, avec la bénédiction divine, attendre le même usage à l'égard de beaucoup d'autres.

On a d'autant plus de sujet de l'espérer, que le but, la voie, & la méthode de l'Auteur en tous ses ouvrages, n'est pas de disputer, d'opposer opinions à opinions, sentimens à sentimens, parti à parti, mais de proposer & d'avancer dans le cœur de chacun le ROYAUME INTERIEUR DE DIEU, l'adoration en esprit & en vérité que le Pere demande, en un mot l'Amour pur de celui qui seul est l'unique bien par lui-même & la fin parfaite de tout ce qui est créé. Voila ses propres paroles bien remarquables dans le Chap. X. de la troisieme partie de sa Vie : *Dieu me fit comprendre, qu'il ne m'appelloit point, comme l'on avoit cru, à une propagation de l'extérieur de l'Eglise, qui consiste à gagner les hérétiques : mais à la propagation de son esprit, qui n'est autre, que l'esprit intérieur.* Quand celui-ci est bien rétabli, on revient facilement à l'unité pour tout ce qui regarde le reste.

L'auteur nous apprend, qu'ayant écrit premierement une bonne partie de son histoire par l'ordre de son Directeur, il la lui fit supprimer, pour la recommencer de nouveau de la maniere qu'on verra ici, & qui eſt la même qu'elle communiqua de ſon vivant à des perſonnes, dont elle ſe plaint enſuite (*a*) que quelque tems après ils ſe ſont donné la liberté d'en publier des faits que pourtant ils n'y avoient pas vû. Cela eſt encore digne de remarque, pour qu'on ſe précautionne d'autant plus contre les rapports qui même auroient l'apparence d'avoir le plus de poids, bien que ſans cela, toute cette hiſtoire, depuis le commencement juſqu'à la fin, faſſe voir avec la derniere conviction ce qu'il faut croire de tant d'aſſertions & de narrations fabuleuſes qu'on a répandu de tout tems & par-tout contre les ſentimens & l'innocence de l'ame pieuſe dont il s'agit.

Les ouvrages qui ſont ſortis de ſa plume étant en aſſez grand nombre, comme il paroît par le Catalogue qu'on en joindra ici, ſi des perſonnes qui n'en ont point encore lû, ou qui n'en ont lû que par hazard, ou enfin qui en ayant lû la plûpart n'ont point l'idée aſſez fraîche du ſubſtantiel de leur contenu, déſirent qu'on leur en indique un ou deux de ceux par où ils pourront voir comme un abrégé de tout l'eſſentiel de ce qu'elle a écrit, on croit, qu'après la lecture de ſon *Moyen court* &

---

a) Part. III. Chap. XIII. §. 2.

facile pour faire Oraison, on fera bien de lire son Traité des *Torrens* ; plus ses *Explications sur le livre de Job, sur le Cantique de Salomon & sur l'Apocalypse* ; ou bien, ses *Discours spirituels* & ses *Lettres*, dont la lecture engagera bien ceux qui les auront goûtés, à lire tout le reste ; par où ils seront convaincus, que jamais les choses spirituelles, intérieures & divines ne furent traitées & expliquées d'une maniere plus sublime, plus profonde, plus pure, plus glorieuse à Dieu & salutaire aux hommes, qu'elles l'ont été par cette ame éclairée de l'Esprit de Dieu, qui l'avoit rendue conforme à l'image de Jésus-Christ, l'avoit fait passer par tous ses états, & mise, comme il le fut lui-même, (a) *en butte à la contradiction des hommes, afin que les pensées cachées dans le cœur de plusieurs fussent découvertes*, & qu'il parût manifestement combien l'intérieur des hommes est maintenant destitué de l'amour de Dieu & de ce qui regarde ses divins intérêts.

(a) Luc 2. v. 34. & 35.

DISCOURS

SUR LA VIE

ET

LES ÉCRITS

DE

MADAME GUYON.

La gloire du Liban lui est donnée avec la magnificence de Carmel & de Saron.

Esaie XXXV. v. 2.

DISCOURS

SUR LA VIE ET LES ÉCRITS

DE

MADAME GUYON.

LE Sage a dit : (*a*) *Il eſt un tems de ſe taire & un tems de parler.* Et c'eſt ſans doute le moment de lever le voile qui juſqu'ici a dérobé Madame Guyon aux yeux des aveugles & des demi pieux, & de la montrer telle qu'elle a été ici bas. Mais qui eſt capable d'exécuter une telle entrepriſe ? Qui ſuis-je, moi, pour oſer même y penſer? La divine profondeur de ſa route à nulle autre pareille, la fait échapper aux plus pénétrans regards. Et j'eſtime que jamais perſonne n'a connu ſon intérieur ni ne l'approfondira peut-être, juſqu'au jour où cette Aigle Myſtique paroîtra en *ſainte pompe*, à

(*a*) Eccleſ. 3. v. 7.

la droite du Maître Eternel qu'elle a si fidelement servi en ce monde. Mystiques Saints, si rares aujourd'hui ! Heureux & *petit troupeau*, qui dans le détachement & la fuite du monde, entretenez avec votre DIEU, ce commerce d'amour qui vous dévoile ses secrets; c'est à votre témoignage que j'en appelle : suivez-la si vous pouvez, depuis son enfance jusqu'à sa mort. Suivez-la sur les traces de l'homme-DIEU au jardin de Gethsémané & au Calvaire. Voilà sa vie. Suivez-la dans ses abaissemens qui, plus profonds que tous les autres, n'ont cédé qu'à ceux de Jésus-Christ même. Contemplez-la aux prises avec le bras Tout-Puissant qui s'appesantissoit sur elle, & victorieuse dans la lutte, par la perfection de cet amour soutenu dans les plus grandes épreuves, dans les plus affreux délaissemens, & pour tout dire en un mot, fidelle & sans jamais se démentir, aimant son DIEU, dans (a) *les douleurs de l'Enfer* même.

Mais encore, parcourez les écrits de cette femme, vous dont les yeux ont été *oints* du divin *collyre*; & dites-nous, si après nos livres saints, vous avez trouvé qui l'ait égalée. Dites où vous avez trouvé, même dans les plus profonds Mystiques, une si douce & victorieuse onction, &

(a) Ps. 88. selon l'Hébreu.

une si profonde pénétration des sens de l'Ecriture les plus cachés & les plus hauts ; le sublime allié au simple, des descriptions si nettes & si pleines de tous les états à passer pour être purifié, des directions pour chacun de ces états aussi sûres, aussi appropriées aux circonstances, exprimées dans toutes leurs nuances, en un mot, des directions complettes & uniques. Dites enfin, où avez-vous trouvé un si divin pinceau, pour peindre ce qui semble au-dessus de toute peinture, les transports de l'amour de DIEU auquel elle ramene tout. Que si vous ne pouvez par vos perçans regards, approfondir une si belle vie & de si saints écrits, comment le pourroient cette foule de Docteurs *aveugles conducteurs d'aveugles comme eux*, ces inutiles ; disons mieux, nuisibles *larrons de la science*, qui ne veulent ni entrer, ni laisser entrer, ces Docteurs Pharisiens, qui méconnoissans toujours la haute sagesse de *la folie de la Croix*, dont ils ne veulent rien ; au lieu de la Religion de Jésus-Christ, n'ont dans le vrai, que la Religion d'eux-mêmes. Religion vaine, piété plâtrée, commode à la passion, à l'intérêt, à l'honneur du monde & à l'amour-propre. Comment ces iniques appréciateurs de l'œuvre de DIEU dans les cœurs, dont ils accusent de fanatisme les plus saintes opérations, eux qui dans le vrai font les fanatiques *du moi* & les enthousiastes de la nature corrompue, eux qui veulent toujours rivaliser avec Dieu & se mettre dans leur cœur à côté de lui; comment de tels personnages pouvoient-ils approuver, encore moins admirer, la vie de Madame Guyon, si contrastante avec la leur? comment auroient-ils pû comprendre les bords de ses divins Ecrits? Il faut les en plaindre & ne pas s'en étonner. Ainsi, tout comme leur échappe l'Evangile sur les vrais préceptes duquel ils n'osent pas seulement jetter un regard fixe qui foudroyeroit leurs consciences, de même Madame Guyon échappoit à leurs vues basses & intéressées.

Trop sainte pour être canonisée dans ce siecle où la foi s'éteint, même dans le sanctuaire d'où au lieu de la bonne odeur de Jésus-Christ, il ne sort bientôt plus qu'une odeur de scandale & de mort. Trop hérault de ce pur amour, qui donnant tout à Dieu & ôtant tout à la créature, indigne, révolte une raison superbe & fait frémir la corruption. Trop martyre pour avoir la gloire du martyre, & trop amie de son Sauveur pour ne pas expirer comme lui dans l'opprobre. Mere spirituelle, trop féconde pour n'avoir pas excité la jalouse rage de l'ennemi & de ses suppots. Trop ceinte de l'Esprit de

Dieu pour n'être pas condamnée d'un monde qu'elle condamnoit & pour n'être pas l'objet de la profane dérision des enfans du siecle. Portant enfin un feu trop sacré, pour que tant d'hommes qui dorment dans le froid de la mort, ne s'en éloignent pas par la crainte.

O mon Dieu ! vous dont malgré nos infidélités, les miséricordes sont inépuisables : il semble que vous ayez suscité cette femme unique pour être l'Apôtre de nos tems malheureux, où l'ennemi sachant que *son tems est court*, joue de son reste & épuise tous les efforts de sa rage. Mais gloire soit à vous, Seigneur (*a*), par ces efforts & par cette rage même. Plus l'abyme envoye ses vapeurs empestées & plus vous qui ne manquez jamais à vos créatures, vous formez de grandes ames pour servir de lumiere & de boucliers à ce *petit troupeau*, qu'à chaque époque vous choisissez d'entre les hommes pour être des *premices saintes* & que vous réservez pour vous. Comme une eau qui, resserrée dans tous ses canaux, jaillit enfin avec plus de force par celui qui lui donne une heureuse issue : plus cette grace, ô mon Dieu ! que vous cherchez à répandre est repoussée de presque tous les cœurs & plus elle se tourne en abondance pour ceux qui en ont soif & qui lui accueillent.

(*a*) Esaïe 6. v. 3.

Il faut se garder d'une illusion qui se glisse même dans les meilleurs cerveaux. Il semble que l'antiquité ait le droit de consacrer ce qui a eu lieu autrefois. Elle annoblit même jusqu'au mensonge. Les Saints antiques en sont plus vénérables & les autels qu'on refuse aux modernes sont aux anciens dressés comme de plein droit. Mais les tems ne font rien aux choses. DIEU est le DIEU de tout tems, *hier, aujourd'hui & il sera éternellement; son bras seroit-il raccourci?* Les miracles éclatans qui se sont fait autrefois, & par intervales encore aujourd'hui, quoiqu'ils ayent l'utilité de leur genre, ne sont pas aussi grands que les miracles invisibles de la grace sur les cœurs bien moins souples que la nature sous la main du Tout-Puissant. Que si la regle des tems devoit faire loi & entraîner les suffrages, elle seroit bien plus en faveur de Madame Guyon, & de nos tems qui, pour approprier les préservatifs aux dangers, sollicitent sans doute de plus grands secours.

J'ai lu bien des livres intérieurs, assurément d'une sainte utilité. J'avois aussi assemblé 130 volumes in-folio des Peres de l'Eglise les plus estimés. A DIEU ne plaise que je leur refuse le tribut de vénération qui leur est dû. Et combien seroit-il à souhaiter qu'on les lut (& sur-tout les éleves du Sanctuaire) dans ce siecle vainement subtil & criminellement raisonneur, où le mot de *grace* est presque également banni du dictionnaire des Docteurs & des gens du monde, & dont non-seulement l'esprit de DIEU, mais même le bon esprit naturel se retire gémissant & ne laisse bientôt plus de traces de solidité dans les cerveaux. J'ai donc beaucoup lû, mais je n'ai trouvé nulle part ni Madame Guyon ni ses Ecrits.

Que je m'estimerois heureux, mon cher Lecteur, si mon exemple pouvoit vous servir de boussole ! Il y a près de quarante ans que j'ai eu le bonheur, décisif pour moi, si j'en eus mieux profité, de faire connoissance avec ces divins Ecrits. Cette époque de ma vie, sera bénite à jamais. Quel ne fut pas mon étonnement de voir un ordre de vérité si nouveau pour moi ! D'abord j'y compris très-peu, faute de *cette pauvreté d'esprit* si nécessaire pour recevoir le *Royaume de Dieu*, & sa vérité éternelle. Au contraire, ma cervelle étoit meublée de ces opinions qui amusent les enfans des hommes, de ces doctrines académiques dont les graves Docteurs remplissent leurs nourrissons & qu'ils n'ont pas honte d'appeler la vraie science. Toutefois malgré l'aveuglement où m'avoient jetté ces principes accoutumés que je prenois pour indubitables, stériles pour l'esprit & enflans le cœur; la douce & pénétrante onction répandue dans tous les Saints écrits de Madame Guyon, ce caractere de vérité qui est à lui-même sa preuve, cette chaîne de doctrine si liée, cette vérité sublime toujours teinte & détrempée dans l'amour de DIEU qui est son terme; cette magie divine m'attiroit, me saisissoit. Des traits de lumiere perçoient l'opacité de mon ame. Un feu secret échauffoit, amollissoit la dureté de mon cœur. Peu-à-peu mon horison se nettoyoit, mon cœur, dis-je, s'embrasoit & la (a) *lumiere de la vie*, en fondoit insensiblement les glaces. C'est alors que je vis clairement que je n'avois rien compris dans nos livres saints que le peu qui en est accessible à la raison qui, dans les choses divines, n'est pour l'homme qu'un aveuglement de plus. Alors les contradictions qu'elle y voit furent pleinement levées; alors un jour pur & nouveau m'éleva à l'idée de ce Christianisme, dont la plupart des hommes ont à peine les premieres notions, bien loin d'en concevoir l'esprit.

L'admiration s'use à mesure que la beauté ou la bonté qui en est l'objet devient plus connue : la surprise s'émousse par l'habitude de voir. Mais depuis le grand nombre d'années que je lis & que j'étudie les écrits de Madame

_____
(a) Jean 8. v. 12.

Guyon, jamais, non, jamais mon admiration n'a ceſſé de croître en proportion à ce que je les ai compris & approfondis. Toujours de nouveaux ſens plus profonds, de nouvelles découvertes dans le pays de la lumiere. Combien de fois la force du ſentiment ne m'a-t-elle pas tranſporté hors de moi-même? & je ne puis actuellement plus les ouvrir ſans un ſaiſiſſement de reconnoiſſance envers DIEU, de m'avoir ouvert, par ces livres, la ſource inépuiſable de ſes vérités éternelles. Mais il faut en venir à la perſonne elle-même.

Que ſi vous voulez l'apprécier, contemplez-en le portrait, tiré non par un homme chétif comme moi, mais de la main du maître lui-même; & liſez avec attention, dans l'Epithalame céleſte que chante le roi Salomon, le paſſage que je vais vous tranſcrire. (a) *Qu'il y ait ſoixante Reines, quatre-vingt Concubines & des Vierges ſans nombre: ma Colombe, ma parfaite eſt unique; elle eſt unique à ſa mere, à celle qui l'a enfantée; les filles l'ont vue & l'ont dite bienheureuſe; les Reines & les Concubines l'ont louée, en diſant: Qui eſt celle qui paroît comme l'aube du jour, belle comme la lune, brillante comme le ſoleil, redoutable comme des armées qui marchent à enſeignes déployées?* Sur ce divin paſſage que je vais expliquer, &

―――――――――――
(a) Cantiq. VI. v. 8. 9. & 10.

dont les nombres font myſtérieux comme tous ceux de l'Ecriture, je ferai quatre choſes : 1°. Je vous ferai voir en peu de mots qui ſont les *Reines*, les *Concubines*, & les *Vierges*. 2°. Que la *Colombe*, la *parfaite*, *l'unique* n'eſt point la Sainte Vierge, mais bien la premiere après elle à qui rien n'eſt comparable. 3°. Que cette unique n'eſt pas l'*Egliſe*, mais une ame particuliere, retraçant par ſa ſupériorité la perfection de l'Egliſe. 4°. Je vous montrerai quelle eſt la ſainte à qui on doit, ſelon moi, indubitablement appliquer ce titre d'*Unique*. 1°. Les *Reines* ſont les premieres Saintes de l'Egliſe. Elles ſont *Reines* dans le ſens que Saint Paul & Saint Jean (a) appellent les Chrétiens *Rois*, parce qu'après être mortes à elles-mêmes, reſſuſcitées en Jéſus-Chriſt, armées de ſon eſprit, elles régnent par ſa force divine ſur le péché, ſur le monde & ſur l'amour propre qu'elles ont foulé ; & ainſi paſſées dans la liberté des enfans de DIEU, elles ſont affranchies de tout eſclavage.

Les *Concubines* ſont d'autres ames ſaintes de l'Egliſe inviſible, répandue par-tout où il y a des vrais adorateurs, mais qui ne ſont point extérieurement dans cette Egliſe viſible (où qu'elle ſoit), qui a été d'abord & long-tems la vraie Egliſe ou la vraie épouſe. Tel eſt l'un

(a) Jean 4. v. 20--24.

des sens, mais il en est plusieurs autres que je n'indique pas.

Les Vierges sont les ames pures, simples, dont l'esprit, le cœur, l'imagination, la mémoire, les sens, en un mot toutes les facultés ont été purifiées, & par conséquent rendues saintes. C'est l'opposé de la fornication ou adultere, soit spirituel, soit corporel. Les Vierges sont autant d'épouses de Jésus-Christ, l'époux de l'Eglise & de chaque ame purifiée qui en est membre.

Je ne m'étends pas sur ces trois ordres de saintes, quoiqu'il y auroit une infinité de choses à en dire, très-profondes & très-intéressantes; mais outre que ce n'est pas mon but dans ce discours, je me réserve d'en traiter en détail dans un ouvrage à part si Dieu m'en fait la grace.

C'est donc seulement la *Colombe*, la *parfaite*, *l'unique* que je vais envisager ici. Par ce passage, il paroit clairement qu'il en est une supérieure aux trois classes précédentes: mise en regard & même en opposition avec elles, l'avantage, la suréminence lui demeure. Il semble que le Saint Esprit, qui ne dit qu'un mot des autres, n'ait pas trop de titres & d'éloges à accumuler sur celle-ci. Les autres ne sont que nommées comme membres de l'Eglise :

celle-ci est louée : la *Colombe, la parfaite, l'unique*. En effet, ce dernier mot renferme tout; & non-seulement l'esprit saint lui donne cette louange, mais encore, pour qu'on voie mieux sa supériorité, il la fait louer par les autres. *Les Vierges l'ont dite bienheureuse; les Reines, &c.*

Mais quelle sera donc cette sainte si *unique* aux yeux de l'Epoux sacré? J'ai promis de vous montrer, 1°. qu'elle n'est point la Sainte Vierge, comme peut-être on pourroit l'augurer au premier coup-d'œil, en ce que ces magnifiques titres paroissant lui convenir, pourroient arrêter l'examen, le raisonnement, & empêcher d'approfondir. Mais d'abord, il n'est point parlé proprement de la Ste. Vierge dans ce sacré Cantique; elle n'en est ni l'objet ni le but : on le verra bientôt : que s'il en est mention, ce ne peut être que très-indirectement, & parce qu'on peut lui appliquer *sans degré* ce qui est dit de l'Eglise. Elle n'est appellée nulle part l'*Epouse* de Jésus-Christ, mais bien sa *Mere* & Epouse du S. Esprit. Or, dans tout le Cantique, il n'est question que de l'Epouse de Jésus-Christ, laquelle est en général l'Eglise, & en particulier chaque ame fidelle qui retraçant en soi, chacune selon son degré, les traits de cette Eglise universelle, est une *Eglise* en petit, & par conféquent Epoufe de Jéfus-Chrift, qui eft en même tems l'Epoux & le chef de la grande Epoufe compofée de toutes ces Epoufes particulieres. Vous voyez dans la nature une image de cet ordre faint & hierarchique. L'homme naturel eft appellé le *microfcome*, ou le monde en petit, non-feulement parce que chaque individu, quoiqu'avec une variété dans les traits, reffemble en gros à tous les hommes, mais encore parce qu'il a avec le grand monde un rapport, une reffemblance auffi exacte que fa nature le comporte.

Cette *unique* n'eft point la Sainte Vierge, parce, en fecond lieu, que dans tout le cantique il n'eft queftion que des états tout-à-la-fois très-réels & très-myftiques; par où ces ames, Epoufes de Jéfus-Chrift, doivent paffer, depuis les *fiançailles*, ou commencement d'élection, jufqu'à la confommation de leur mariage avec cet Epoux célefte. Etats très-nombreux & très-divers, dépeints fous des emblêmes phyfiques. Etats où l'opération de la grace les met dans l'intervalle tantôt d'union, tantôt de délaiffemens, d'approches & de fuites, de rigueur ou de douceur, de chaftes embraffemens ou de repouffemens pour les fautes commifes, de privations améres ou de jouiffance, de confolations ou de refuites, d'amour ou d'indifférence, de trouble ou de paix.

Tantôt des détroits difficiles, tantôt la route la plus unie. En un mot tous les états à passer jusqu'à ce que soient enlevés & disparus tous les obstacles que le péché & la propriété, qui est l'essence du péché, apportoient à cette sainte *union*, qui dans la consommation parfaite doit devenir *unité*. Or qui ne voit que tout cela n'a rien de commun avec la Ste. Vierge, qui n'ayant point eu à subir tous ces états de purgation rigoureuse & fonciere, n'a aucune relation propre & directe avec ces descriptions, ni par conséquent avec le Cantique des Cantiques.

L'*Unique* n'est point la Sainte Vierge, parce 3°. qu'en plusieurs endroits elle est appellée tantôt *Sœur*, tantôt *Epouse*, & quelquefois tous les deux ensemble. *Tu m'as ravi le cœur, ma Sœur, mon Epouse* (a). Or la Sainte Vierge n'est appellée ni *Sœur* ni *Epouse* de Notre Seigneur, elle est *Mere* & non Sœur, comme elle est Mere & non Epouse. Mais avant que d'aller plus loin dans cette démonstration, il ne sera pas inutile de faire ici une petite digression.

Pourquoi Notre Seigneur honore-t-il les ames fidelles de ces titres si magnifiques de *Sœurs* & d'*Epouses*? C'est parce que ce Verbe, vrai Dieu, s'étant incarné, a par cette incarnation épousé la nature humaine, & sur-tout les ames qui

(a) Cantiq. IV. *& alibi passim.*

lui

font dévouées : voila l'*Epouse*. Et *Sœurs*, comme il n'a pas dédaigné d'appeler les hommes ses *freres*, & sur-tout les fideles ; il en est une double raison. 1°. Comme homme il reclame la même origine que la race humaine, & cette origine c'est DIEU, c'est-à-dire, lui-même, le verbe DIEU, abstractivement à son incarnation. 2°. Il est frere des élus, parce que, selon son humanité, il est issu de la même mere qu'eux. Ceci sera peut-être difficile à comprendre pour qui n'a pas le fil de la vérité divine, & de l'admirable contexture de la Religion. Ainsi pour le mettre dans un plein jour & ne pas interrompre ma preuve, je l'expliquerai dans une note (*a*).

(*a*) Comme tous les Elus étoient renfermés, en germe & en substance dans Notre Sauveur, soit les justes avant sa venue, (*car il est l'agneau immolé des la fondation du monde*) ce qui est infiniment vrai, mais a un sens très-profond & mystérieux, soit les Justes ou Elus après sa venue ; renfermés, dis-je, dans cet homme-DIEU d'où ils sont sortis par avance de son côté percé de la lance, tout à la fois figurativement & en essence (figure & réalité). Et comme la sainte Vierge est réellement sa Mere, il s'ensuit, qu'elle est la Mere aussi de tous les prédestinés, dont le germe étant en son Fils, étoient renfermés dans son sein. Et même, comme il étoit de toute nécessité proportion-

* *

Mais tout ce que je viens de dire rend cette preuve complette. Non-seulement *sœur & épouse* de Notre Seigneur, elle n'est pas sa Mere, mais cette unique est la fille de sa Mere. Et observez

nelle que la sainte Vierge fut la plus anéantie de toutes les créatures, pour que Dieu la regardât ; (*il a regardé la bassesse de sa Servante*) & qu'elle put ainsi recevoir l'incarnation du Verbe, sans quoi une autre plus anéantie qu'elle, auroit été choisie ; tout comme par son anéantissement, elle a été la mere très-pure du Sauveur, elle est aussi par ce même anéantissement la figure & la réalité de ce fond Vierge & primitif sur lequel s'exécute dans les Elus amenés à la mort mystique & au néant d'eux-mêmes, s'exécute, dis-je, l'œuvre de la régénération & de la naissance & vie de Jésus-Christ en eux. C'est ce que l'Ecriture appelle la *Révélation de Jésus-Christ en nous* (a), & Saint Paul, *Jésus-Christ en nous*. Et encore, *je vis, mais ce n'est plus moi, c'est Jésus-Christ qui vit en moi*, &c. Tel est le langage de l'Ecriture, & le fil, la chaîne de toute la Religion, & la parfaite collusion de tous les passages relatifs. C'est une suite infiniment belle, & un mystere admirable aux yeux des entendeurs, & aussi adorable que profond. Tout comme Eve dès sa chûte a enfanté à la mort, Marie la réparatrice a dans tous les sens enfanté à la vie.

(a) Apoc. I. v. 1. Col. I. v. 27.

encore la suite du passage qui met la chose au-dessus de tout doute. Elle n'est pas seulement appellée *unique*, mais *elle est unique à sa Mere, à celle qui la enfantée*. Les voilà donc toutes deux très-bien distinguées, cette Mere & cette fille, pour qu'on ne puisse pas s'y méprendre. Ainsi elle est sa fille *unique*, en sainteté & en gloire, unique en ce que surpassant toutes les autres en excellence, elle fait un degré à part & le premier dans les descendances ou enfantemens spirituels de la Divine Marie. C'est comme si on avoit tiré une ligne de démarcation entr'elle & toutes les autres saintes. Elle est la *colombe* pour les surpasser en cette douceur qui est le vrai esprit de l'Evangile. Elle est *parfaite* de toute la perfection que peut recevoir une créature non Mere du Sauveur. Elle n'a plus même, en un sens très-vrai, le mal métaphysique, puisque divinisée & perdue en DIEU pour jamais, encore qu'elle reste une créature, elle n'en a plus les bornes étroites; mais dilatée & sans obstacle qui arrête son vol, elle peut dans l'océan de l'infini, faire le progrès éternel en amour & en connoissance.

Il faut maintenant vous montrer que par cette *unique*, l'Esprit saint dans cet endroit n'a point entendu l'*Eglise*. Ce que j'ai dit jusqu'ici pourroit déja vous servir de preuve, mais comme il pourroit encore se glisser une équivoque à cet égard, il faut la faire disparoître.

Je dois d'abord convenir, que comme ce qui est dit de l'Eglise en général, peut s'appliquer à chaque prédestiné qui en petit en rassemble les traits; de même ce qui est dit de chaque prédestiné peut s'appliquer à l'Eglise en général. Mais outre que ce principe reçoit ici une grande exception, comme je le démontrerai plus bas, on pourroit d'abord objecter, que ces titres & sur-tout celui de *parfaite*, ne conviennent point à l'Eglise très-chargée de mélanges & un composé de bons & de mauvais; *l'yvroie y est avec le bon grain* (a), & le divin pêcheur amene toute sorte de poissons sur le rivage. Mais sans poser cette restriction, accordons, je le veux, que ce mélange mauvais qui de tout tems s'est glissé dans l'Eglise, n'est qu'un accessoire, & n'en fait pas l'essence; qu'elle est, comme dit Saint Paul, *sans taches & sans rides* (b), & par conséquent *parfaite*. Colombe, par la simplicité & la douceur qui font son esprit. *Unique* enfin; une seule *foi*, une *espérance*, une *charité*, une seule motion du Saint Esprit, qui par des dons, les mêmes dans leur origine & différens par leurs effets, font la divine beauté de cette Eglise; (diversité

(a) Matth. XIII. v. 25. & 48.
(b) Ephes. V. v. 27.

dans l'unité) un feul baptême fpirituel, une feule volonté dans tous fes membres foumis, concentrés dans la volonté de Dieu ; un feul corps, un même pain de vie au-deffus de toute fubftance ; tant d'êtres n'en formant qu'un feul parfaitement joint, comme les membres le font au chef. Il ne peut y avoir deux Verbes, ni deux Efprits, ni deux faluts, dont l'un ne feroit pas en Jéfus-Chrift; ainfi on peut appeller l'Eglife *Unique.*

Mais qu'étrangement on s'abuferoit, fi l'on en concluoit que c'eft elle que le Saint Efprit a prétendu défigner dans ce verfet ! au contraire ce n'eft qu'indirectement & par contre-coup, à caufe du rapport qui eft entre chaque membre & l'Eglife, qu'on peut le lui appliquer ; & par une raifon femblable, quand par impoffible ce feroit l'Eglife, ce ne pourroit jamais être *exclufivement* d'une ame particuliere. Mais ici, remarquez bien, c'eft l'individu défigné qui exclut l'idée de l'Eglife en général. Si ces mots étoient découfus & ifolés on pourroit douter, mais ils font très-liés avec le verfet précédent, avec qui ils font un enfemble, & cet enfemble eft la refcenfion entiere des Membres de l'Eglife : c'eft un vrai catalogue des élus, rangés felon leurs caracteres, en quatre claffes, dont le total forme l'Eglife : *Reines, Concubines, Vier-*

ges, & *Unique*. Ainsi les Reines ne sont point l'Eglise, mais bien un de ses ordres hiérarchiques; les *Concubines & les Vierges* de même. Enfin l'*Unique*, la *Colombe*, *la parfaite* n'est pas l'Eglise, mais bien le plus parfait de ses Membres.

4°. Il est question maintenant de voir quelle est la Sainte supérieure aux trois ordres qui lui font hommage par leurs louanges. Que si vous êtes curieux, mon cher lecteur, de faire avec moi cette recherche, commencez par dépouiller le préjugé. Que la prévention de tems, de lieu, d'antiquité, de nouveauté ne vous en impose point. J'ai de grandes raisons de croire que les plus grands saints sont réservés pour la fin du présent monde; mais quoiqu'il en soit vous allez voir une conformité exacte & frappante. Dans cette vie de Madame Guyon, qui ne sera jamais assez admirée, lisez au Tome II, Chap. XVI, §. 7, son *Rêve du Mont-Liban*, que je ne transcris pas ici, vu que vous l'avez dans le livre même. Le Mont-Liban, dont il est tant parlé dans l'Ecriture, & sur-tout dans le Cantique, est, je pense, la plus haute des demeures célestes, ou de la Jérusalem d'enhaut, collectivement envisagée. Je n'appuyerai pas ici sur toutes les particularités de ce songe, ni de la *mer orageuse & pleine d'écueils*, qui désigne les états à faire frémir la nature, qu'il faut subir pour la purgation absolument rigoureuse ; ni *du bois de Cyprès*, qui indique les effroyables morts qu'il faut passer. Ce détail n'est point de mon but dans ce discours.

Sur ce *Mont-Liban* étoit une chambre où Madame Guyon fut introduite seule. Une compagne arriva bien à la porte, mais elle lui fut fermée, dès que Madame Guyon fut entrée. J'estime que cette compagne étoit la figure des ames qui la suivoient de plus près, mais non encore assez consommées pour être admises en une si haute demeure. Madame Guyon ne voit dans cette chambre que Notre DIEU Sauveur & sa très-sainte Mere, si ce n'est un petit garçon qui ne servoit que d'observateur & de messager (je crois savoir qui étoit le petit garçon.) Voyant deux lits dans cette chambre & demandant à qui ils sont destinés, l'Epoux céleste lui répond : " Il y en a un pour ma Mere & l'autre pour vous, mon Epouse. „ (*a*)

(*a*) Les lits sont la figure de l'immuable & éternel repos de l'ame, consommée dans le sein de DIEU. Madame Guyon eut ce songe, que je montrerai avoir été absolument divin, l'an 1684, c'est-à-dire, 33 ans avant sa mort : elle étoit donc déja alors consommée. Bon Dieu ! qui pourra concevoir quels furent dèslors ses progrès dans le saint amour, qui, quand on

Mais avant d'aller plus loin, il faut prévenir une objection. Nous voyons où vous tendez, direz-vous, vous allez appliquer le passage de la *Colombe, la parfaite,* & *l'Unique* à Madame Guyon, & toute cette application n'est fondée que sur un songe. Or on sait combien les songes sont douteux, incertains, combien il est dangereux d'y appuyer, combien ils peuvent ouvrir la porte au fanatisme, &c. &c. Je le sais tout comme vous, mon cher lecteur, il est des songes illusoires, il en est d'imposteurs. Madame Guyon elle-même, dans tous ses saints écrits, vous dit, vous répete que la plupart des songes sont faux ou douteux, & qu'il en est même de diaboliques. Il semble qu'elle ne puisse assez s'appesantir sur leurs dangers, & sur la défiance & les précautions qu'on y doit apporter. Elle fait bien plus, elle vous donne les marques sûres des songes divins pour éviter des méprises de tant de conséquence ; elle vous apprend à démêler ces songes exécutés, non par l'impure fécondité d'une ame impure, mais par les Anges saints, ambassadeurs du Très-Haut (a) présidans

en est là, se dilate & n'a plus d'obstacles & de bornes ? Qui pourra concevoir, durant le reste de sa vie, quels furent ses enfoncemens dans les abîmes de l'infini ?

(a) Hebreux I. v. 14.

& influans fur les cerveaux véritablement purifiés. Elle vous les fait diftinguer de ces fonges vains, enfans du délire, formés dans une imagination brouillée, offufquée de la vapeur des paffions, ou appefantie par les viandes, ou pleine des objets du monde; & par la lumiere répandue dans fes écrits, vous verrez encore ce que c'eft que ces déteftables augures, ces diaboliques divinations, qui, à la honte éternelle des Chrétiens de nom, fe font gliffées parmi nous, defcendues de Caïn par Cam, pratiquées par les Payens de tous les pays & de tous les fiecles, & maudites de Dieu dans toute fa divine parole (a).

(a) On voit bien que j'entends ici le *fomnambulifme*. L'ennemi qui ne cherche qu'à tout brouiller & à tout confondre, voudroit faire accroire que c'eft là du *myfticifme*, pour jetter un nuage fur la pure & fainte vérité & en défendre les approches; & les gens du monde qui n'y entendent rien le croient fottement & font dans l'admiration de cette *bête qui monte de l'abîme pour féduire ceux qui n'ont pas le fceau de Jéfus*. (*) Le vrai myfticifme, l'intérieur réel, c'eft-à-dire le vrai & pur Chriftianifme, eft plus éloigné de ces horreurs qui font aujourd'hui un abominable phénomene, que les cieux ne le font de l'enfer. L'ennemi voyant que l'incrédulité gagne aujourd'hui prefque

(*) Apocal.

Il est donc des songes divins, qui oseroit en douter ? Toute l'Ecriture en est pleine. Il en est qui, outre le fait actuel, sont prophétiques de surcroit. Tel a été ce célebre songe de Madame Guyon, si mystérieux & si clair tout-à-la fois. Je ne crains pas de l'attester hautement ici, sûr de n'avoir pas à en rougir au jour où tout sera dévoilé. A cette époque déja son intérieur étoit *dans le ciel.* Qu'on lise sa vie, qu'on y parcoure tous les états purifians par où elle avoit passé au préalable, décrits avec autant de clarté que de candeur ; qu'on y contemple cette union avec DIEU, si centrale qu'elle n'étoit plus qu'*Unité*. Ainsi comme on voit une glace unie dont aucun souffle empesté ne peut ternir ni troubler le poli, l'imagination chez elle, la mémoire, l'entendement; toutes les facultés, en un mot, où se forment les songes, étoient amenées à la pureté d'un Ange, & rien ne peut faire suspecter celui-ci d'illusion & d'imposture. Confrontez donc, comparez, sans aucune crainte

tous les cerveaux, cherche à remplir de ces diableries les vuides que le déïsme y fait ; & les Déïstes qui se croient si sages, deviennent ainsi les plus ridicules & les plus superstitieux des hommes : *Se disant être sages, ils sont devenus fous*, dit Saint Paul. Rom. I. v. 22.

de vous méprendre, ce songe divin avec les mots du cantique, & vous y verrez les plus frappantes ressemblances; & concluez avec moi qu'aucune sainte n'a jamais autant approché de la Sainte Vierge que Madame Guyon. *Deux lits.* Qui que ce soit, admis dans la chambre qu'elles deux, & tant de traits si marqués.

Ce n'est pas sans raison que je me suis étendu là-dessus : la prévention ne capitule qu'à regret & a des peines infinies à se rendre. "Quoi! dira-t-elle, un femme de nos jours, foible, impuissante, le rebut des docteurs, la dérision des mondains, accablée de croix, & dont le nom n'est même encore cité par eux qu'en ridicule, vous osez non-seulement la mettre en parallele, mais au-dessus de tant de saintes canonisées, de tant de taumaturges, de tant de vies à prodiges & à renoncemens inouis, &c. &c." Oui, je l'ose & je n'en rabas rien, & c'est précisément ce qui vous sert de prétexte qui la rend plus conforme à Jésus-Christ ; sa vie même devroit vous en être la plus solide preuve. L'extérieur, l'éclatant a eu son ordre & son tems; le miraculeux a eu sa nécessité. Il falloit fonder, établir l'Eglise ; il falloit des martyrs en spectacles, c'étoit les martyrs de Jésus-Christ ; & l'intérieur, qui ne vient point *avec pompe, qui ne se fait point entendre par les rues*; l'intérieur, qui est la moëlle, l'essence & le but; la fin de la Religion a les miracles invisibles & cachés, & fait les martyrs du Saint Esprit.... Je n'en dirai pas davantage là-dessus......

Que les hommes sont aveugles & iniques estimateurs de la vraie vertu! Il n'est & ne fut jamais aucune réelle sainteté que la plus ou moins parfaite conformité aux états de Jésus-Christ; & je ne connois aucune sainte en qui j'aie pu voir autant de cette conformité qu'en Madame Guyon. De profonds intérieurs ne lui appliquent pas seulement le passage du Cantique, mais toute la derniere partie encore du Pseaume 45 (selon la vulgate 44). Ils l'y trouvent trait pour trait, tout comme moi; mais je passerois les bornes de ce Discours à entrer dans cette discussion. Il suffit pour connoître la prééminence de cette sainte femme de ce que j'ai dit & démontré. Elle auroit même pu égaler la Vierge Sainte, si Dieu qui est un Dieu d'ordre ne mettoit pas un ordre en toutes choses. Ainsi tout a son district & ses bornes. Chacun a sa place dans l'univers spirituel comme dans le monde visible. Et les degrès s'accueillent l'un l'autre avec des nuances presqu'imperceptibles. Tellement, je le dis encore hardiment & sans crainte, que Madame Guyon a *presqu'égalé* la sainte Marie & même auroit pu l'égaler, s'il eût été possible qu'il y eût deux Meres de l'homme-Dieu. Mais il n'en étoit préparé dans le décret de l'Eternité qu'une feule pour arriver dans le tems à l'*Etre* formé, compofé de ce qu'il y avoit de plus pur durant l'innocence ou avant la chûte de la premiere des femmes & par fucceffion du fang des Juftes dans l'ancienne Loi, c'eft-à-dire, de ce qui en eux (*a*) *n'avoit point péché en la maniere d'Adam*, parce qu'elle devoit être la reparatrice du péché d'Eve; & parce que, deftinée à être le fein du Sauveur des hommes, il falloit une proportion entre la Mere & le Fils, à jamais impeccable par fa nature. J'entends toute la proportion & proximité de fainteté poffible en elle, appropriée à être Mere. Ainfi elle feule devoit naître immaculée. Et voilà fon avantage au-deffus de tout.

Que fi Madame Guyon n'a pas eu ce privilege, fi la tache d'origine a été jettée fur fon berceau, elle n'en a pas été moins fanctifiée, comme il eft dit de Jérémie, d'Efaïe, &c. & parfaitement ajuftée à être le plus grand des hérauts de l'amour pur & fans bornes que la créature doit à Dieu. Et parfaitement fanctifiée encore pour être après la Mere de tous les prédeftinés, la Mere d'un peuple innombrable. Et cette différence, encore que très-réelle, ne nuit

(*a*) Rom. 5. v. 14.

point à la sainteté *devenue parfaite*, & à la consommation de Madame Guyon. La sainte Vierge est née *immaculée*; Madame Guyon est devenue la premiere sainte après elle. Inférieure à elle seule, supérieure à toutes les autres. Ainsi elle a été au plus haut degré la représentatrice de la perfection, de la sainteté de l'Eglise. C'est pourquoi, comme j'en ai le droit, en lui appliquant ce passage du Cantique; les trois ordres qui lui sont inférieurs, les Reines, les *Concubines & les Vierges*, dans leur admiration, s'écrient avec transport : *Qui est celle-ci qui paroît comme l'aube du jour?* Remarquez l'expression, *l'aube du jour*, c'est-à-dire, la premiere; elle n'est pas le jour éternel; c'est Jésus-Christ lumiere éternelle en lui-même, dans les cieux & dans le monde; mais elle l'indique & l'annonce. Elle sort imédiatement de (a) *l'étoile brillante du matin*. Ces trois ordres de saintes continuent : *Elle est belle comme la Lune*, parce qu'elle a les rayons de ce Soleil éternel réfléchis sur elle, & même cette réflexion est si entiere, qu'il la fait briller de sa lumiere; *brillante comme le Soleil*. Enfin, *elle est redoutable comme des armées qui marchent à enseignes déployées*. Redoutable aux Démons, à qui elle a déja enlevé & enlevera jusqu'à la fin du monde une infinité de proyes. Redoutable à ces esprits de ténèbres que la pureté & la per-

_____
(a) Apocal. 22. v. 16.

fection de son amour vainquoit & mettoit en fuite. Enfin, redoutable au monde, que sa Doctrine condamne & dont la vie & les maximes sont si contrastantes avec la sienne. Tels sont les éloges au-dessus de tout éloge que les trois chœurs de l'Eglise lui ont consacré & qu'ils font des cieux *retentir* sur la terre parmi les hommes de bonne volonté ; & c'est à ce chœur immortel, que j'ai osé joindre ma foible voix. Mon cœur bouillonnoit de donner à cette divine femme le tribut qui lui est justement dû.

Enfans du siecle, ne vous moqués pas. *Que si l'Evangile vous est couvert*, comme dit l'Apôtre ; s'il est inaccessible à votre aveuglement, comment pourriez-vous croire de telles choses ? Mais s'il vous reste une ombre de foi, tremblez de ce qu'il ajoute, *Si notre Evangile est couvert, il est couvert pour ceux qui périssent, à qui le Dieu de ce siecle a aveuglé l'entendement.*

Mais à quoi me suis-je occupé dans ce Discours ? Ma conscience ne me fera-t-elle pas un redoutable reproche ? Je crois presque entendre au fond de mon cœur, la voix de Madame Guyon, prête à me foudroyer par ces paroles : „ Misérable, que fais-tu ? Qui a donné „ cette commission à un homme souillé comme „ toi ? Pourquoi d'une main téméraire, déchi„ rer le voile que l'aveuglement des mondains

» avoit mis fur ma vie? Pourquoi me for-
» tir de ces opprobres que les Pharifiens ont
» jetté fur ma mémoire? Pourquoi vouloir
» glorifier celle qui, en éternelle mort à foi-
» même, n'a eu en vue d'autre gloire que celle
» de Jéfus fon Epoux, & qui a infiniment pré-
» féré le calice de fes abaiffemens & de fes dou-
» leurs, à toutes les richeffes & à tous les hon-
» neurs de l'univers?

Pardonnez, ô ame fainte! Pardonnez à ma témérité. Je comprends tout ce que vous pourriez dire au plus vil des hommes comme moi. Je le fais, combien vous avez eu en horreur cette gloire propre & facrilege, en ce qu'elle en dérobe une part à celui à qui feul elle eft due toute entiere. Mais, ô femme! ô époufe! non ce n'eft pas votre gloire que j'ai cherché. J'aurois menti à votre efprit, j'aurois trahi votre cœur fondu dans le cœur de Dieu. Cependant ce Dieu tout jufte, déja en ce monde fait quelquefois venger fes Elus des opprobres qu'ils ont effuyés pour fon amour, fans attendre le jour où les *fecrets des cœurs feront manifeftés*, & où il montrera les couronnes de fes Saints. Mais enfin, il faudra également qu'on la voye fur votre tête, cette couronne, où vous paroîtrez à la droite de votre célefte Epoux, defcendant en fa gloire pour juger le monde. Ce n'eft donc ici qu'une qu'une mince & chétive anticipation. C'est le gazouillement d'un pauvre petit oiseau, qui voudroit un jour pouvoir voler à vos pieds, & le bégayement d'un enfant, qui écrasé sous le poids d'un si haut sujet, ne trouve point d'accent qui réponde au transport de son cœur.

Mais encore, c'est pour donner gloire non à vous, mais à ce Sauveur qui vous a formée pour lui, mais à cet Esprit saint, qui vous a si profondement éclairée & si divinement mûe. C'est pour donner en ce siecle aveugle & impie, un exemple recent & parfait de ce Christianisme pur qui semble banni des esprits & des cœurs, & fixer l'attention du Lecteur sous tous les traits d'une si sainte vie. C'est enfin pour lui donner une heureuse avidité de lire tous vos écrits avec la confiance qu'ils méritent.

O Jésus, Roi immortel des siecles ! Vous qui avez fait cette femme, le véhicule de votre divine lumiere, pour éclairer tant d'aveugles & réveiller tant d'endormis sous la région de l'ombre de la mort; daignez, malgré ma totale indignité, entendre le soupir de mon cœur ! Ecoutez le gémissement d'une pauvre tourterelle. Recevez, ô mon DIEU, le tribut de la reconnoissance gravée sur ce cœur en caracteres ineffaçables, & que son cri arrive à votre trône, comme un encens d'adoration & d'hommage.

* * *

Je sais que toute gloire est justement à vous seul. Je l'ai appris par votre grace. Mais comme vous l'avez si singulierement associée à vos travaux, à vos douleurs & à vos opprobres, & par eux à cette sainte & spirituelle fécondité, dont vous êtes la primitive & intarissable source, vous voulez bien aussi l'associer à ma reconnoissance. Sans elle j'étois ignorant de vos conseils, & le voile étoit sur mes yeux à la lecture de vos oracles. Heureux, si malgré mes infidélités, & l'abus continuel que j'ai fait de votre grace, heureux, dis-je, mille fois, si un jour je puis embrasser ses saints pieds, & le dernier de tous fermer la marche de cette innombrable compagnie de ses enfans qu'elle assemblera dans le céleste Liban, sous votre immortelle présidence!

Et vous qui avez persécuté & elle & le divin Fénelon, son enfant & son disciple, Prêtres & Pharisiens, dont pourtant le Seigneur, tout en vous condamnant a ordonné d'honorer le ministère & même en a donné l'exemple. Homme à Religion intéressée, & malgré les apparences dont vous vous fardés, détracteurs en fait de la gloire de DIEU & persécuteur de ses vrais Prophêtes. B. N. D. L. M. D. M. N. B. C. . . . . &c. Bientôt, oui, bientôt, le voile sera levé.

Il faudra la voir malgré vous, cette vérité que vous avez fait exclure de votre Eglise, si pure autrefois, si dégénérée aujourd'hui. Vous la verrez sans les ombres de vos passions & elle vous accablera de son poids; & vous vous frapperez la poitrine, d'avoir blasphêmé ce que vous-mêmes auriez dû annoncer.

Mais encore, il faudra la voir cette divine femme, qui en a été & le héraut & la victime en ce monde, non telle que votre orgueil la dédaignoit ici bas, mais toute rayonnante de gloire. Ici vous l'avez faite pleurer, & là haut, elle a la consolation éternelle. Ici, par vos acharnées poursuites, elle n'avoit pas, à l'exemple de son Chef, où *reposer sa tête*, mais elle a trouvé en sa mort la retraite céleste. Percée de douloureuses & continuelles maladies, dont vos procédés enfonçoient la pointe de surcroit, elle a trouvé en Jésus le céleste médecin, une santé & une jeunesse éternelle. Souvent vous lui avez occasionné les privations du premier nécessaire, & *assise à table avec Abraham, Isaac & Jacob*, elle est nourrie du pain des Anges & abreuvée du fleuve des délices. Sans raison, sans justice, vous l'avez faite enfermer dans l'étroite enceinte des plus ignominieuses prisons; là haut vous la verrez dilatée dans le sein de l'Infini, & d'une aîle légere, portée sur les rapides vents, sans chaînes, sans obstacles, parcourant les espaces immenses du pays de Dieu, & découvrant dans ses éternelles beautés, des beautés toujours nouvelles. Oui, c'est ainsi que vous la verrez, & avec elle cette inflexible vérité du pur amour, qui rendra à Dieu la gloire & à vous la honte de l'avoir repoussée.

Mais enfin, après vous être reconnus, humiliés, anéantis, vous la verrez cette femme concentrée dans la charité, tendant pour vous ses mains à son Dieu, demandant l'oubli de l'aveugle rage dont vous l'avez persécutée. Et à l'exemple de son Chef immortel, lui montrant pour vous les playes que vous-mêmes lui avez faites, & par elles sollicitant en votre faveur cette miséricorde qui se retrouve dans le fond; & disant pour vous comme son Sauveur l'a dit, ô mon Pere! *Pardonnez-leur, car ils n'ont pas sû ce qu'ils faisoient* (a).

(a) Dans ce Discours je n'ai parlé que des saintes par-dessus lesquelles Madame Guyon a sans contestation la prééminence. Je ne traite point d'autre question, & je me contente de remarquer ici, que les saints Apôtres *ont posé les fondemens*, Apocal. 21. v. 14. & que Madame Guyon a bâti dessus: (*) *J'ai posé le fondement comme un sage architecte & un*

(*) 1. Cor. 3. v. 10.

autre édifie dessus. Elle a montré dans le plus haut sens & le plus divin tout ce qu'ils ont dit. Et ses Ecrits à nul autre semblables, peuvent être appellés le pur esprit & la plus pure quintessence de l'Evangile. Chacun a eu sa place & sa vocation, & cette femme *unique* a été le grand Apôtre de nos tems. Quant à l'anéantissement Mystique qui doit précéder nécessairement la résurrection en DIEU même, je suis intimement convaincu que personne, après la sainte Vierge, n'a approfondi le néant plus que Madame Guyon. Le néant est infini en *négation*, comme Dieu est infini en être & on y peut toujours avancer.

JEANNE MARIE BOUVIERES DE LA MOTHE GUYON.

ANAGRAMME.
A Dieu, en Sion. O revien, aba, & guéri l'homme.

A DIEU le tout-puissant qui réside EN SION
J'adresse mes soupirs avec affection:
O REVIEN, il est tems, ABA l'ame rebelle,
   ET GUÉRI L'HOMME abattu par ta main;
C'est là, Seigneur, le but & l'unique dessein
De vœux de ma voix, de ma plume fidelle,
Et que le tout revienne à ta gloire éternelle.

JUSTITIAS DOMINI CANTABO IN ÆTERNUM.

CATALOGUE

De tous les ouvrages de Madame J. M. B. de la MOTHE-GUYON, *nouvelle Edition en 40 vol. in 8°. avec figures.*

La Sainte Bible ou l'ancien & le nouveau Testament, avec des explications & réflexions qui regardent la vie intérieure, 20 vol. *Paris* 1790.

Discours Chrétiens & Spirituels sur divers sujets qui regardent la vie intérieure, tirés la plupart de l'Ecriture Sainte, 2 vol. *ibid.*

Ses opuscules spirituels, contenant *le moyen court & très-facile de faire oraison. Les Torrens Spirituels*, &c. 2. vol. *ibid.*

Justifications de la Doctrine de Madame de la MOTHE-GUYON, pleinement éclaircie, démontrée & autorisée par les Sts. Peres Grecs, Latins & Auteurs canonisés ou approuvés; écrites par elle-même. Avec un examen de la neuvieme & dixieme Conférences de Cassien, sur l'état fixe de l'oraison continuelle, par M. de Fenelon, Archevêque de Cambray, 3 vol. *ibid.*

Cet ouvrage contient le parallele & l'accord parfait de la Doctrine de Madame Guyon, avec celle des SS. Peres, & on y trouve une infinité de citations des plus grands Saints, qui éclaircissent toutes les difficultés qui regardent la vie intérieure.

Poésies & Cantiques Spirituels, sur divers sujets qui regardent la vie intérieure, ou l'esprit du vrai Christianisme, 4. vol. *ibid.*

L'Ame Amante de son Dieu, représentée dans les Emblêmes de Hermannus Hugo fur fes pieux défirs, dans ceux d'Othon Vænius fur l'amour Divin, avec des fig. nouvelles, accompagnées de vers qui en font l'application aux difpofitions les plus effentielles de la vie intérieure, un vol. *ibid.*

Sa Vie, écrite par elle-même, qui contient toutes les expériences de la vie intérieure, depuis fes commencemens jufqu'à la plus haute confommation, 3 vol. *ibid.*

Lettres Chrétiennes & Spirituelles fur divers fujets qui regardent la vie intérieure, ou l'Efprit du vrai Chriftianifme, nouvelle édit., augmentée & enrichie d'un cinquieme volume, contenant la correfpondance fecrette de l'Auteur avec M. de Fénelon, &c. laquelle n'avoit jamais paru, & précédée d'anedoctes très-intéreffantes, in 12. 5 vol. *Londres* 1768.

Un grand nombre de ces lettres ont été adreffées au Comte de Meternich, au marquis de Fénelon, & à nombre de Dames de la premiere qualité.

EXTRAIT

D'une lettre sur quelques circonstances de la mort de madame GUYON.

MADAME GUYON est remontée à son origine après une longue & pénible maladie de trois mois. J'étois auprès d'elle pendant les dernieres six semaines, & j'ai vu la consommation de son sacrifice sur la croix. Elle a porté dans ses derniers momens l'état de délaissement de Jésus-Christ sur la croix, depuis six heures du matin jusqu'à onze heures & demi du soir le 9. de Juin, qu'elle expira dans une grande paix & dans un silence profond, accompagné d'une insensibilité & une perte de connoissance de tous les objets extérieurs depuis six heures du soir jusqu'au moment de sa mort.

Quand on eut ouvert son corps, on n'y trouva aucune partie saine, à la reserve du cœur, qui pourtant étoit flétri, & du cerveau, qui se trouva entier comme celui d'un enfant, seulement un peu plus humide qu'à l'ordinaire. Toutes les autres parties & entrailles étoient ou pourries ou enflammées; & ce qui est remarquable son fiel étoit pétrifié comme celui de S. François de Sales. Elle avoit été, comme ce grand Saint, extrêmement vive & prompte naturellement, mais par la grace elle étoit devenue la plus douce des humains & d'une patience angelique, comme il parut par la grandeur & le nombre de ses maladies.

De Blois ce 16 *Juin* 1717.

TABLE
DES CHAPITRES
DE CETTE I. PARTIE.

CHAPITRE I.

Que les voies de Dieu sur les hommes & particulierement sur les siens, sont inconnues & en aversion aux sages & justes propriétaires, qui n'en jugent que selon leurs idées & leurs sentimens, pendant que le Seigneur les condamne & abhorre eux-mêmes, & leur préfére ce qu'il y a de plus méprisable, soit entre les pécheurs les plus grossiers, ou entre les ames simples, mais sans proprieté, pour s'en servir à sa gloire. *page* 1

CHAPITRE II.

Naissance périlleuse de Madame Guyon, & ses étranges maladies dès son enfance. On la met aux Ursulines, puis aux Bénédictines, où il lui arriva des choses remarquables. On l'en retire. Avis importans sur l'éducation des enfans, & deux grandes fautes que l'on y commet. 8

CHAPITRE III.

Remise aux Ursulines, elle y reçoit une excellente éducation d'une de ses propres Sœurs qui y étoit. Elle évite le péril d'être de la Cour, & un autre danger de mort: elle est affligée de diverses maladies & de mauvais traitemens. Revenue chez M. son Pere, & de là mise chez d'autres Religieuses, elle y est encore affligée négligée & maltraitée. 18

Chapitre IV.

Diverses croix chez M. son Pere. Sa premiere communion. Touchée par le rapport qu'on lui fait de la visite d'un saint Religieux de la famille qui alloit aux Indes, elle se donne à Dieu plus qu'auparavant. La lecture de S. François de Sales la dispose à l'Oraison. Elle fait son possible pour être Religieuse. pag. 26

Chapitre V.

Elle assiste Mr. son Pere dans une maladie. Avancement que lui procura une de ses cousines, dont Mad. sa Mere, bien que fort vertueuse, la destitue. Après une maladie, un voyage à la Campagne lui est occasion de quitter l'Oraison intérieure pour s'arrêter à l'extérieure; ce qui lui devient très-nuisible & occasion de vanité. Malheur qu'il y a à quitter l'Oraison du cœur; laquelle le Démon persécute à son possible. 36

Chapitre VI.

Son pere l'engage à son insçu dans un mariage où elle eut ensuite bien à souffrir. Précaution pour qu'on ne condamne point légérement les personnes, souvent vertueuses, dont Dieu se sert pour crucifier & purifier les ames de choix. Diverses croix de celle-ci dès la premiere année de son mariage. 49

Chapitre VII.

Elle reconnoit l'utilité & la nécessité de ses souffrances. Celles de ses premieres couches. Sa tranquillité durant des pertes très-considérables. Ses croix continuelles, qu'elle ne déclare qu'avec répugnance & par l'ordre de son Directeur, excusant les autres & s'accusant soi-même. Elle combat ses défauts en diverses occasions. Elle va à Paris, & y tombe malade à la derniere extrêmité. 61

Chapitre VIII.

Mort de Mad. sa Mere, & croix qui s'en suivent. Une grande dame, puis son parent religieux commencent à lui parler de l'oraison de présence de Dieu & de silence. Un saint religieux sert à lui faire trouver Dieu dans elle-même avec des effets admirables. Pureté de l'oraison de cœur, de volonté & de foi savoureuse où Dieu la met. 72

Chpitre IX.

Digression sur les dons de visions, d'extases, de paroles intérieures, de révélations, de ravissemens. Ce qu'il y a de sujet à l'illusion ou d'assuré dans tout cela. Solidité de l'état où Dieu la met. 82

Chapitre X.

Ses grandes austérités & mortifications, mais dirigées de Dieu (comme celles de Sainte Catherine de Genes.) Effet des Sermons & de la parole de Dieu sur elle. Son absorbement en Dieu. De l'anéantissement, puis de l'union des puissances par celle de la volonté & par la charité. Sureté de la lumiere générale de la foi passive. De l'Union centrale, ou Unité. 88

Chapitre XI.

La vraie cause de la mort des sens. Le trop d'attache aux mortifications empêche celle de l'esprit & de la propre volonté. Continuation des siennes, où elle est réglée & occupée de l'amour même. Ses Confessions. Dieu châtie ici de semblables ames & les purifie, comme dans le purgatoire de l'autre vie : & comment on doit s'y comporter. 97

Chapitre XII.

Elle est exercée continuellement dans le domestique, par

le monde, par son Confesseur, par des Religieux, pendant que Dieu lui redouble son amour & sa jouissance, qu'elle ne voit & ne sent que lui, sans pouvoir en être distraite par nulle opposition, son amour pur & fort se faisant ses délices de la croix. p. 105

CHAPITRE XIII.

Don de l'esprit de sacrifice, & d'Oraison de silence *& de pur esprit, non sans croix. Oraison de sécheresses, ses peines, & celles du réveil de quelques passions. Voyage à Paris. Comment Dieu pour diverses fautes d'infidélité, de relâchement, de complaisance, punit rigoureusement l'ame par diverses peines, bannissemens intérieurs, absences divines. entremêlés, quand on retourne à lui, de divines caresses, & du* langage admirable & spirituel *du Verbe. Rencontre inopinée & entretien d'un simple mais éclairé inconnu.* 120

CHAPITRE XIV.

Autres voyages. Combat contre la complaisance d'être applaudie & de plaire. Faute des Confesseurs en cela. Périls dans le voyage. Nouveaux combats intérieurs. Douleur qui vient du pur amour, à l'occasion de ce que Dieu caresse l'ame après les chûtes où elle se laisse aller.
132

CHAPITRE XV.

Diverses maladies domestiques jointes à la mort d'un de ses fils. Elle se sacrifie d'être malade, & y endure de tous côtés des croix incroiables avec une parfaite résignation, patience & joie ; ce qui pourtant est pris en mauvaise part. Les soulagemens lui sont interdits d'en-haut. 140

CHAPITRE XVI.

Continuation des croix & duretés qu'elle souffre dans le

domestique, au sujet de ses exercices de piété & d'oraison : où paroissent de plus en plus sa patience & son amour de la croix. Son impuissance à des applications qui auroient pû lui épargner ou adoucir plusieurs croix.
page 150

Chapitre XVII.

Augmentation de l'attrait & des opérations paisibles & intimes de Dieu dans elle, & leurs effets. Son industrie à se ménager du tems pour prier, lui préjudicie. Providences divines pour ses Communions & autres sujets. Le commerce avec une sainte Religieuse qui la fortifioit, lui est interdit. Scrupules & craintes de donner sujet au mécontentement des autres, quoiqu'on fît son possible pour leur plaire. 159

Chapitre XVIII.

Sa connoissance avec le R. P. Lacombe. Alternatives de présence & d'absence de Dieu ; de diverses croix, de désirs des croix, puis de peine à les porter. Usage & nécessité de ces alternatives. Défauts où l'on tombe en tems d'obscurité. Sa charité envers les pauvres. Autres épreuves. Extinction du sensible. 168

Chapitre XIX.

Continuation de ses austérités. Connoissance de M. Bertot, à Paris. Retraite. Souplesse de sa volonté dans les souffrances & son union, différente de sa perte. Pressentiment de la mort de M. son Pere ; sa même mort & celle d'une fille d'insigne piété. Son contract avec le S. Enfant Jésus, & ses conditions. Redoublement des croix, pour faire mourir la nature.
176

Chapitre XX.

Dieu convertit une Dame de considération par son entremise. Il la gratifie de nouveau & plus fortement de la jouissance de sa présence. Puis il la dispose par la mort d'une Religieuse qui lui servoit d'appui, & par diverses croix extérieures, à la privation & à l'absence la plus terrible de toutes. pag. 189

CHAPITRE XXI.

Entrée dans l'état de perte ou de privation entiere. Différence des privations intérieures d'avec celle-ci, qui s'augmente par les exercices même de piété. Bonheur de l'abandon. Combat de deux penchans. Privation d'Oraison, & d'actes vertueux, & de tout appui intérieur & extérieur. Condamnation de soi-même, & défauts où l'on tombe ici. 200

CHAPITRE XXII.

Suite de ses croix extérieures. Dieu se la consacre de nouveau. Diverses providences de Dieu sur elle. Maladies, mort Chrétienne, salut, obséques de Mr. son Mari. Réglement de toutes ses affaires domestiques & étrangeres par un secours de Dieu tout particulier.
210

CHAPITRE XXIII.

Reprise de son état intérieur. Perte de la propre force. Entrée dans l'état terrible de la mort mystique, précédé de la vie mourante, puis de l'insensible. (Pour mieux entendre ces matieres, autant que faire se peut, il convient de lire le traité de l'Auteur intitulé, les Torrens &c. qui est écrit sur ces mêmes expériences. Voyez les OPUSCULES. 221

CHAPITRE XXIV.

Continuation de ses croix & souffrances tant intérieures qu'extérieures en cet état. Un parti de personnes, qui

fait du bruit dans l'Eglise, ayant tâché de l'attirer à eux, & n'ayant pû, la mettent dans un décri universel. Confusions qu'elle dut endurer de toutes parts.
page 229

CHAPITRE XXV.

Mort au sensible spirituel. Elle est recherchée. Sa maladie extrême. Etat où tous les biens passés paroissent maux, & toutes les justices comme péchés, & où l'on croit pécher bien qu'on préfére l'enfer même au péché. Cela contribue à faire chercher en Jésus-Christ ce qu'on ne trouve point en soi-même. Dieu guérit ainsi le mal réel par le mal apparent. 239

CHAPITRE XXVI.

Renfort de délaissemens, de peines & de croix intérieures & extérieures. Modération & silence dans ces dernieres. 246

CHAPITRE XXVII.

Durant ses miséres Dieu ne veut point qu'elle recherche du soulagement auprès des hommes. Sureté de cette voie obscure, par laquelle l'ame est pleinement purifiée, & même revêtue de tous les états de Jésus-Christ sans y avoir réfléchi. Solitude & silence durant la privation. Perte d'espoir perceptible: on s'y regarde comme reprouvé. La paix commence à lui revenir à l'occasion de quelques lettres du P. la Combe qui la rassure & prie pour elle. 255

CHAPITRE XXVIII.

Délivrée de toutes peines elle est mise dans une vie nouvelle de paix, de liberté, de facilité à tout bien, retrouvant Dieu, & tout en lui & avec lui, sans plus d'appropriation, avec fermeté & durée, & en union d'unité. 263

CHAPITRE XXIX.

Un Confesseur à Paris, un Religieux, l'Evêque de Geneve, une Supérieure, le Pere la Combe, le P. Claude Martin, M. Bertot, une Religieuse, lui déclarent que Dieu veut qu'elle s'employe toute à son service. Marques des songes divins; Vision significative sur son sujet. Elle se dispose à tout abandonner en pure foi, pour servir Dieu selon sa divine volonté nonobstant les répugnances de la nature. page 272

CHAPITRE XXX.

Retour des personnes qui l'avoient durement exercée auparavant, & punition d'une, pour qui elle souffre. De la purification d'une Religieuse, qu'elle discerna. Ses charités envers les pauvres. Elle s'abandonne à Dieu nonobstant tous obstacles, & Dieu l'assure de sa vocation divine. Ses peines sur l'engagement dans une societé qu'on lui proposoit, & dont elle est détournée. 283

LA VIE
DE
MADAME GUYON,
Écrite par elle-même.
PREMIERE PARTIE,
Depuis sa naissance jusqu'à sa sortie de France.

CHAPITRE I.

Que les voies de Dieu sur les hommes & particulierement sur les siens, sont inconnues & en aversion aux sages & justes propriétaires, qui n'en jugent que selon leurs idées & leurs sentimens, pendant que le Seigneur les condamne & abhorre eux-mêmes, & leur préfére ce qu'il y a de plus méprisable, soit entre les pécheurs les plus grossiers, ou entre les ames simples, mais sans propriété, pour s'en servir à sa gloire.

Dieu Seul.

1. Puisque vous souhaitez de moi que je vous écrive une vie aussi misérable & aussi extraordinaire qu'est la mienne, & que les omissions que j'ai faites dans la premiere vous ont

paru trop confidérables pour la laiffer de cette forte ; je veux de tout mon cœur pour vous obéir faire ce que vous défirez de moi, quoique le travail m'en paroiffe un peu pénible dans l'état où je fuis, qui ne me permet pas de beaucoup réflechir. Je fouhaiterois extrêmement de pouvoir vous faire comprendre les bontés de Dieu fur moi, & l'excès de mes ingratitudes ; mais il me feroit impoffible de le faire, tant parce que vous ne voulez pas que j'écrive mes péchés en détail, que parce que j'ai perdu la mémoire de bien des chofes. Je tâcherai cependant de m'en acquiter le moins mal qu'il me fera poffible, m'appuyant fur l'affurance que vous me donnez de ne la faire jamais paroître aux yeux des hommes, & que vous la brûlerez lorfque Dieu en aura tiré l'effet qu'il prétend pour votre profit fpirituel, pour lequel je facrifierois toutes chofes, étant perfuadée, comme je la fuis, des deffeins de Dieu fur vous, tant pour la fanctification de votre propre perfonne que de celles des autres. Mais je vous affure en même temps que vous n'y arriverez que par beaucoup de peine & de travail, & par un chemin qui vous paroîtra tout contraire à votre attente. Vous n'en ferez cependant pas furpris fi vous êtes convaincu que Dieu n'établit fes grands ouvrages que fur le néant. Il femble qu'il détruife pour édifier : il le fait de la forte afin que ce temple qu'il fe deftine, bâti même avec beaucoup de pompe & de majefté, mais bâti toutefois de la main des hommes, foit tellement détruit auparavant, qu'il ne refte pas pierre fur pierre. Ce font ces effroyables débris qui ferviront au St. Efprit pour faire un temple qui ne fera point bâti de la main des hommes, mais par fon feul pouvoir.

2. O si vous pouviez comprendre ce mystere aussi profond qu'il est, & concevoir les secrets de la conduite de Dieu revélés aux petits, mais cachés aux grands & sages de la terre, qui s'imaginent d'être les conseillers du Seigneur & pénétrer la profondeur de ses voies, qui se persuadent d'atteindre cette divine (1) *Sagesse, inconnue à ceux qui vivent* encore à eux-mêmes & dans leurs propres opérations, *cachée* même *aux oiseaux du ciel*, c'est-à-dire, à ceux qui par la vivacité de leurs lumieres & par la force de leur élévation avoisinent le ciel, & pensent pénétrer la hauteur, la profondeur, la largeur, & l'étendue de Dieu! Cette Sagesse divine est ignorée même de ceux qui passent dans le monde pour des personnes extraordinaires en lumiere & en (2) science. De qui sera-t-elle donc connue, & qui pourra nous en dire des nouvelles? *La perdition & la mort*. Ce sont ceux-là qui *assurent avoir ouï de leurs oreilles le bruit de sa réputation*. C'est donc en mourant à toutes choses, & en se perdant véritablement à leur égard pour passer en Dieu & ne subsister qu'en lui, qu'on a quelque intelligence de la vraie Sagesse.

3. O que l'on comprend peu ses voies & la conduite qu'elle tient sur ses serviteurs les plus choisis! A peine en découvre-t-on quelque chose, que surpris de la différence de la vérité que l'on découvre, d'avec les idées que l'on s'étoit faites de la vraie perfection, l'on s'écrie avec St. Paul, (3) *O profondeur de la science & de la Sagesse de Dieu! que vos jugemens sont incompréhensibles, & vos voies difficiles à connoître!* Vous ne jugez point des choses comme en jugent les hommes, qui

---

(1) Job 28. v. 21, 22.   (2) *Autr.* Sainteté.
(3) Rom. 11. v. 33.

appellent le bien mal & le mal bien, & qui regardent comme de fortes justices des choses abominables devant Dieu, & dont, selon son (1) prophête, il ne fait non plus de cas que si c'étoient *des linges sales;* qui (2) *même examinera avec* rigueur ces *justices* propriétaires, qui (semblables à celles des Pharisiens,) seront les matieres de son indignation & de son courroux, & non l'objet de son amour & le sujet de ses récompenses, ainsi qu'il nous assure lui-même lors qu'il dit; (3) *Si votre justice n'est plus abondante que celle des Scribes & des Pharisiens, vous n'entrerez point au Royaume des cieux.* Qui de nous a une justice qui approche de celle des Pharisiens ? & qui, en faisant beaucoup moins de bien qu'ils n'en faisoient, n'a pas cent fois plus d'ostentation qu'ils n'en avoient ? Qui de nous n'est pas bien-aise de se trouver juste à ses propres yeux & aux yeux des autres ? & qui ne croit pas qu'il suffit d'être juste de la sorte pour l'être à ceux de Dieu ? Cependant voyons l'indignation que Jésus-Christ a fait paroître, aussi bien que son précurseur, contre ces sortes de personnes, lui dont la douceur étoit si infinie, qu'elle étoit le parfait modèle de toute douceur, mais d'une douceur fonciere & venant du cœur, & non de ces douceurs affectées qui sous une apparence de colombe conservent un cœur d'épervier. Jésus-Christ, dis-je, n'a eu que de l'aigreur contre ces justes propriétaires, & sembloit les deshonorer devant les hommes. Le portrait qu'il en faisoit étoit étrange, durant qu'il regarde les pécheurs avec miséricorde, compassion & amour; qu'il proteste n'être venu que pour eux; que ce sont ces malades qui ont

---

(1) Isa. 64. v. 6. (2) Ps. 74. v. 3 & 9. v. 5. (3) Matth. 5. v. 20.

besoin de médecin ; qu'étant le Sauveur d'Israël, il n'est cependant venu sauver que les brebis perdues de la maison d'Israël. O Amour, il semble que vous soyez si jaloux du salut que vous donnez vous-même, que vous préferiez le pécheur au juste ! Il est vrai que ce pauvre pécheur ne voyant en lui que misere, est comme contraint de se haïr soi-même : se trouvant un objet d'horreur, il se jette à corps perdu entre les bras de son Sauveur, il se plonge avec amour & confiance dans le bain sacré de son sang, d'où il sort blanc comme de la laine : c'est alors que tout confus de ses désordres, & tout plein de l'amour de celui qui ayant pu seul remédier à ses maux, a eu la charité de le faire, il l'aime d'autant plus, que ses crimes ont été plus énormes : & sa reconnoissance est d'autant plus grande, que les dettes qu'on lui a remises sont plus abondantes : pendant que le juste appuié sur le grand nombre d'œuvres de justice qu'il présume avoir faites, semble tenir son salut entre ses mains, & regarde le ciel comme une récompense dûe à ses mérites. Il damne tous les pécheurs dans l'amertume de son zèle ; il leur fait voir l'entrée du ciel fermée pour eux ; & il leur persuade qu'ils ne doivent le regarder que comme un lieu sur lequel ils n'ont plus de droit, pendant qu'il s'en croit l'ouverture d'autant plus assurée, qu'il se flatte de la mériter davantage. Son Sauveur lui est presque inutile : il s'en va si chargé de mérites, qu'il est accablé de leur poids. O qu'il restera longtems accablé sous cette glorieuse charge, durant que ces pécheurs dénués de tout, sont portés avec vitesse par les ailes de l'amour & de la confiance entre les bras de leur Sauveur, qui leur donne gratuitement ce qu'il leur a mérité infiniment.

4. O que les premiers ont d'amour d'eux-mêmes & peu d'amour de Dieu ! ils s'aiment, & s'admirent dans leurs œuvres de juſtice, qu'ils eſtiment comme la cauſe de leur bonheur : ils ne font pas cependant plutôt expoſés aux rayons du divin Soleil de juſtice, qu'il en découvre toute l'iniquité, & les fait paroître ſi ſales, qu'ils font mal au cœur ; pendant qu'il pardonne à Madeleine vide de toute juſtice, (1) *parce qu'elle aime beaucoup*, & que ſon amour & ſa foi lui tiennent lieu de juſtice. D'où vient que le divin Paul, qui a ſi bien connu ces grandes vérités, & qui nous les a ſi admirablement décrites, nous aſſure, que (2) *la foi d'Abraham lui fut imputée à juſtice :* Ceci eſt parfaitement beau ; car il eſt certain que ce ſaint patriarche faiſoit toutes ſes actions dans une fort grande juſtice. O c'eſt qu'il ne les voyoit pas comme telles ; & qu'étant entiérement dégagé de toute propriété, & vide de leur amour, ſa foi n'étoit fondée que ſur le ſalut à venir que ſon Sauveur lui devoit apporter : *il eſpéra en lui contre l'eſpérance même :* & cette foi lui fut imputée à juſtice, c'eſt-à-dire, à juſtice pure, ſimple & nette ; juſtice méritée par Jéſus-Chriſt, & non pas juſtice propre & opérée par ſoi, & regardée comme de ſoi-même.

5. Ceci, qui paroîtra extrêmement éloigné de l'objet que je me ſuis propoſé d'abord en écrivant, ne laiſſera pas de vous y conduire inſenſiblement, & de vous faire voir que Dieu prend pour faire ſes ouvrages, ou des pécheurs convertis, de qui l'iniquité paſſée ſert de contrepoids à l'élévement ; ou bien des perſonnes en qui il détruit & renverſe cette propre juſtice, & ce temple bâti de la main des hommes, de telle ſorte,

(1) Luc 7. v. 47.   (2) Rom 4. v. 3, 18.

qu'il ne reste pierre sur pierre qui ne soit détruite: parce que toutes ces œuvres-là ne sont bâties que sur le sable mouvant, qui est l'appui dans le créé & dans ces mêmes œuvres; au lieu d'être fondées sur la pierre vive, Jésus-Christ. Tout ce qu'il est venu établir en entrant dans le monde, s'est fait par le renversement & la destruction des mêmes choses qu'il vouloit édifier. Il établit son Eglise d'une maniere qui sembloit la détruire. Quelle maniere d'établir une nouvelle loi, & de l'acréditer, lorsque le Législateur est condamné par les docteurs & les puissans du monde comme un scélerat, qui meurt enfin sur un gibet! O si l'on savoit combien la propre justice est opposée aux desseins de Dieu, nous aurions un éternel sujet d'humiliation & de défiance de ce qui fait à présent notre unique appui!

6. Ceci supposé, vous n'aurez pas de peine à concevoir les desseins de Dieu dans les graces qu'il a faites à la plus misérable des créatures; vous les croirez même facilement. Ce sont toutes graces, c'est-à-dire, dons que je n'ai jamais mérités; au contraire, dont je me suis rendu très-indigne: mais Dieu par un extrême amour de son pouvoir, & une juste jalousie de l'attribution que font les hommes aux autres hommes du bien que Dieu met en eux, a voulu prendre le sujet le plus indigne qui fut jamais pour faire voir que ses bontés sont des effets de sa volonté, & non des fruits de nos mérites; que c'est le propre de sa Sagesse de détruire ce qui est superbement édifié, & de bâtir ce qui est détruit; de se servir (1) *des choses foibles pour confondre les fortes.* Mais s'il se sert des choses viles & méprisables, il le fait d'une ma-

(1) 1 Cor. I. v. 27.

niere si étonnante, qu'il les rend l'objet du mépris de toutes les créatures. Ce n'est pas en leur procurant l'approbation des hommes qu'il s'en sert pour le salut des mêmes hommes; mais en les rendant le but de leurs insultes, & un objet d'exécration. Voila ce que vous verrez dans la vie que vous m'avez ordonné d'écrire.

CHAPITRE II.

Naissance périlleuse de Mad. Guyon, & ses étranges maladies dès son enfance. On la met aux Ursulines, puis aux Bénédictines, où il lui arriva des choses remarquables. On l'en retire. Avis importans sur l'éducation des enfans, & deux grandes fautes que l'on y commet.

JE nâquis, à ce que disent quelques uns, la veille de Pâques, le 13 Avril (quoique mon baptême ne fut que le 24 de Mai) de l'année 1648, d'un pere & d'une mere qui faisoient profession d'une fort grande piété; particuliérement mon pere, qui l'avoit héritée de ses ancêtres : car l'on peut presque compter depuis très-longtems autant de Saints dans sa famille, qu'il y a eu de personnes qui l'ont composée. Je nâquis donc, non pas à terme : car ma mere eut une frayeur si terrible, qu'elle me mit au monde dans le huitieme mois, où l'on dit qu'il est presque impossible de vivre. Je ne reçus pas plutôt la vie que je pensai la perdre, & mourir sans baptême. On me porta chez une nourrice : je n'y fus pas plutôt que l'on vint dire à mon pere que j'étois morte. Il en fut très-affligé. Quelque temps après on le vint avertir que j'avois donné quelque signe de vie. Mon pere prit auſſitôt un prêtre, & me l'amena lui-même; mais il ne fut pas plutôt monté dans la chambre où j'étois, qu'on lui dit que cette marque de vie que j'avois donnée, étoit un dernier ſoupir, & que j'étois abſolument morte. Il eſt vrai qu'on ne put remarquer en moi aucun ſigne de vie. Le prêtre s'en retourna, & mon pere auſſi dans une extrême déſolation. Cela dura ſi longtems, que ſi je le diſois on auroit peine à le croire.

2. Ô mon Dieu ! il me ſemble que vous n'avez permis une conduite ſi étrange à mon égard, que pour me faire mieux comprendre la grandeur de vos bontés en mon endroit, & comment vous vouliez que je ne fuſſe redevable qu'à vous ſeul de mon ſalut, & non à l'induſtrie d'aucune créature. Si je fuſſe morte alors, je ne vous euſſe, peut-être, jamais ni connu ni aimé; & ce cœur créé pour vous ſeul, eut été ſéparé de vous ſans avoir été un inſtant uni à vous. O Dieu, qui êtes la ſouveraine félicité, ſi je mérite à préſent votre haine, & ſi dans la ſuite je ſuis un vaſe préparé pour la perdition, il me reſte du moins cette conſolation, de vous avoir connu, de vous avoir aimé, de vous avoir cherché, de vous avoir ſuivi, & que j'accepte volontairement & par le ſeul amour de votre juſtice le décrêt éternel qu'elle donnera contre moi. Je l'aimerai, même quand elle ſeroit plus rigoureuſe pour moi que pour nul autre. O Amour ! j'aime votre juſtice de telle ſorte & votre pure gloire, que ſans me regarder moi-même & mon propre intérêt je me mets de ſon parti contre moi-même : je frapperai où elle frappera : mais ſi je fuſſe morte alors, je ne l'euſſe point aimée ; je l'aurois peut-être haïe au lieu de l'aimer : & quoique j'euſſe eu l'avantage de ne vous avoir

jamais offensé actuellement, le plaisir de m'immoler à vous par amour, & le bonheur de vous avoir aimé, l'emportent dans mon cœur sur la peine de vous avoir déplu.

3. Ces alternatives de vie & de mort dans le commencement de ma vie, étoient de fatales augures de ce qui me devoit arriver un jour, tantôt mourante par le péché, tantôt vivante par la grace. La mort & la vie faisoient un combat : la mort pensa vaincre & surmonter la vie ; mais la vie demeura victorieuse. O s'il m'étoit permis d'avoir cette confiance, & que je pusse croire enfin que la vie sera pour toujours victorieuse de la mort ! Cela sera sans doute si vous vivez seul en moi, ô mon Dieu ! qui me paroissez à présent être mon unique vie & mon seul amour.

On trouva enfin un moment où la grace du baptême me fut conférée. Je cessai pour peu de temps d'être votre ennemie, ô mon Dieu ; mais hélas ! que je perdis bientôt un si grand bien ; & que ma misérable raison, qui paroissoit plus avancée qu'en bien d'autres, me fut funeste ; puisqu'elle ne me servit que pour perdre plutôt votre grace.

4. Sitôt que je fus baptisée l'on examina la cause de ces pâmoisons continuelles. On vit que j'avois au bas du dos une apostume d'une grosseur prodigieuse. On m'y fit des incisions ; & la plaie étoit si grande, que le chirurgien y pouvoit mettre la main toute entiere. Un mal si surprenant dans un âge si tendre me devoit ôter la vie ; mais, ô mon Dieu ! comme vous vouliez faire de moi un sujet de vos plus grandes miséricordes, vous ne le permîtes pas. Cette apostume, qui rendoit un pus si effroyable, étoit ce me semble la figure que vous deviez, ô mon Amour ! faire sortir au-

déhors la corruption qui est en moi, & en exprimer toute la malignité. A peine cet étrange mal fut-il guéri, qu'il me vint, à ce qu'on m'a dit, la gangrêne à une cuisse, & ensuite à l'autre : ma vie n'étoit qu'un tissu de maux.

5. On me mit à deux ans & demi aux Ursulines, où je restai quelque temps. On m'en retira ensuite. Ma mere, qui n'aimoit pas beaucoup les filles, me négligea un peu, & m'abandonna trop au soin des femmes, qui me négligerent aussi. Vous me protégiez cependant, ô mon Dieu ! car il m'arrivoit sans cesse des accidens, où mon extrême vivacité me faisoit tomber, qui n'avoient aucune suite. Je tombai même plusieurs fois par un soupirail dans une cave fort profonde remplie de bois. Il m'arriva encore un nombre d'accidens que je ne dis pas, afin de n'être pas trop longue.

6. J'avois alors quatre ans, quand madame la duchesse de Montbason vint aux Bénédictines. Comme elle avoit bien de l'amitié pour mon pere, elle lui demanda de me mettre dans cette maison lorsqu'elle y seroit, parce que je la divertissois fort. J'étois toujours auprès d'elle ; car elle aimoit beaucoup l'extérieur que Dieu m'avoit donné. J'étois continuellement malade, & très-périlleusement. Je ne me souviens pas d'avoir fait dans cette maison des fautes considérables. Je n'y voyois que de bons exemples ; & comme mon naturel étoit porté au bien, je le suivois lorsque je ne trouvois personne qui m'en détournât. J'aimais d'entendre parler de Dieu, d'être à l'église, & d'être habillée en religieuse. Un jour que je m'étois imaginée que la frayeur que l'on me faisoit de l'enfer n'étoit que pour m'intimider, parce que j'étois fort éveillée, & que j'avois de peti-

tes malices auxquelles on donnoit le nom d'esprit; je vis la nuit en dormant une image de l'enfer si affreuse, que quoique je fusse si enfant, je ne l'ai jamais oubliée. Il me paroissoit comme un lieu d'une obscurité effroyable où les ames étoient tourmentées. Ma place m'y fut montrée : ce qui me fit pleurer amérement, & dire à Notre Seigneur: *O mon Dieu ! si vous vouliez bien me faire miséricorde, & me donner quelques jours de vie, je ne vous offenserois plus!* Vous me les accordâtes, ô mon Dieu ! & vous me donnâtes même un courage pour vous servir qui surpassoit mon âge. Je voulus aller à confesse sans en rien dire à personne ; mais comme j'étois fort petite, la maîtresse des pensionnaires me portoit à confesse, & restoit avec moi. On m'écoutoit seulement. Elle fut étonnée d'entendre que je m'accusai d'abord d'avoir eu des pensées contre la foi ; & le confesseur se prenant à rire, me demanda, ce que c'étoit. Je lui dis, que j'avois douté jusqu'à présent de l'enfer, que je m'étois imaginée que ma maîtresse ne m'en parloit que pour me rendre bonne ; mais que je n'en doutois plus. Après ma confession, je me sentis une je ne sais quelle ferveur ; & même une fois j'éprouvai en moi un désir d'endurer le martyre. Ces bonnes filles pour se divertir, & voir jusqu'où iroit ma ferveur naissante, me dirent de m'y préparer. Je vous priois, ô mon Dieu ! avec ardeur & suavité ; & je croyois que cette ardeur, autant nouvelle qu'elle m'étoit agréable, étoit une assurance de votre amour. Cela me donna de la hardiesse, & me fit demander avec instance qu'on m'accordât le martyre, parce que par là je vous irois voir, ô mon Dieu ! Mais n'y avoit-il point en cela quelque hypocrisie, & ne me persuadois-je peut-être point que l'on ne me feroit point mourir, & que j'aurois le mérite de la mort fans la fouffrir ? Il falloit bien qu'il y eut quelque chofe de cette nature ; car ces bonnes filles ne m'eurent pas plutôt mife à genoux fur un drap étendu, que voyant derriere moi lever un grand coutelas, qu'elles avoient pris à deffein d'éprouver jufqu'où iroit mon ardeur, je m'écriai : Il ne m'eft pas permis de mourir fans la permiffion de mon pere. Elles dirent, que donc je ne ferois plus martyre, que je n'avois dit cela que pour m'en exempter, & il étoit vrai. Cependant je ne laiffai pas de refter fort affligée, & l'on ne me pouvoit confoler. Quelque chofe me reprochoit qu'il n'avoit tenu qu'à moi d'aller au ciel, & que je ne l'avois pas voulu.

7. On m'aimoit beaucoup dans cette maifon : mais vous, ô mon Dieu ! qui ne me vouliez pas un moment fans quelques croix proportionnées à mon âge, vous permettiez que fitôt que je fortois de maladie, de grandes filles qui étoient dans cette maifon, fur-tout une, par joloufie, me fiffent quantité de pièces. Elles m'accuferent une fois d'une faute notable que je n'avois point faite : on m'en châtia avec beaucoup de rigueur ; cela me donna de l'averfion pour cette maifon, d'où l'on me tira à caufe de mes grandes & fréquentes maladies.

8. Sitôt que je fus retournée chez mon pere, ma mere me laiffa comme auparavant à la charge des domeftiques, parce qu'il y avoit une fille à qui elle fe fioit. Je ne faurois ici m'empêcher de dire la faute que font les meres qui, fous prétexte de dévotion ou d'occupation, négligent de tenir leurs filles auprès d'elles : car il n'eft pas croyable

que ma mere étant auſſi vertueuſe qu'elle l'étoit, m'eût ainſi laiſſée, ſi elle y avoit cru du mal. Je ne puis non plus m'empêcher de condamner ces injuſtes préférences que l'on fait d'un enfant à un autre, qui opérent la diviſion & la perte des familles ; au lieu que l'égalité unit les cœurs & entretient la charité.

9. Que ne puis-je faire entendre aux peres & aux meres, & à toutes les perſonnes qui veulent conduire la jeuneſſe, le mal qu'elles font quand elles négligent la conduite des enfans, qu'elles les perdent longtems de vue, & qu'elles ne les occupent pas ? Cette négligence eſt la perte de preſque toutes les jeunes filles. Combien y en a-t-il qui ſeroient des Anges, & que la liberté & l'oiſiveté font devenir démons ? Ce qui eſt de plus déplorable eſt, que des meres, d'ailleurs dévotes, ſe perdent par ce qui les devroit ſauver : elles font leur déſordre de ce qui devroit faire leur bonne conduite ; & parce qu'elles ont quelque goût à la priere, ſur-tout dans le commencement, elles tombent dans deux extrêmités. L'une, de vouloir tenir de jeunes enfans à l'égliſe auſſi longtems qu'elles ; ce qui les rebute fort de la dévotion, ainſi que je l'ai vu dans pluſieurs perſonnes, qui lorſqu'elles ſont libres, fuyent l'égliſe & la piété comme l'enfer. Cela vient de ce qu'on les a raſſaſiées d'une viande qu'elles ne pouvoient encore goûter, parce que leur eſtomac n'étoit pas fait à cette nourriture ; & que faute de la pouvoir digerer, elles en ont conçu une telle averſion, que lorſqu'elle leur ſeroit propre elles ne veulent plus en faire l'eſſai. Ce qui contribue encore à cela eſt, que ces meres dévotes les tiennent ſi reſſerrées, qu'elles ne leur donnent au-

cune liberté, les rendant par là, semblables à ces oifeaux que l'on tient en cage, & qui, fitôt qu'ils trouvent quelque ouverture, s'envolent, & ne reviennent plus; au lieu que pour les apprivoifer lorfqu'ils font jeunes, on doit leur donner de temps en temps l'effor: & comme leurs aîles font foibles, & qu'on les regarde voler, il eft aifé de les reprendre lorfqu'ils s'échappent, & ce petit effor les accoutume à revenir d'eux-mêmes dans leur cage, qui leur eft devenue une agréable prifon. Je crois qu'il en faudroit faire autant envers les jeunes filles; que les meres ne les quitaffent jamais de vue, & qu'elles leur donnaffent une honnête liberté; qu'elles les tinffent propres, fans affectation: elles verroient bientôt le fruit de cette conduite.

L'autre extrêmité eft encore plus dangereufe. C'eft que ces meres dévotes, (car je ne parle pas de celles qui font adonnées à leurs plaifirs, au luxe & aux vains amufemens du fiecle, dont la préfence eft plus nuifible pour leurs filles que leur abfence: je parle de ces dévotes qui veulent fervir Dieu à leur mode, & non à la fienne; & qui pour fuivre une dévotion à leur mode, quittent la volonté de Dieu;) ces meres dis-je feront toute la journée à l'églife durant que leurs filles ne peufent qu'à offenfer Dieu. La plus grande gloire qu'elles pourroient rendre à Dieu, feroit d'empêcher qu'il ne fût offenfé. De quelle nature eft ce facrifice, qui eft occafion d'iniquité? Qu'elles faffent leur dévotion de n'écarter jamais leurs filles d'elles; qu'elles les traitent en fœurs, & non pas en efclaves; qu'elles leur faffent paroître qu'elles fe divertiffent de leurs divertiffemens. Cette conduite leur fera aimer la préfence de leurs meres loin de l'éviter : & trouvant beaucoup de douceur auprès d'elles, elles ne songeront pas à en chercher ailleurs. Il faut avoir soin d'occuper leur esprit de choses utiles & agréables ; cela les empêche de se remplir de choses mauvaises. Il faut leur faire faire chaque jour un peu de bonne lecture, & quelque quart d'heure d'oraison plus affective que méditative. O que si l'on en usoit de la sorte, on romproit bientôt le cours aux désordres ! Il n'y auroit plus ni de méchantes filles ni de mauvaises meres ; car ces filles devenant meres, elles éléveroient leurs enfans comme elles auroient été élevées elles-mêmes.

10. Il n'y auroit aussi plus de division, plus de scandale, dans les familles en tenant sur chacun une conduite uniforme. Cela entretiendroit l'union ; au lieu que les injustes préférences que l'on fait des enfans, font naître une jalousie & une haine secrette, qui augmente avec le temps, & se conserve jusqu'à la mort. Combien voit-on d'enfans, les idoles des maisons, qui font les souverains, & traitent leurs freres en esclaves, à l'exemple des peres & des meres ? vous diriez que les uns soient les valets des autres. Il arrive d'ordinaire que cet enfant idolâtré devient le fléau du pere & de la mere, & que ce pauvre abandonné en devient ensuite toute la consolation.

11. Si l'on vivoit comme j'ai dit, on ne songeroit plus à mettre des enfans en Religion par force, & à sacrifier les uns pour élever les autres. On ôteroit par là le désordre des cloîtres, parce qu'il n'y auroit plus que des personnes appellées de Dieu, & dont la vocation seroit soutenue de lui ; au lieu que ces personnes qui font la vocation de leurs enfans, font cause de

leur

leur désespoir & de leur damnation par la haine irréconciliable qu'elles conservent contre leurs freres & leurs sœurs qui sont les causes innocentes de leur malheur temporel & éternel. O peres & meres, quelle raison avez-vous d'en user ainsi ? Cet enfant, dites-vous, est disgracié de la nature : c'est à cause de cela que vous devez l'aimer davantage & le plaindre. C'est peut-être vous qui êtes cause de sa disgrace; augmentez donc votre charité envers lui : ou bien c'est Dieu qui vous le donne pour être l'objet de votre compassion, & non de votre haine. N'est-il pas assez affligé de se voir privé des avantages naturels que possedent les autres, sans que vous augmentiez sa douleur par votre procedé injuste & cruel ? Cet enfant, que vous méprisez, sera un jour un Saint; & cet autre peut-être un Démon.

12. Ma mere faillit en ces deux points; car elle me laissoit tout le jour éloignée d'elle avec des domestiques, qui ne me pouvoient apprendre que du mal, & me le rendre familier; car j'étois faite de maniere, que les bons exemples m'attiroient de telle sorte, que quand je voyois faire le bien, je le faisois, & ne songeois point du tout au mal; mais je ne voiois pas plutôt faire le mal, que j'oubliois le bien. O Dieu, quel danger n'aurois-je pas couru alors, si mon enfance n'y avoit été un obstacle ! Vous écartiez, ô mon Dieu, par une main invisible tous les écueils.

13. Comme ma mere ne témoignoit avoir de l'amour que pour mon frere, & qu'elle ne me donnoit aucune marque de tendresse, je m'éloignois volontiers d'elle. Il est vrai que mon frere étoit plus aimable que moi; mais aussi l'extrême amour qu'elle avoit pour lui, lui feroit

Tome I. B

les yeux fur mes qualités extérieures pour ne lui laiffer voir que mes défauts, qui n'auroient été de nulle conféquence fi l'on avoit pris foin de moi. J'étois fouvent malade, & toujours expofée à mille dangers, fans pourtant que pour lors je fiffe, ce me femble, d'autre mal que celui de dire bien des chofes jolies, à ce que je croiois, pour divertir. Comme ma liberté augmentoit chaque jour, elle fut fi loin, qu'un jour je fortis de la maifon & allai dans la rue jouer avec d'autres enfans à des jeux qui n'avoient rien de conforme à ma naiffance. Vous, ô mon Dieu, qui veilliez continuellement fur un enfant qui vous oublioit inceffamment, permîtes que mon pere arriva au logis, qui m'apperçût : comme il m'aimoit très-tendrement, il en fût fi fâché, que fans en rien dire à perfonne, il me mena de ce pas aux Urfulines.

CHAPITRE III.

Remife aux Urfulines, elle y reçoit une excellente éducation d'une de fes propres fœurs qui y étoit. Elle évite le péril d'être de la Cour, & un autre danger de mort : elle eft affligée de diverfes maladies & de mauvais traitemens. Revenue chez M. fon Pere, & de-là mife chez d'autres Religieufes, elle y eft encore affligée, négligée & maltraitée.

1. J'AVOIS alors près de fept ans. Il y avoit là deux de mes fœurs Religieufes, l'une qui étoit fille de mon pere, & l'autre de ma mere : car mon pere & ma mere avoient été mariés avant de s'époufer l'un l'autre. Mon pere me remit

aux soins de sa fille, que je puis dire avoir été une personne des plus capables & des plus spirituelles de son tems, & des plus propres à former des jeunes filles. Ce fut pour moi, ô mon Dieu, un effet de votre providence & de votre amour, & le premier moyen de mon salut. Car comme elle m'aimoit beaucoup, son affection lui fit découvrir en moi quantité de qualités que vous y aviez mises, ô mon Dieu, par votre seule bonté. Elle tâcha de les cultiver. Je crois que si j'avois été en de si sages mains, j'aurois autant eu de vertu que j'ai contracté dans la suite de mauvaises habitudes. Cette bonne fille employoit tout son tems à m'instruire dans la piété & dans les sciences conformes à ma portée. Elle avoit des talens naturels qui avoient été fort cultivés : de plus elle étoit fille de grande oraison ; & sa foi étoit des plus grandes & des plus pures. Elle se privoit de toute satisfaction pour être avec moi & m'entretenir ; & son amour pour moi étoit tel, qu'il lui faisoit trouver, à ce qu'elle me disoit, plus de plaisir auprès de moi que par-tout ailleurs. Si je lui faisois quelque repartie agréable, plus de hazard que d'esprit, elle se croioit trop bien payée de toutes ses peines. Enfin elle m'instruisit si bien, que peu de tems après il n'y avoit gueres de choses que j'ignorasse de celles qui me convenoient ; & il y avoit même quantité de personnes âgées de condition qui n'auroient pû répondre aux choses à quoi je répondois.

2. Comme mon pere m'envoyoit querir souvent pour me voir, il arriva que la reine d'Angleterre se trouva au logis lorsque j'y étois. J'avois alors près de huit ans. Mon pere dit au confesseur de la Reine, que s'il vouloit avoir

quelque plaisir, il falloit qu'il s'entretînt avec moi, & qu'il me fît des questions. Il m'en fit même de très-difficiles. J'y répondois si à propos, qu'il me porta à la Reine, & lui dit; il faut que votre Majesté aye le divertissement de cette enfant. Elle le fit, & parut si contente de mes réponses vives, & de mes manieres, qu'elle me demanda à mon pere avec instance, l'assurant qu'elle prendroit un soin particulier de moi, me destinant à être fille-d'honneur de Madame. Mon pere résista jusqu'à la fâcher. O mon Dieu, c'étoit vous qui permîtes la résistance de mon pere, & qui détournâtes par-là le coup dont dépendoit peut-être mon salut : car étant aussi foible que je l'étois, qu'aurois-je fait à la Cour que de m'y perdre ?

3. On me renvoya aux Ursulines, où ma sœur continua sa charité en mon endroit. Mais comme elle n'étoit pas maîtresse des pensionnaires, & qu'il me falloit aller quelquefois avec elles, je contractai de mauvaises habitudes. Je devins menteuse, colere, & indévote. Je passois les jours sans penser à vous, ô mon Dieu, qui veilliez continuellement sur moi, comme ce que je dirai dans la suite le fera connoître. Je ne demeurois pas longtems dans ce mauvais état; car les soins de ma sœur me ramenoient. J'aimois beaucoup à entendre parler de vous, ô mon Dieu, & je ne m'en lassois jamais. Je ne m'ennuiois point à l'Eglise, & j'aimois à vous prier; & j'avois de la tendresse pour les pauvres. J'avois naturellement beaucoup d'opposition pour les personnes dont la doctrine étoit suspecte, ayant sucé avec le lait la pureté de la foi; & vous m'avez toujours conservé cette grace, ô mon Dieu, au milieu de mes plus grandes infidélités.

4. Il y avoit au bout du jardin une chapelle dédiée à l'Enfant Jésus. J'y pris dévotion ; & pendant quelque tems j'y portois tous les matins mon déjeûner, & cachois tout cela derriere son image ; car j'étois si enfant, que je croyois faire un sacrifice considérable de m'en priver. J'étois cependant friande : je voulois bien me mortifier moi-même, mais je ne voulois pas être mortifiée ; ce qui marque combien j'avois déja d'amour propre. Un jour que l'on fut nettoyer cette chapelle d'une maniere plus particuliere, on trouva derriere le tableau ce que j'y avois porté. On connut que c'étoit moi, parce qu'on m'y voyoit aller tous les jours. Vous, ô mon Dieu, qui ne laissez rien sans récompense, vous me paiâtes bientôt avec usure cette petite dévotion enfantine. Un jour que mes compagnes, qui étoient grandes filles, se divertissoient, elles allèrent danser sur un puits dont l'eau ne s'étant pas trouvée bonne, l'on en avoit fait l'égoût de la cuisine. Ce cloaque étoit profond ; & on l'avoit couvert d'ais, crainte d'accident. Lors qu'elles se furent retirées, je voulus faire comme elles ; mais les ais rompirent sous moi. Je me trouvai dans ce cloaque effroyable, suspendue par un petit morceau de bois, ensorte que je fus seulement salie, & non pas étouffée. O mon Amour ! n'étoit-ce pas là une figure de l'état que je devois porter dans la suite ? Combien de tems m'avez-vous laissée, avec votre Prophête, dans (a) un *profond abîme de boue* d'où je ne pouvois plus sortir ? N'ai-je pas été salie dans cet abîme où j'étois toute couverte de boue ? Mais vous m'y avez conservée par votre seule bonté : j'ai été souillée, mais non

(a) Pf. 68, v. 3.

pas étouffée ; j'ai été jusqu'aux portes de la mort ; mais la mort n'a eu aucun pouvoir fur moi. Je puis dire, ô mon Dieu, que c'étoit plutôt votre main toute adorable qui me foutenoit dans ce lieu affreux, que ce bâton fur lequel j'étois arrêtée, car il étoit fort petit ; & le longtems que je fus en l'air, & la pefanteur de mon corps, devoient fans doute l'avoir rompu. Je criois de toutes mes forces. Les penfionnaires, qui me virent tomber, au lieu de me retirer, allèrent chercher des fœurs domeftiques : ces fœurs, au lieu de venir à moi, ne doutant point que je ne fuffe morte, allèrent à l'Eglife avertir ma fœur, qui y étoit en oraifon. Elle pria d'abord pour moi ; & après avoir invoqué la fainte Vierge, elle vint à moi à moitié morte ; elle ne fut pas peu étonnée lors qu'elle me vit dans le milieu de ce cloaque affife dans la boue comme fur un fauteuil. Elle admira votre bonté, ô mon Dieu, qui m'avoit foutenue d'une maniere miraculeufe. Mais hélas, que j'aurois été heureufe fi ce bourbier eût été le feul où j'euffe dû tomber ! Je ne fortis de celui-là que pour rentrer dans un autre mille fois plus dangereux. Je paiai une protection fi finguliere de la plus noire ingratitude. O Amour ! je n'ai jamais laffé votre patience, parce qu'elle étoit infinie. Je me fuis plutôt laffée de vous déplaire, que vous de me fupporter.

5. Je reftai encore quelque tems avec ma fœur, où je confervai l'amour & la crainte de Dieu. Ma vie étoit affez tranquille : je m'élevai doucement auprès d'elle ; je profitois même beaucoup dans le tems que j'avois de la fanté ; car j'étois continuellement malade de maux autant promts qu'ils étoient extraordinaires. Le foir je

me portois bien, & le matin on me trouvoit enflée & pleine de marques violettes : d'autrefois c'étoit la fiévre. A neuf ans il me prit un vomissement de sang si furieux, que l'on croioit que j'allois mourir; & j'en restai très-affoiblie.

6. Un peu avant ce tems l'ennemi jaloux de mon bonheur fit qu'une autre sœur que j'avois dans cette maison, eut jalousie, & voulut m'avoir à son tour. Quoiqu'elle fut bonne, elle n'avoit pas de talent pour l'éducation des enfans. Je puis dire que ce fut là le terme du bonheur que je goûtois dans cette maison. Elle me caressa beaucoup d'abord ; mais toutes ses caresses ne firent aucune impression sur mon cœur : mon autre sœur faisoit plus d'un regard, qu'elle ni avec ses caresses ni avec ses menaces. Comme elle vit que je l'aimois moins que celle qui m'avoit élevée, elle changea ses caresses en mauvais traitemens : elle ne voulut pas même que je parlasse à mon autre sœur; & lors qu'elle savoit que je lui avois parlé, elle me faisoit fouetter ou me frappoit elle-même. Je ne pus pas tenir contre cette conduite rigoureuse, & je payai de la plus noire ingratitude toutes les bontés de ma sœur paternelle, ne la voyant plus. Cela ne l'empêcha pourtant point de me donner des marques de sa bonté ordinaire dans cette grande maladie dont j'ai parlé, où je vomissois le sang : elle le fit d'autant plus volontiers, qu'elle sût que mon ingratitude étoit plutôt un effet de la crainte du châtiment, que de mon mauvais cœur. Je crois que c'est la seule fois que la crainte du châtiment a agi avec tant de force sur moi; car dès lors, mon naturel me portoit à avoir plus de chagrin de la peine que je pouvois causer

à une personne pour laquelle j'avois de l'affection, que de celle qu'elle pouvoit me causer elle-même. Vous savez, ô mon Amour, que la crainte de vos châtimens n'a jamais fait beaucoup d'impression ni sur mon esprit ni sur mon cœur : le déplaisir de vous avoir offensé faisoit toute ma douleur ; & cela étoit tel, qu'il me sembloit que quand il n'y auroit eu ni Paradis ni Enfer j'aurois toujours eu la même crainte de vous déplaire. Vous savez même qu'après mes fautes vos caresses m'étoient mille fois plus insupportables que vos rigueurs, & que j'aurois choisi mille fois l'enfer plutôt que de vous déplaire. Mon pere informé de tout ce qui se passoit entre mes sœurs & moi, me retira chez lui ; & j'avois alors près de dix ans.

7. Etant chez mon pere je devins encore plus mauvaise. Mes anciennes habitudes se fortifioient de jour en jour, & j'en contractois incessamment de nouvelles. Vous me gardiez cependant, ô mon Dieu, dans toutes ces choses, & je ne puis considérer sans étonnement qu'avec la liberté que j'avois d'être tout le jour éloignée de ma mere, vous m'ayez préservée de telle sorte, que je n'aye jamais rien fait d'indigne de votre protection.

Je ne fus que très-peu de tems chez mon pere ; car une religieuse de l'Ordre de S. Dominique, de très-grande naissance, & des amies intimes de mon pere, le pria instamment de me mettre dans son Couvent, dont elle étoit supérieure : qu'elle auroit elle-même soin de moi ; qu'elle me feroit coucher dans sa chambre : car cette Dame conçut beaucoup d'amitié pour moi. Comme l'on ne voioit que mon extérieur, & que l'on ne savoit pas combien j'étois mauvaise, je plaifois à ceux qui me voyoient. Sitôt que je fus hors de l'occasion, j'oubliai le mal, que je ne commettois pas tant par inclination que parce que je me laissois entrainer. Je ne parus point mauvaise à cette dame; parce que j'aimois l'église, & que j'y restois longtems : mais elle étoit si occupée à sa communauté, où il y avoit alors bien des brouilleries, qu'elle ne pouvoit s'appliquer à moi.

8. Vous m'envoyâtes, ô mon Dieu! une espèce de petite vérole volante, qui me fit garder le lit trois semaines. Je ne pensais plus du tout à vous offenser. Je restai fort abandonnée & sans secours, quoique mon pere & ma mere crussent qu'on me soignoit parfaitement bien. Ces bonnes dames craignoient si fort la petite vérole, qu'elles n'osérent approcher de moi. Je passai presque tout ce tems sans voir personne qu'aux heures qu'il falloit prendre de la nourriture, qu'une sœur laïe m'apportoit, & se retiroit aussitôt. Je trouvai par providence une Bible dans la chambre où je couchois. Comme j'aimois beaucoup la lecture, je m'y attachois. Je lisois depuis le matin jusqu'au soir. J'avois la mémoire fort heureuse, ensorte, que j'appris tout ce qui étoit de l'histoire. Après que je fus guérie, une autre dame me voyant abandonnée de la sorte à cause des grandes occupations de la prieure, me prit en sa chambre. Comme sitôt que j'avois une personne raisonnable avec qui je pouvois m'entretenir & que j'étois occupée, je ne songeois plus à mes anciennes habitudes, auxquelles je n'avois point d'autre penchant que celui que l'on m'y donnoit, je redevins plus dévote. J'étois fort affectionnée à prier la Sainte Vierge. Je ne comprens pas comme j'étois faite; dans mes plus grandes infidélités je priois, & j'avois soin de me confesser souvent. D'un autre

côté, j'étois fort malheureuse dans cette maison : car comme il n'y avoit que moi de mon âge, & que les autres pensionnaires étoient fort grandes, elles me faisoient de très-fortes persécutions. J'étois si négligée pour le boire & le manger, que je maigris beaucoup. J'y eus encore d'autres petites croix selon ma portée.

CHAPITRE IV.

Diverses croix chez Mr. son pere. Sa premiere Communion. Touchée par le rapport qu'on lui fait de la visite d'un saint Religieux de la famille qui alloit aux Indes, elle se donne à Dieu plus qu'auparavant. La lecture de S. François de Sales la dispose à l'Oraison. Elle fait son possible pour être Religieuse.

1. Après avoir été environ huit mois dans cette maison, mon pere m'en retira. Ma mere me prit auprès d'elle. Elle fut quelque tems très-contente de moi, & elle m'aimoit un peu plus, parce qu'elle me trouvoit à son gré. Elle ne laissoit pas de préférer toujours mon frere à moi ; ce qui étoit si visible, que chacun le trouvoit mauvais : car lorsque j'étois malade & que je trouvois quelque chose à mon goût, mon frere le demandoit ; & quoiqu'il se portât bien, on me l'ôtoit pour le lui donner. Il me faisoit de fois à autres diverses vexations. Un jour il me fit monter sur l'impériale du carosse, puis me jetta à terre ; il me pensa tuer : je n'eus pourtant que des contusions, sans ouverture : car quelque chûte que j'aie faite, je ne me suis jamais fait de blessure notable. C'étoit votre main secourable, ô mon Dieu ! qui me

foutenoit. Il fembloit que vous exécutiez en moi ce que vous dites par votre prophète royal, que vous (1) *mettez la main fous le jufte afin qu'en tombant il ne fe bleffe point.* D'autrefois il me battoit : ma mere ne lui en difoit jamais rien. Cette conduite aigriffant mon naturel, qui auroit été doux fans cela, je négligeai de bien faire, difant que je n'en étois pas mieux. O Dieu ! ce n'étoit donc pas pour vous feul que je faifois le bien, puis que je ceffois de le faire parce qu'on n'en avoit pas plus de confidération pour moi. Si j'avois fçu faire ufage de la conduite crucifiante que vous teniez fur moi, j'aurois bien fait du chemin : & bien loin de m'égarer, cela m'auroit fervi à me faire retourner à vous. J'étois jaloufe contre mon frere ; car il n'y avoit point d'occafion où je ne remarquaffe la différence que ma mere faifoit de lui à moi. De quelque maniere qu'il en ufât, il faifoit toujours bien, & moi toujours mal : les filles de ma mere faifoient leur cour en careffant mon frere, & en me maltraitant. Il eft vrai que j'étois mauvaife : car j'étois retombée dans mes premiers défauts, de mentir & de me mettre en colere. Avec tous ces défauts je ne laiffois pas de faire volontiers l'aumône, & j'aimois beaucoup les pauvres. Je vous priois, mon Dieu ! avec affiduité, & je me plaifois à entendre parler de vous, & à faire de bonnes lectures.

2. Je ne doute point qu'une conduite fi oppofée, une fi longue fuite d'inconftances, tant de graces & tant d'ingratitudes, ne vous étonnent, Monfieur ; mais la fuite vous étonnera encore bien davantage lorfque vous verrez ces manieres d'agir fe fortifier avec mon âge, & que la raifon

(1) Pfal. 36. v. 24.

loin de corriger un procédé si déraisonnable, n'ait servi qu'à donner plus de force & plus d'étendue à mes péchés. Il sembloit, ô mon Dieu ! que vous redoubliez vos graces à mesure que mes ingratitudes augmentoient. Il se passoit en moi ce qui se passe dans le siége des villes. Vous assiégiez mon cœur, & je ne songeois qu'à le défendre contre vos attaques. Je mettois des fortifications à cette misérable place, redoublant chaque jour mes iniquités pour vous empêcher de la prendre. Lorsqu'il sembloit que vous alliez être victorieux de ce cœur ingrat, je faisois une contrebaterie. Je mettois des digues pour arrêter vos bontés, & empêcher le cours de vos graces; il ne falloit pas moins que vous pour les rompre, ô mon divin Amour ! qui par votre feu sacré étiez plus fort que la mort même où le péché m'a reduite tant & tant de fois.

Je ne puis souffrir que l'on dise que nous ne soyons pas libres de résister à la grace. Je n'ai fait qu'une trop longue & funeste expérience de ma liberté. Il est vrai qu'il y a des graces gratuites & gratifiantes qui n'ont pas besoin de la liberté de l'homme, puisqu'elles se reçoivent même à l'insu de l'homme, qui ne les connoît point avant que de les recevoir. Je voulois le bien si foiblement, que la moindre attaque me renversoit. Lorsque je n'étois plus dans l'occasion je ne pensois plus au mal & j'ouvrois mes oreilles à la grace : mais dans la moindre occasion, je me laissois aller, & je fermois toutes les avenues de mon cœur pour n'entendre point votre voix secrette qui m'appelloit, ô mon Dieu ! & loin de fuir l'occasion, je la cherchois & m'y laissois aller.

3. Il est vrai que notre liberté nous est bien funeste. Vous teniez sur moi, ô mon Dieu ! une

conduite crucifiante pour me faire retourner à vous, dont je ne savois pas faire usage : car j'ai été dans les travaux dès ma tendre jeunesse ou par les maladies, ou par les persécutions. La fille qui avoit soin de moi, me frappoit en me coiffant, & ne me faisoit tourner qu'avec des soufflets : tout étoit de concert pour me faire souffrir : mais au lieu de me tourner vers vous, ô mon Dieu ! je m'affligeois, & mon esprit s'aigrissoit. Mon pere ne savoit rien de tout cela; car son amour pour moi étoit si grand, qu'il ne l'auroit pas souffert. Je l'aimois beaucoup, mais en même tems je le craignois si fort, que je ne lui parlois de rien. Ma mere lui faisoit souvent des plaintes de moi; mais il n'avoit point d'autre réponse à lui faire sinon : il y a douze heures au jour ; elle se convertira. Ce procédé de rigueur n'étoit pas le plus fâcheux pour mon ame, quoiqu'il aigrît beaucoup mon humeur, qui étoit très-douce : mais ce qui causoit ma perte étoit, que ne pouvant durer avec les gens qui me maltraitoient, je me refugiois auprès de ceux qui me caressoient pour me perdre.

4. Mon pere voyant que je devenois grande me mit le carême aux Ursulines pour faire ma premiere communion à Pâques, où je devois avoir onze ans accomplis. Il me mit entre les mains de sa fille, ma très-chere sœur, qui redoubla ses soins pour me faire faire cette action avec toute la préparation possible. Je ne songeai plus, ô mon Dieu ! qu'à me donner à vous tout de bon : je sentois souvent le combat de mes bonnes inclinations contre mes mauvaises habitudes : je faisois même quelques pénitences. Comme je fus presque toujours avec ma sœur, & que les pensionnaires de la grande classe avec lesquelles j'étois, quoi que je fusse bien éloignée de leur âge, étoient fort rai-

sonnables, je devins très-raisonnable avec elles. C'étoit assurément un meurtre que de m'élever mal : car j'avois le naturel fort porté au bien, & j'aimois les bonnes choses. Une conduite raisonnable m'accommodoit : je me laissois facilement gagner par la douceur, & ma sœur sans user de rigueur me faisoit faire sans résistance toutes ses volontés. Enfin le jour de Pâques je fis ma premiere communion, qui fut précédée par une confession générale, avec bien de la joie & de la dévotion. On me laissa jusqu'à la Pentecôte dans cette maison ; mais comme mon autre sœur étoit maîtresse de la seconde classe, elle demanda que dans sa semaine je fusse à sa classe. Les manieres si opposées de mes deux sœurs me relâchérent de ma premiere ferveur. Je ne sentis plus cette ardeur nouvelle, ô mon Dieu ! que vous m'aviez fait goûter dans ma premiere communion. Hélas ! elle ne dura gueres, car mes maux furent plus réiterés. On me retira de religion.

5. Ma mere me voyant fort grande pour mon âge, & plus à son gré qu'à l'ordinaire, ne songeoit plus qu'à me produire, qu'à me faire voir les compagnies, & à me bien parer. Elle avoit des complaisances fâcheuses en cette beauté que vous n'aviez mise en moi, ô mon Dieu ! que pour vous en louer & bénir, & qui a été cependant pour moi une source d'orgueil & de vanité. Il se présenta quantité de partis : mais comme je n'avois pas douze ans, mon pere ne voulut pas les écouter. J'aimois fort la lecture ; & je m'enfermois seule presque tous les jours afin de lire en repos.

6. Ce qui acheva de me gagner tout à fait à Dieu, du moins pour un tems, fut qu'un neveu de mon pere (dont la vie est écrite dans la Rela-

tion des Missions étrangeres, sous le nom de M. de Chamesson, quoique son nom fût de Toissi) passa par chez nous en s'en allant avec M. l'évêque d'Héliopolis à la Cochinchine. Je n'étois point au logis, & contre mon ordinaire j'étois allée me promener avec mes compagnes. Lorsque je fus de retour au logis, il étoit déja parti. On me fit le recit de sa sainteté, & des choses qu'il avoit dites. J'en fus si touchée, que je pensai en mourir de douleur. Je pleurai tout le reste du jour & de la nuit. Je me levai de grand matin, & m'en allai trouver mon confesseur fort désolée. Je lui dis : quoi mon pere ? Sera-t-il dit qu'il n'y a que moi qui me damne dans ma famille ? Hélas ! aidez-moi à me sauver. Il fut fort étonné de me voir si affligée, & me consola de son mieux : car il ne me croyoit pas aussi mauvaise que j'étois, parce que dans mes plus grands maux j'avois la docilité, j'obéissois fort exactement, j'avois soin de me confesser souvent, & depuis que j'allois à lui, ma vie étoit plus réglée. O Amour Dieu ! combien de fois aviez-vous frappé à la porte de mon cœur, qui ne vous ouvroit point ? Combien de fois l'aviez-vous effrayé par des morts subites ? Mais cela ne faisoit qu'une impression passageres : je retournois d'abord à mes infidélités. Vous me prîtes cette fois ; & je puis dire que vous enlevâtes mon cœur. Hélas ! quelle douleur ne sentis-je pas de vous avoir déplu ! Quels regrets ! quels sanglots ! Qui n'auroit pas cru à me voir que ma conversion eût dû durer autant que ma vie ? Que ne prîtes-vous ce cœur, ô mon Dieu ? je vous le donnai si bien : ou si vous le prîtes alors, pourquoi le laissâtes-vous encore échapper dans la suite ? N'étiez-vous pas assez fort pour le retenir ? Mais vous vouliez peut-être en me laissant à moi-même, faire éclater votre miséricorde, & que la profondeur de mon iniquité servît de trophée à votre bonté.

7. Je fis une Confession générale avec un grand sentiment de douleur : je dis, ce me semble tout ce que je connoissois, avec des torrens de larmes. Je devins si changée, que je n'étois pas reconnoissable. Je n'aurois pas fait la moindre faute volontaire, & l'on ne trouvoit pas matiere d'absolution lorsque je me confessois. Je découvrois jusqu'aux moindres défauts ; & Dieu me faisoit la grace de me surmonter en beaucoup de choses. Il n'y avoit qu'un reste de promptitude que j'avois peine à vaincre. Sitôt que par cette même promptitude j'avois fait quelque peine à quelqu'un des domestiques, je lui en demandois pardon, pour vaincre en même tems & ma colere & mon orgueil : car la colere est fille de l'orgueil. Une personne bien humble ne se met point en colere ; parce que rien ne l'offense. Comme c'est l'orgueil qui meurt le dernier dans notre ame, la promptitude est aussi à l'extérieur ce qui se perd le dernier : mais une ame bien anéantie ne peut plus trouver chez elle de colere : il faudroit qu'elle se fît effort pour se fâcher ; & quand elle le voudroit, elle sentiroit fort bien que cette colere feroit un corps sans ame, & qu'elle n'auroit nulle correspondance avec le fond, ni même aucune émotion dans la partie inférieure.

Il y a des personnes qui pour être fort remplies de l'onction de la grace, & d'une paix très-favoureuse dès le commencement de la voie passive de lumiere & d'amour, croient en être ici : mais elles se trompent beaucoup : ce qu'elles découvriront facilement si elles veulent bien examiner

miner deux choses : la premiere, que si leur naturel est fort vif & violent (car je ne parle pas des tempéramens apatiques) elles remarqueront qu'elles feront de tems en tems des échappées où le trouble & l'agitation ont quelque part, & qui alors sont même utiles pour les humilier & anéantir ; mais lors que l'anéantissement est opéré, tout cela se perd, & est rendu comme impossible. De plus, elles éprouveront qu'il s'élève souvent en elles certains mouvemens de colere, mais la suavité de la grace les retient & arrête par une secrette violence, & elles s'échapperoient aisément si elles y donnoient quelque cours. Il y a des personnes qui se croyent bien douces parce que rien ne les contrarie : ce n'est pas de celles-là dont je parle ; car la douceur qui n'a jamais été exercée, est souvent un masque de douceur. Aussi ces personnes qui toutes seules paroissent des saintes, ne sont pas plutôt exercées par la contrariété, que l'on voit en elles un nombre étrange de défauts qu'elles croyoient morts, & qui n'étoient qu'assoupis, parce que rien ne les réveilloit.

8. Je m'enfermois tout le jour pour lire & faire oraison : je donnois tout ce que j'avois aux pauvres, prenant même du linge au logis pour leur en faire. Je leur enseignois le catéchisme : & lors que mon pere & ma mere étoient absents, je les faisois manger avec moi, & les servois avec grand respect. Je lûs en ce tems les œuvres de S. François de Sales & la Vie de Madame de Chantal. Ce fût là que je connus qu'on faisoit oraison. Je priai mon Confesseur de m'apprendre à la faire : & comme il ne la faisoit pas, je tâchai à la faire seule le mieux qu'il me fût possible. Je ne pouvois y réussir, à ce qu'il me paroissoit alors ; parce que

je ne pouvois me rien imaginer, & que je me persuadois qu'on ne pouvoit faire oraison sans se former des especes, & sans beaucoup raisonner. Cette difficulté m'a fait longtems bien de la peine. J'y étois cependant fort assidue, & je priois Dieu avec instance de me donner le don d'oraison. Tout ce que je voiois écrit dans la vie de Mad. de Chantal, me charmoit; & j'étois si enfant, que je croyois devoir faire tout ce que j'y voyois. Tous les vœux qu'elle avoit faits, je les faisois aussi, comme, celui de tendre toujours au plus parfait, & de faire la volonté de Dieu en toutes choses. Je n'avois pas encore douze ans; je prenois néanmoins la discipline selon ma force. Un jour que je lûs qu'elle avoit mis le nom de JÉSUS sur son cœur pour suivre le conseil de l'Époux: (a) *mets-moi comme un cachet sur ton cœur*; & qu'elle avoit pris un fer rouge où étoit gravé ce saint Nom, je restai fort affligée de ne pouvoir faire de même. Je m'avisai d'écrire ce Nom sacré & adorable en gros caractères sur un morceau de papier; avec des rubans & une grosse aiguille je l'attachai à ma peau en quatre endroits; & il resta longtems attaché en cette maniere.

9. Je ne pensois plus qu'à me faire Religieuse, & j'allois très-souvent à la Visitation pour les prier de me vouloir bien recevoir : car l'amour que j'avois pour S. François de Sales ne me permettoit pas de penser à d'autres Communautés. Je me dérobois donc de la maison pour aller chez ces Religieuses; & je leur faisois de très-fortes instances pour me recevoir; mais quoiqu'elles désirassent extrêmement de m'avoir, & qu'elles regardassent même cela comme un avantage tem-

(a) Cant. 8. v. 6.

porel, elles n'osèrent jamais me donner l'entrée de leur maison ; tant parce qu'elles craignoient beaucoup mon pere, que l'on savoit m'aimer uniquement, qu'à cause de mon extrême jeunesse ; car à peine avois-je douze ans. Il y avoit pour lors au logis une niece de mon pere, à laquelle j'ai de fort grandes obligations. Elle étoit fort vertueuse ; & la fortune, qui n'avoit pas été favorable à son pere, la mettoit en état de dépendre en quelque façon du mien. Elle découvrit mon dessein & l'extrême desir que j'avois d'être Religieuse. Comme mon pere étoit absent depuis quelque tems, que ma mere étoit malade, & que j'étois sous sa conduite, elle appréhenda d'être accusée d'avoir donné lieu à cette pensée, ou du moins de l'avoir entretenue, car mon pere l'appréhendoit si fort, que quoiqu'il n'eût pas voulu pour rien du monde empêcher une véritable vocation, il ne pouvoit entendre dire que je serois Religieuse sans verser des larmes. Ma mere y auroit été plus indifférente. Ma cousine alla trouver mon Confesseur pour lui dire de me défendre d'aller à la Visitation. Il n'osoit tout-à-fait le faire de crainte de s'attirer cette Communauté contre lui : car elles me croioient déja des leurs. Lorsque j'allai à confesse, il ne me voulut pas absoudre, disant que j'allois à la Visitation seule & par des rues détournées. J'étois si innocente, que je crus avoir fait un crime épouvantable ; car on ne m'avoit jamais refusé l'absolution. Je m'en retournai si affligée, que ma cousine ne pouvoit me remettre. Je ne cessai de pleurer jusqu'au lendemain, que je fus dès le matin trouver mon Confesseur. Je lui dis que je ne pouvois plus vivre sans l'absolution ; que je le priois de me l'accorder. Il n'y avoit point de pénitence que je n'euſſe faite pour l'obtenir. Il me la donna d'abord. Je voulois toujours cependant être Religieuſe, & je faiſois de grandes inſtances à ma mere afin qu'elle m'y menât; mais elle ne le voulut pas, de peur de fâcher mon pere, qui étoit abſent, & elle remettoit toujours à ſon retour. Comme je vis que je ne pouvois rien obtenir, je contrefis l'écriture de ma mere, & je ſuppoſai une lettre par laquelle elle ſupplioit ces Dames de me recevoir, s'excuſant ſur ſa maladie, ſi elle ne me menoit point elle-même; mais la Supérieure, qui étoit parente de ma mere, & qui connoiſſoit bien ſon écriture, découvrit d'abord mon innocente tromperie.

CHAPITRE V.

Elle aſſiſte Mr. ſon Pere dans une maladie. Avancement que lui procura une de ſes couſines, dont Mad. ſa Mere, bien que fort vertueuſe, la deſtitue. Après une maladie, un voyage à la Campagne lui eſt occaſion de quitter l'Oraiſon intérieure pour s'arrêter à l'extérieure; ce qui lui devient très-nuiſible & occaſion de vanité. Malheur qu'il y a à quitter l'Oraiſon du cœur; laquelle le Démon perſécute à ſon poſſible.

1. Mon pere ne fut pas plutôt de retour, qu'il tomba griévement malade. Je me rendis ſon infirmiere. Il étoit dans un corps de logis ſéparé de celui de ma mere, qui ne venoit que très-peu le voir, tant parce qu'elle étoit encore foible, que parce qu'elle craignoit peut-être de retomber. J'eus tout le tems, étant ſeule avec lui, de lui rendre tous les ſervices dont j'étois capable, & je lui donnois toutes les marques d'affection qu'il

pouvoit désirer de moi. Je ne doute point que mon assiduité ne lui fût très-agréable; car comme il m'aimoit extrêmement, tout ce que je faisois lui plaisoit beaucoup. Lors qu'il ne s'en appercevoit point j'allois vuider ses bassins, prenant le tems qu'il n'y avoit point de valets, tant pour me mortifier, que pour honorer ce que dit Jésus-Christ, qu'il étoit (a) *venu pour servir, & non pour être servi.* Lors qu'il me faisoit lire auprès de lui, je lisois avec tant de dévotion, qu'il en étoit surpris. Je continuois toujours mon oraison & l'office de la Vierge, que je n'avois pas manqué de dire depuis ma premiere Communion. Je me souvenois des instructions que ma sœur m'avoit données, & des oraisons jaculatoires qu'elle m'avoit apprises. Elle m'avoit enseigné à vous louer, ô mon Dieu, dans tous vos ouvrages. Tout ce que je voiois, m'instruisit à vous aimer. S'il pleuvoit, je voulois que toutes les gouttes d'eau se changeassent en amour & en louanges. Mon cœur se nourrissoit insensiblement de votre amour, & mon esprit s'occupoit de votre souvenir. Je m'unissois à tout le bien qui se faisoit au monde, & j'aurois voulu avoir le cœur de tous les hommes pour vous aimer. Cette habitude s'enracina si fort en moi, que je la conservai même au milieu de mes plus grandes inconstances.

2. Ma cousine ne servoit pas peu à me maintenir dans ces bons sentimens; car comme j'étois souvent avec elle, que je l'aimois, qu'elle avoit grand soin de moi, & qu'elle me traitoit avec beaucoup de douceur, mon esprit redevint doux & raisonnable. Je tombai peut-être dans une extrêmité; je m'attachai si fort à elle, que je la

(a) Matth. 20. v. 28.

suivois par-tout dans la maison où elle alloit; car j'aimois beaucoup d'être traitée avec douceur & raison. Je croiois être dans un autre monde. Il est vrai qu'on ne devroit jamais mettre auprès des enfans que des personnes raisonnables, & qui ne fussent point passionnées. Cette attache me paroissoit fort juste pour une personne que l'on m'avoit donnée pour ma conduite; car sa fortune n'étant pas égale ni à sa naissance, ni à sa vertu, elle faisoit avec charité & affection ce à quoi son état présent l'engageoit. Je ne croiois pas excéder en cela : cependant ma mere crut qu'en aimant si fort ma cousine, je l'aimerois moins. Le Démon fit si bien par ses artifices, que ma mere, qui me laissoit si fort sur ma bonne foi auparavant, & même depuis que je passois les jours sans entrer dans sa chambre qu'aux heures du repos, sans qu'elle s'informât où j'étois, se contentant que je fusse au logis, vouloit que je restasse toujours auprès d'elle, & ne me laissoit avec ma cousine qu'avec une extrême peine. Ma cousine tomba malade, & ma mere prit cette occasion pour la faire reconduire chez elle : ce qui fut pour moi un coup bien fâcheux & pour la grace & pour la nature.

3. Quoique ma mere en usât de la sorte, elle ne laissoit pas d'être fort vertueuse : mais Dieu permettoit cela pour m'exercer ; car ma mere étoit une des plus charitables femmes de son siecle. S'il y avoit de l'excès à cette vertu, on pouvoit dire que la sienne étoit excessive. Elle donnoit non-seulement le superflu, mais même le nécessaire de la maison. Jamais pauvre ne s'est vû éconduit d'elle : jamais abandonné ne l'est venu trouver sans secours. Elle fournissoit à des pauvres artisans dequoi soutenir leur travail, &

aux pauvres marchands dequoi entretenir leurs boutiques. Je crois que c'est d'elle que j'avois hérité la charité & l'amour des pauvres; car Dieu me fit la grace de lui succéder dans ce saint exercice. Il n'y avoit dans la ville ni aux environs personne qui ne se louât de sa charité; elle a donné quelquefois jusqu'à la derniere pistole qui fût dans la maison sans qu'un ménage aussi grand que le sien à entretenir lui fît perdre ni manquer de confiance. Sa foi étoit vive; & elle avoit une dévotion très-grande à la Sainte Vierge: elle faisoit la méditation tous les jours durant l'espace d'une Messe: elle ne manquoit jamais de dire l'Office de la Vierge; il ne lui manquoit qu'un Directeur qui la fît entrer dans l'intérieur, sans lequel toutes les vertus sont bien foibles & languissantes.

4. Ce qui faisoit que j'avois tant de liberté, ainsi que je l'ai dit, c'est que ma mere se reposoit trop de moi lorsque j'étois petite sur le soin des filles; que depuis que j'ai été grande, elle se fioit trop à ma propre conduite; & qu'étant assurée que j'aimois à être seule pour lire, elle se contentoit de savoir que j'étois au logis, sans se mettre en peine d'autre chose; car pour sortir, elle ne m'en donna presque jamais la liberté; ce qui est un grand point pour une fille. L'habitude que j'avois prise de rester au logis me servit beaucoup après mon mariage, ainsi que je le dirai en son tems. Ma mere n'étoit donc pas si fautive de ce qu'elle me laissoit à moi-même. La faute qu'elle faisoit, étoit de ne me pas tenir dans sa chambre avec une honnête liberté, & de ne s'informer pas plus souvent de l'endroit de la maison où j'étois.

5. Après le départ de ma cousine je restai encore quelque tems dans les sentimens de piété

dont j'ai parlé. Une grace que Dieu me faisoit, étoit une facilité si grande à pardonner les injures, que mon Confesseur en étoit surpris : car sachant que quelques Demoiselles parloient de moi d'une maniere désavantageuse, (ce qui ne venoit que d'envie,) je disois du bien d'elles lorsque j'en avois l'occasion. Je tombai malade d'une fièvre double-tierce, qui me dura quatre mois, où je souffris assez, tant par de grands vomissemens, que par d'autres accidens causés par la fièvre. J'eus assez de modération & de piété durant ce tems, souffrant avec beaucoup de patience. Je continuai cette maniere de vie, dont j'ai parlé plus haut, autant de tems que je continuai de faire oraison.

6. Environ un an ou onze mois après, nous allâmes passer quelques jours à la campagne. Mon pere mena avec nous un de ses proches parens qui étoit un jeune Gentilhomme très-accompli. Il avoit un grand désir de m'épouser ; mais mon pere, qui avoit résolu en lui-même de ne me marier à aucun de mes proches, à cause de la difficulté d'obtenir des dispenses, sans alléguer des raisons ou fausses ou frivoles, s'y opposoit. Comme ce jeune Gentilhomme étoit fort dévot à la Sainte Vierge, & qu'il en disoit tous les jours l'Office, je le disois avec lui ; & pour en avoir le tems, je quittai l'oraison : ce qui fut la source de mes maux. Je conservai encore l'esprit de piété un tems ; car j'allois chercher les petites bergères pour les instruire & leur apprendre à vous prier, ô mon Dieu ! mais ce reste de piété n'étoit point nourri par l'oraison. Je me relâchai insensiblement ; je devins froide pour vous : tous mes anciens défauts se renouvellèrent, & j'y ajoutai une

vanité effroyable. L'amour que je commençai d'avoir pour moi-même éteignoit ce qui restoit en moi de votre amour.

7. Je ne quittai pas entierement l'oraison sans le demander à mon Confesseur. Je lui dis, que je croiois mieux faire de dire tous les jours l'Office de la Vierge que de faire oraison ; que n'ayant de tems que pour l'un des deux, & non pour tous deux ensemble, il me paroissoit que je devois préférer l'Office à l'oraison. Je ne voiois pas, ô mon Dieu, que c'étoit une ruse de votre ennemi & du mien pour me retirer de vous, & un moyen de m'engager insensiblement dans les piéges qu'il me tendoit ; car j'aurois eu assez de tems pour l'un & l'autre, n'ayant point d'autre occupation que celle que je voulois prendre moi-même. Mon Confesseur, qui étoit très-facile, & qui n'étoit pas homme d'oraison, y consentit pour ma perte.

8. O mon Dieu, si l'on connoissoit le prix de l'oraison, & l'avantage qui revient à l'ame de converser avec vous, & de quelle conséquence elle est pour le salut, chacun s'y rendroit assidu. C'est une place forte dans laquelle l'ennemi ne peut jamais entrer. Il peut bien attaquer cette place, l'assiéger, faire beaucoup de bruit autour de ses murailles ; mais pourvu que l'on soit fidèle à n'en point sortir, il ne nous sauroit faire aucun mal. Il faudroit apprendre aux enfans la nécessité de l'oraison, comme on leur enseigne la nécessité de leur salut. Mais hélas ! par malheur on se contente de leur dire qu'il y a un Paradis & un Enfer, qu'il faut tâcher d'éviter le dernier, & tendre à la possession du premier ; & on ne leur apprend point le chemin le plus court & le plus facile pour y arriver. L'oraison n'est autre chose

que le sentier du Paradis, & le sentier du Paradis est l'oraison ; mais une oraison du cœur, dont tout le monde est capable ; & non de ces raisonnemens qui sont un jeu d'esprit, un fruit de l'étude, un exercice de l'imagination ; qui en remplissant l'esprit de choses vagues ne le fixent que rarement, & pour des momens, & n'échauffent point le cœur, qui demeure toujours froid & languissant. O pauvres gens, esprits grossiers & idiots, enfans sans raison & sans science, esprits durs qui ne pouvez rien retenir, venez faire oraison, & vous deviendrez savans ! Hommes forts, spirituels, & riches, n'avez-vous pas tous tant que vous êtes un cœur capable d'aimer ce qui vous est propre, & hair ce qui vous est contraire ? Aimez, aimez le Souverain Bien, haïssez le souverain mal, & vous serez bien savans. Quand vous aimez quelqu'un, savez-vous les raisons de l'amour & ses définitions ? non assurément ; vous aimez parce que votre cœur est fait pour aimer ce qu'il trouve aimable. Y a-t'il rien de plus aimable que Dieu ? Vous savez assez qu'il est aimable : ne m'alléguez donc pas que vous ne le connoissez point. Vous savez qu'il vous a créés, & qu'il est mort pour vous. Mais si ces raisons ne suffisent pas, qui de vous n'a pas quelque besoin, quelque mal, ou quelque disgrace ? Qui de vous ne sait pas dire son mal, & en demander le remede ? Venez donc à cette source de tout bien : & sans vous amuser à vous plaindre à des créatures foibles & impuissantes, qui ne peuvent vous soulager, venez à l'oraison exposer à Dieu vos peines, lui demander ses graces, & sur-tout venez aimer. Nul ne peut s'exempter d'aimer, car nul ne peut vivre sans cœur, ni le cœur sans amour. Pourquoi s'amuser à chercher des raisons d'aimer l'amour même ? Aimons sans raisonner sur l'amour, & nous nous trouverons remplis d'amour avant que les autres aient appris les raisons qui portent à aimer. (a) *Goûtez & vous verrez* : goûtez de l'amour, & vous serez plus savans en amour que les plus habiles Philosophes. En amour, comme en toute autre chose, l'expérience instruit mieux que le raisonnement. Venez boire à cette source d'eau vive, au lieu de vous amuser à des cîternes rompues de la créature, qui augmentent votre soif, bien loin de l'appaiser. O que si vous aviez bû à cette fontaine, vous ne chercheriez plus ailleurs dequoi vous désaltérer ; car vous n'auriez plus de soif des choses de la terre pourvu que vous continuyez toujours d'aller puiser à cette source : mais si vous la quittez, hélas ! votre ennemi a le dessus : il vous donnera de ses eaux empoisonnées, qui en vous faisant goûter une douceur apparente, vous ôteront la vie.

9. C'est ce que je fis lorsque je quittai l'oraison. Je quittai Dieu ; je devins cette (b) *vigne exposée au pillage* dont les *huies arrachées* donnent lieu à tous les *passans de la ravager*. Je commençai à chercher dans la créature ce que j'avois trouvé en Dieu. Vous m'abandonnâtes à moi-même, parce que je vous avois abandonné la premiere ; & vous voulûtes en permettant que je fusse enfoncée dans l'abîme, me faire comprendre le besoin que j'avois de m'approcher de vous par l'oraison. Vous dites (c) que vous *perdrez ces ames adultères qui s'éloignent de vous.* Hélas ! leur seul éloignement fait leur perte ; puisqu'en s'éloignant de vous, ô divin Soleil, elles entrent dans la région des ténèbres, dans le

(a) Pf. 33. v. 9. (b) Pf. 79. v. 13. (c) Pf. 72. v. 27.

froid de la mort, d'où elles ne releveroient jamais si vous ne vous rapprochiez d'elles, & si par votre divine lumiere vous ne veniez peu à peu éclairer leurs ténèbres, & par votre chaleur vivifiante fondre leurs glaces mortelles, & leur rendre la vie.

10. Je tombai dans le plus grand de tous les malheurs ; car je m'écartois toujours de vous, ô mon Dieu, qui êtes ma lumiere & ma vie, & vous vous éloigniez d'avantage de moi. Vous vous retiriez peu à peu d'un cœur qui vous quittoit ; & vous êtes si bon, qu'il semble que vous ne l'abandonniez qu'à regret : mais lors que ce cœur veut bien se convertir, ah ! vous retournez à lui à pas de géant. C'est une expérience que j'ai faite, ô mon Dieu, qui me fera un témoignage éternel de vos bontés & de mon ingratitude. Je devins donc encore plus prompte que je n'avois jamais été ; parce que mon âge donnoit plus de force à mes passions. Je mentois souvent ; je sentis mon cœur corrompu & vain : il n'y avoit plus de piété dans mon ame, mais un état de tiédeur & d'indévotion réelle, quoique je conservasse toujours le déhors avec bien du soin, & que l'habitude que j'avois prise d'être à l'Eglise avec modestie me fit paroître autre que je n'étois. La vanité, qui jusqu'alors m'avoit laissé en repos, s'empara de mon esprit. Je commençai à passer bien du tems devant un miroir ; je trouvois tant de plaisir à me voir, qu'il me paroissoit que les autres avoient raison d'y en trouver. Cet amour de moi-même devint si fort, que je n'avois dans le cœur que du mépris pour toutes les autres de mon sexe. Au lieu de me servir, ô mon Dieu, de cet extérieur que vous m'aviez donné comme d'un moien de vous aimer davan-

tage, il m'en fut un de vaine complaisance. Ce qui devoit attirer ma reconnoissance, fit mon ingratitude : je trouvois qu'il n'y avoit rien que de beau dans mon extérieur, & je ne voiois pas qu'il couvroit un fumier horrible. Tout cela me rendit si vaine, que je doute qu'il se trouve jamais personne qui ait porté la vanité si loin intérieurement ; car pour le dehors, j'avois une modestie affectée, qui auroit trompé tout le monde.

11. L'estime que j'avois de moi-même me faisoit trouver des défauts dans toutes les autres de mon sexe. Je n'avois des yeux que pour voir mes bonnes qualités extérieures, & pour discerner les endroits foibles des autres. Je me cachois à moi-même mes défauts ; & si j'en remarquois quelques-uns, ils me paroissoient très-peu de chose au prix de ceux que je voiois dans les autres, & je les excusois même dans mon esprit, me les figurant comme des perfections. Toute l'idée que j'avois de moi-même & des autres étoit fausse. J'aimois si éperdument la lecture, que j'y emploiois le jour & la nuit ; quelquefois le jour recommençoit, & je lisois encore ; ensorte que je fus plusieurs mois que j'avois entierement perdu l'habitude de dormir. Les livres que je lisois le plus ordinairement, étoient les Romans. Je les aimois à la folie : j'étois affamée d'en trouver la fin, croyant y découvrir quelque chose ; mais je n'y trouvois rien qu'une faim de lire. Ces livres sont d'étranges inventions pour perdre la jeunesse, car quand on n'y feroit point d'autre mal que de perdre le tems, n'est-ce pas trop ? Je crois que c'étoit là la plus grande faute que j'y faisois. On ne m'en empêchoit pas ; au contraire, on a cette manie, que l'on s'imagine qu'ils apprennent à bien parler.

12. Cependant, ô mon Dieu, votre extrême bonté vous portoit à me rechercher de tems en tems. Vous frappiez à la porte de mon cœur. Il me prenoit souvent de vives douleurs & des abondances de larmes. Je m'affligeois d'un état si différent de celui que j'avois trouvé auprès de vous, ô mon Dieu ; mais mes larmes étoient sans effet, & ma douleur vaine. Je ne pouvois de moi-même me retirer d'un état si funeste. J'aurois bien voulu qu'une main autant charitable que puissante m'en eût tirée ; mais pour moi, je n'avois pas la force de le faire. Hélas, si j'eusse eu un Confesseur qui eût examiné la cause de mon mal, il y eût sans doute apporté le remede, qui n'étoit, que de me faire reprendre l'oraison ; mais il se contentoit de me reprendre sévérement, de me donner quelque priere vocale à dire, & il n'ôtoit point la cause du mal, il ne me donnoit point le véritable remede. J'étois, dit le Prophête, (a) *dans un profond abîme de boue dont je ne pouvois sortir.* On me faisoit des reprimandes de ce que j'étois dans cet abîme ; mais nul ne me tendoit la main pour m'en retirer ; & lors que je voulois faire de vains efforts pour en sortir, je m'y enfonçois davantage, & la peine que j'avois prise ne servoit qu'à me faire voir mon impuissance & à me rendre plus misérable & plus affligée.

13. Hélas, que cette funeste expérience m'a donné de compassion des pécheurs, & qu'elle m'a bien fait voir d'où vient qu'il y en a si peu qui se corrigent, & qui sortent du misérable état où ils sont réduits, parce que l'on se contente de crier contre leurs désordres, de les effraier par des menaces qui regardent les châtimens à venir. Ces cris & ces menaces font bien quelque impression

(a) Pf. 68. v. 2.

au commencement sur leur esprit ; mais on ne leur donne pas la main pour sortir d'où ils sont : ils font de foibles efforts ; mais après avoir plusieurs fois éprouvé leur impuissance & l'inutilité de leurs tentatives, ils perdent peu à peu la volonté de faire de nouveaux efforts, qui leur paroissent aussi infructueux que les premiers : d'où vient qu'ensuite de cela, tout ce qu'on leur peut dire est sans effet quoiqu'on les prêche incessamment ; car on n'entend autre chose que crier contre les pécheurs, & cependant nul ne se convertit. Si lorsqu'un pécheur va se confesser on lui appliquoit le véritable remède, qui est l'oraison, si on l'obligeoit à se tenir tous les jours devant Dieu en état de criminel pour lui demander la force de sortir de cet état, il seroit bientôt changé : c'est là tendre la main à un homme pour le tirer de la boue. Mais le Diable a faussement persuadé aux Docteurs & Sages du siècle qu'il faut être parfaitement converti pour faire oraison ; & comme l'oraison est le moien efficace pour la conversion, & qu'on ne le veut pas donner, c'est ce qui fait qu'il n'y a point de conversion durable & sincère. Le Démon ne se déchaîne que contre l'oraison & contre ceux qui s'y exercent ; parce qu'il sait que c'est le véritable moyen de lui enlever ses proies. Qu'on fasse toutes les austérités qu'on voudra, le Démon les laisse faire, & ne persécute ni ceux qui les ordonnent, ni ceux qui les font : mais on ne parle pas plutôt d'Oraison, on n'entre pas plutôt dans la vie de l'esprit, qu'il faut se résoudre à d'étranges traverses. Qui dit une vie d'oraison, dit une vie de croix. S'il y a dans le monde une ame intérieure, il semble que toutes les croix, toutes les persécutions, tous les mépris lui sont réservés. S'il se trouve dans un Monastere une ame de grande oraison, on n'en veut qu'à celle-là, toutes les humiliations sont pour elle, du moins quand l'oraison est profonde & véritable. Si une ame passe pour être de grande oraison & que cela soit autrement, qu'elle soit applaudie & considérée, je dis, ou que son oraison n'est pas véritable ; ou que si elle l'est, elle y est peu avancée : que ce sont des personnes qui vont par les lumieres & les dons éclatans, & non par le petit sentier de la foi, du renoncement, de la mort intérieure, & de l'anéantissement ; & que l'oraison de ces personnes est seulement dans les puissances, & dans les sens, & non dans le centre. Je m'écarte quelquefois : mais comme je me laisse à ce qui m'emporte, je ne me mets pas en peine de suivre exactement une relation.

14. Quelque pitoyable donc que fût l'état où j'étois réduite par mes infidélités & par le peu de secours que j'avois de mon Confesseur, je ne laissois pas de dire tous les jours mes prieres vocales, de me confesser assez souvent, & de communier presque tous les quinze jours. J'étois quelquefois à pleurer & à prier la Sainte Vierge d'obtenir ma conversion. J'aimois à entendre parler de vous, ô mon Dieu ; & si j'eusse trouvé des personnes qui m'en eussent parlé, je ne me serois jamais lassée de les entendre. Lorsque mon pere en parloit, j'étois transportée de joie ; & lorsqu'il alloit avec ma mere en quelque pélerinage, & qu'il partoit très-matin, ou je ne me couchois pas afin de n'être pas surprise du sommeil, ou je donnois tout ce que j'avois aux filles afin qu'elles m'éveillassent. Mon pere y parloit toujours de vous, ô mon Dieu ; ce qui me donnoit un extrême contentement. Tous les autres plaisirs alors m'étoient à dégoût, & j'eusse
pré-

préféré cela à tout le reste. J'étois fort charitable : j'aimois les pauvres : & cependant j'avois tous les défauts dont j'ai parlé. O Dieu, comment accorder des choses si opposées ?

CHAPITRE VI.

Son pere l'engage à son insçu dans un mariage où elle eut ensuite bien à souffrir. Précaution pour qu'on ne condamne point légérement les personnes, souvent vertueuses, dont Dieu se sert pour crucifier & purifier les ames de choix. Diverses croix de celle-ci dès la premiere année de son mariage.

1. Nous vinmes ensuite à Paris, où ma vanité devint plus grande. On n'épargnoit rien pour me faire paroître. Je faisois parade d'une vaine beauté ; j'avois soin de me faire voir & d'étaler mon orgueil : je voulois me faire aimer sans aimer personne. J'étois recherchée par bien des gens, qui paroissoient être des avantages pour moi ; mais vous, ô mon Dieu, qui ne me vouliez pas perdre, ne permîtes pas que les choses réussissent. Mon pere trouvoit des difficultés que vous faisiez naître vous-même pour mon salut ; car si j'avois épousé ces personnes, j'eusse été extrêmement exposée, & ma vanité auroit eu moien de s'étendre.

2. Il y avoit une personne qui m'avoit recherchée en mariage depuis quelques années, que mon pere par des raisons de famille avoit toujours refusé. Ses manieres étoient un peu opposées à ma vanité. Cependant la peur que l'on avoit que je ne quittasse le pays, & les grands biens de ce gentilhomme, portèrent mon pere malgré toutes ses répugnances & celles de ma mere, à m'accorder

à lui. On le fit, sans m'en parler; la veille de S. François de Sales, le 28 Janvier 1664 : & même l'on me fit signer les articles du mariage sans me dire ce que c'étoit. Quoique je fusse fort aise d'être mariée, parce que je m'imaginois que par-là j'aurois toute liberté, & que je serois délivrée des mauvais traitemens de ma mere, que je m'attirois sans doute par mon peu de docilité; vous pourtant, ô mon Dieu, comptiez bien autrement; & l'état où je me trouvai puis après trompa bien mes espérances, ainsi que je le dirai dans la suite. Quoique donc je fusse bien aise d'être mariée, je ne laissai pas de rester tout le tems que je fus accordée, & même longtems après mon mariage, dans une extrême confusion. Elle venoit de deux causes: la premiere étoit cette pudeur naturelle que je ne perdis point; j'avois beaucoup de retenue avec les hommes. L'autre étoit ma vanité; car bien que le parti qu'on me donnoit, fût plus avantageux que je ne méritois, je ne le croiois pas tel; & la figure que ceux qui m'avoient recherchée auparavant faisoient, me paroissoit bien d'une autre sorte; leur rang me donnoit dans la vue; & comme je ne consultois en toutes choses que ma vanité, tout ce qui ne la flattoit point m'étoit insupportable. Cette vanité pourtant me fut avantageuse; car elle m'empêcha de tomber dans ces désordres qui font la ruine des familles. Je n'aurois pas voulu rien faire à l'extérieur qui m'eût pu rendre blâmable; & je gardai toujours si bien le déhors, que l'on ne pouvoit blâmer ma conduite; car comme j'étois modeste à l'Eglise, & que je ne sortois point sans ma mere, & que la réputation de la maison étoit grande, je passai pour bonne.

Je ne vis point mon accordé jusqu'à deux ou

trois jours avant le mariage. Je fis dire des Messes tout le tems que je fus accordée pour connoître votre volonté, ô mon Dieu : car je voulois du moins la faire en cela. O bonté de mon Dieu, de me souffrir en ce tems, & de permettre que je vous priasse avec autant de hardiesse que si j'avois été de vos amies, moi qui vous traitois comme votre plus grande ennemie.

3. La joie de ce mariage étoit universelle dans notre ville : & dans cette réjouissance il n'y avoit que moi de triste. Je ne pouvois ni rire comme les autres, ni même manger, tant j'avois le cœur serré. Je ne savois point la cause de ma tristesse ; mais, mon Dieu, c'étoit comme un pressentiment que vous me donniez de ce qui me devoit arriver. A peine fus-je mariée, que le souvenir de l'envie que j'avois d'être Religieuse, vint m'accabler. Tous ceux qui vinrent me complimenter le lendemain de mes nôces, ne pouvoient s'empêcher de me railler de ce que je pleurois amérement ; & je leur disois : hélas ! j'avois tant désiré autrefois d'être Religieuse, pourquoi suis-je donc mariée à présent, & par quelle fatalité cela m'est-il arrivé ? Je ne fus pas plutôt chez mon nouvel époux, que je connus bien que ce seroit pour moi une maison de douleur. Il me fallut bien changer de conduite : car leur maniere de vivre étoit très-différente de celle de chez mon pere. Ma belle-mere, qui étoit veuve depuis longtems, ne songeoit qu'à ménager ; au lieu que chez mon pere l'on y vivoit d'une maniere extrêmement noble : tout y paroissoit, tout y alloit fort bien, & tout ce que mon mari & ma belle-mere nommoient faste, & que j'appellois honnêteté, y étoit observé. Je fus fort surprise de

ce changement, & d'autant plus, que ma vanité auroit voulu augmenter plutôt que diminuer.

4. J'avois plus de quinze ans quand je fus mariée, je courois la seizieme année. Mon étonnement augmenta beaucoup lors que je vis qu'il falloit que je perdisse ce que j'avois acquis avec tant de peine. Chez mon pere il falloit vivre avec beaucoup de politesse, parler juste, tout ce que je disois y étoit applaudi & relevé : là, on ne m'écoutoit que pour me contredire & pour me blâmer. Si je parlois bien, ils disoient que c'étoit pour leur faire leçon : s'il venoit quelqu'un, & que l'on mît une question sur le tapis, au lieu que mon pere me faisoit parler, là si je voulois dire mon sentiment, on disoit que c'étoit pour contester, & l'on me faisoit taire honteusement; & ils me querelloient depuis le matin jusqu'au soir. On portoit mon mari à en faire autant; qui n'y avoit que trop de disposition. J'aurois peine à vous écrire ces sortes de choses, qui ne se peuvent faire sans blesser la charité, si vous ne m'aviez défendu de rien omettre, & si vous ne m'aviez pas commandé absolument d'expliquer toutes choses, & de mettre toutes les particularités.

Je vous demande une chose avant que de passer outre, qui est, de ne point regarder les choses du côté de la créature, ce qui vous feroit paroître les personnes plus défectueuses qu'elles ne l'étoient : car ma belle-mere avoit de la vertu, & mon mari de la religion, & n'avoit point de vice : mais il faut tout regarder en Dieu, qui permettoit ces choses pour mon salut & parce qu'il ne me vouloit pas perdre. J'avois d'ailleurs tant d'orgueil, que si on avoit tenu une autre conduite sur moi, je me fusse soutenue en cela,

& je ne me fuſſe peut-être pas tournée du côté de Dieu, comme je fis dans la fuite par l'accablement des croix où je fus reduite.

5. Pour revenir à mon ſujet, je dirai que ma belle-mere conçut une telle oppoſition pour moi, qu'afin de me faire peine elle me faiſoit faire des choſes très-humiliantes : car ſon humeur étoit ſi extraordinaire, pour ne l'avoir jamais ſurmontée dans ſa jeuneſſe, qu'elle ne pouvoit vivre avec perſonne : cela venoit auſſi, de ce que ne faiſant pas oraiſon, & ne diſant que des prieres vocales, elle ne voioit pas ces ſortes de défauts, ou bien en les voiant, & ne puiſant pas des forces dans l'oraiſon, elle ne s'en pouvoit défaire : & c'étoit dommage : car elle avoit du mérite & de l'eſprit. Je fus donc faite la victime de ſes humeurs : toute ſon occupation fut de me contrarier continuellement, & elle inſpiroit les mêmes ſentimens à ſon fils. Ils vouloient que des perſonnes fort au-deſſous de moi, paſſaſſent devant moi, afin de me faire peine : ma Mere, qui étoit très-ſenſible au point d'honneur, ne pouvoit ſouffrir cela ; & lorſqu'elle l'apprenoit par d'autres, (car je ne lui en diſois rien,) elle m'en querelloit, croiant que je le faiſois ne ſachant pas tenir mon rang, & que je n'avois point de cœur, & mille autres choſes de cette ſorte. Je n'oſois lui dire comme j'étois ; mais je mourois de chagrin : & ce qui l'augmentoit encore, étoit le ſouvenir des perſonnes qui m'avoient recherchée, la différence de leur humeur & de leur maniere d'agir, l'amour & l'eſtime qu'ils avoient pour moi, leur douceur & leur honnêteté : cela m'étoit bien dur à porter. Ma belle-mere me parloit inceſſamment au déſavantage de mon pere & de ma mere ; & je ne les allois point voir que je n'euſſe à eſſuier des dif-

cours fâcheux à mon retour. D'un autre côté ma mere se plaignoit de moi de ce que je ne la voiois pas assez. Elle disoit que je ne l'aimois pas, & que je m'attachois trop à mon mari ; de sorte que j'avois beaucoup à souffrir de tous côtés. Ce qui augmenta bien encore mes croix, c'est que ma mere conta à ma belle-mere les peines que je lui avois faites dans mon enfance : de sorte que dès que je parlois, ils me reprochoient cela, & me disoient que j'étois un méchant esprit. Mon mari vouloit que je fusse tout le jour dans la chambre de ma belle-mere sans qu'on me permît d'aller à mon appartement ; si bien que je n'avois pas un moment pour me retirer & respirer un peu. Elle parloit désavantageusement de moi à tout le monde, croiant par-là diminuer l'estime & l'affection que chacun avoit pour moi ; de sorte qu'elle me faisoit des affronts devant les plus belles compagnies. Cela ne fit pas l'effet qu'elle prétendoit ; car ceux devant qui cela se passoit, conservoient d'autant plus d'estime pour moi qu'ils me voioient souffrir avec plus de patience. Il est vrai qu'elle trouva le secret d'éteindre la vivacité de mon esprit, & de me faire devenir toute bête ; ensorte qu'on ne me reconnoissoit plus. Ceux qui ne m'avoient point vu auparavant disoient : Quoi ! est-ce là cette personne qui passoit pour avoir de l'esprit ? elle ne sait pas dire deux mots : c'est une belle image. Je n'avois pas encore seize ans.

6. J'étois si timide, que je n'osois sortir sans ma belle-mere ; & en sa présence je ne pouvois parler. Je ne savois ce que je disois tant j'avois d'appréhension de la fâcher & de m'attirer quelques paroles dures. J'avois, pour comble d'affliction, une fille qu'ils m'avoient donnée qui

étoit toute à eux. Elle me gardoit à vue comme une gouvernante : elle me maltraitoit étrangement. Pour l'ordinaire je souffrois avec patience un mal que je ne pouvois empêcher : mais d'autres fois je m'échappois à répondre quelque chose ; ce qui m'étoit une source de bonnes croix pour longtems, & de sanglants reproches. Lorsque je sortois, les valets avoient ordre de rendre compte de tout ce que je faisois. Ce fut alors que je commençai à manger le pain des larmes. Si j'étois à table, on me faisoit des choses qui me couvroient de confusion : je m'en prenois à mes larmes, & j'avois une double honte, l'une de ce que l'on me disoit, l'autre de ne pouvoir retenir mes larmes.

Je n'avois personne avec qui partager ma douleur & qui m'aidât à la porter. J'en voulus dire quelque chose à ma mere ; & cela me causa tant de nouvelles croix, que je résolus de n'avoir point d'autre confident de mes déplaisirs que moi-même. Ce n'étoit pas par dureté que mon mari me traitoit de la sorte : car il m'aimoit, même avec passion : mais par son humeur prompte & violente, ce que ma belle-mere lui disoit continuellement l'aigrissoit.

7. Ce fut dans un état si déplorable de toutes manieres, ô mon Dieu, que je commençai à concevoir le besoin que j'avois de votre assistance : car cet état étoit d'autant plus périlleux pour moi, que ne trouvant hors de chez moi que des admirateurs, & des gens qui me flattoient pour ma perte, il étoit à craindre dans un âge si peu avancé, & parmi de si étranges croix domestiques, que je ne me tournasse tout-à-fait au dehors, & que je ne prisse le chemin de déréglement. Vous en fites, ô mon Dieu, par votre

bonté & l'amour que vous me portiez, un usage tout contraire. Vous m'attirâtes à vous par ces coups redoublés, & vous fîtes par vos croix ce que vos caresses n'avoient pû faire. Vous vous servîtes même au commencement de mon mariage de mon orgueil naturel pour me maintenir dans mon devoir. Je savois qu'une femme d'honneur ne doit jamais donner ombrage à son mari : c'est pourquoi j'étois sur cela dans une si grande circonspection que je la poussai souvent même dans l'excès, jusqu'à refuser la main à ceux qui me la présentoient ; & il m'arriva une aventure qui, pour avoir voulu pousser la sagesse trop loin, pensa me perdre : car on prit les choses à contrepied : cependant mon mari connut mon innocence & la fausseté de ce que ma belle-mere lui vouloit imprimer.

8. Je dis donc que de si fortes croix me firent retourner à vous, ô mon Dieu ! Je commençai à déplorer les péchés de ma jeunesse : car depuis mon mariage je n'en avois fait qu'un qui me parut volontaire ; le reste étoit des sentimens de vanité que je ne voulois pas avoir, ou si je les voulois, mes chagrins les contrebalançoient : de plus il y en avoit un grand nombre qui paroissoient justes à mon peu de lumiere ; car je n'étois point éclairée sur l'essence de la vanité ; je ne m'attachois qu'à ses accidens. Je tâchois donc de réparer ma vie par la pénitence & par une confession générale la plus exacte que j'eusse encore faite. Je quittai d'abord tous les Romans, quoique ce fut autrefois ma passion : elle avoit été amortie quelque tems avant mon mariage par la lecture de l'Evangile. Je le trouvai si beau, & j'y découvrois un caractere de vérité qui me dégoûta de tous les autres livres,

qui me paroissoient pleins de mensonges. Je me défis même des livres indifférens pour n'en plus lire que de profitables. Je repris l'oraison, & je tâchai de ne vous plus offenser, ô mon Dieu. Je sentois que peu-à-peu votre amour reprenoit le dessus dans mon cœur, & en bannissoit tout autre amour. J'avois pourtant une vanité effroiable, & une complaisance en moi-même très-forte, qui a été mon péché le plus fâcheux & le plus opiniâtre.

9. Mes croix redoubloient chaque jour, & ce qui me les rendoit plus pénibles est que ma belle-mere ne se contentoit pas des paroles piquantes qu'elle me disoit devant le monde & en particulier; mais elle étoit encore pour les moindres choses des quinze jours de suite en colere. Je passois une partie de ma vie à me désoler lorsque je pouvois être seule; & ma douleur devenoit chaque jour plus amere. Je m'emportois quelquefois lorsque je voiois des filles qui étoient mes domestiques, & qui me devoient de la soumission, me traiter si mal. Je faisois néanmoins ce que je pouvois pour surmonter mon humeur: ce qui ne m'a pas peu couté. Des coups si assommant diminuerent si fort la vivacité de mon naturel, que je devins douce. J'étois la plupart du tems comme un agneau que l'on tond. Je priois Notre Seigneur de m'aider, & il étoit mon recours. Comme mon âge étoit si différent du leur, (car mon mari avoit vingt & deux ans plus que moi,) je voiois bien qu'il n'y avoit pas d'apparence de changer leur humeur, qui s'étoit fortifiée avec leur âge. Je faisois dire des Messes afin que vous me fissiez la grace, ô mon Dieu, de m'y accommoder. C'étoit ce que je vous demandois incessamment. Comme je

voiois que tout ce que je difois les offenfoit, &
des chofes même dont d'autres fe feroient tenus
obligés, je ne favois que faire. Un jour outrée
de douleur, (il n'y avoit que fix mois que j'étois mariée, je pris un couteau étant feule pour
me couper la langue, afin de n'être plus obligée de parler à des perfonnes qui ne me faifoient
parler que pour avoir matiere de fe mettre en
colere. J'aurois fait cette opération extravagante
fi vous ne m'aviez arrêtée tout court, ô mon
Dieu, & fi vous ne m'aviez fait voir ma folie.
Je vous priois continuellement : je communiois
même & faifois dire des Meffes pour obtenir de
devenir muette, tant j'étois encore enfant. J'ai
beaucoup éprouvé de croix : mais je n'en ai jamais trouvé de plus difficiles à fupporter que celles d'une contrariété fans relâche, & de faire ce
qu'on peut pour fatisfaire les perfonnes, pendant
qu'au lieu d'y réuffir, on les offenfe par les mêmes chofes qui devroient les obliger ; & d'être
encore obligée à être depuis le matin jufqu'au
foir avec elles fans ofer les quitter un moment :
Car j'ai éprouvé que les grandes croix accablent,
amortiffent même la colere : mais pour la contrariété continuelle, elle irrite & réveille une
certaine aigreur ; elle fait un effet fi étrange, qu'il
faut fe faire la plus extrême violence pour ne
pas s'emporter.

10. Voila quelle étoit ma condition dans le
mariage, qui étoit plutôt celle d'un efclave que
d'une perfonne libre. Pour augmentation de difgraces, on s'apperçut quatre mois après mon
mariage que mon mari étoit gouteux. Cette maladie, qui fans doute l'aura fanctifié, me caufa
bien de bonnes croix tant au dehors qu'au dedans. Il eut cette année deux fois la goute fix

semaines de suite, & elle le reprit encore peu de tems après où il l'eût beaucoup davantage : enfin dans la suite il devint tellement incommodé, qu'il ne fortoit plus de la chambre, ni même fouvent du lit, où il étoit d'ordinaire plufieurs mois. Je le gardois avec grand foin : & quoique je fuffe bien jeune, je ne manquois point à mon devoir, & je le faifois même avec excès. Mais, hélas ! tout cela ne m'attiroit point leur amitié. Je n'avois pas même la confolation de favoir fi ce que je faifois leur agréeroit : jamais on ne m'en témoignoit la moindre chofe. Je me privois de tous les divertiffemens les plus innocens pour me tenir auprès de mon mari, & je faifois ce que je croiois pouvoir le contenter. Quelquefois on me fouffroit, & je me croiois trop heureufe : d'autrefois j'étois infupportable. Mes amis particuliers difoient que j'étois bien en âge d'être la garde d'un malade, que c'étoit une chofe honteufe de ne pas faire valoir mes talens. Je leur répondois, que puifque j'avois un mari, je devois partager fes douleurs comme fes biens. Je ne faifois connoître à perfonne que je fouffrois : & comme mon vifage paroiffoit content, on m'auroit cru fort heureufe, aux maux près de mon mari, s'il ne s'étoit pas quelquefois échappé devant le monde à me dire des chofes fâcheufes. D'ailleurs ma mere ne fouffroit qu'avec peine l'affiduité que j'avois auprès de mon mari, m'affurant que par là je me rendois malheureufe, & qu'il exigeroit dans la fuite comme un devoir ce que je faifois par vertu ; & au lieu de me plaindre, elle me querelloit fouvent. Il eft vrai qu'à prendre les chofes humainement, c'étoit une folie de m'affujettir de cette forte pour des perfonnes qui ne m'en favoient aucun gré. Mais ô mon Dieu, que mes pensées étoient bien différentes de celles de toutes ces personnes ! & que ce qui leur paroissoit au-dehors, étoit différent de ce qui étoit au-dedans ! Mon mari avoit ce foible-là, que lorsqu'on lui disoit quelque chose contre moi, il s'aigrissoit d'abord, & son naturel violent prenoit feu aussitôt. C'étoit une conduite de providence sur moi, car mon mari étoit raisonnable, & il m'aimoit fort. Lorsque j'étois malade, il étoit inconsolable, & cela alloit même plus loin que je ne puis dire ; & cependant il ne laissoit pas de s'emporter contre moi. Je crois que sans sa mere & cette fille dont j'ai parlé, j'aurois été fort heureuse avec lui ; car pour des promptitudes il n'y a gueres d'hommes qui n'en aient beaucoup & il est du devoir d'une femme raisonnable, de les souffrir en paix, sans les augmenter par de mauvaises reparties.

11. Vous vous êtes servi de toutes ces choses, ô mon Dieu, pour mon salut. Vous avez ménagé par votre bonté les choses d'une maniere, que j'ai vû dans la suite que cette conduite m'étoit absolument nécessaire pour me faire mourir à mon naturel vain & hautain. Je n'aurois pas eu la force de le détruire moi-même si vous n'y aviez travaillé par une économie toute sage de votre providence. Je vous demandois, ô mon Dieu, la patience avec beaucoup d'instance. Néanmoins je faisois souvent des échappées, & mon naturel vif & prompt trahissoit souvent les résolutions que j'avois prise de me taire. Vous le permettiez sans doute, ô mon Dieu, afin que mon amour propre ne se nourrit pas de ma patience : car une échappée d'un moment me causoit plusieurs mois d'humiliation, de reproche & de douleur : c'étoit une matiere à de nouvelles croix.

CHAPITRE VII.

Elle reconnoit l'utilité & la nécessité de ses souffrances. Celles de ses premieres couches. Sa tranquillité durant des pertes très-considérables. Ses croix continuelles, qu'elle ne déclare qu'avec répugnance & par l'ordre de son Directeur, excusant les autres & s'accusant soi-même. Elle combat ses défauts en diverses occasions. Elle va à Paris, & y tombe malade à la derniere extrêmité.

1. JE ne fis pas d'usage cette premiere année de mes croix. J'avois toujours de la vanité. Je mentois pour cacher ou pour excuser quelques choses, parce que je les craignois étrangement. Je me mettois en colere, ne pouvant approuver dans mon esprit une conduite qui me paroissoit si déraisonnable, sur-tout en ce qui regardoit le mauvais traitement de cette fille qui me servoit. Il me paroissoit inouï que l'on prit son parti contre moi lorsqu'elle m'offensoit : car pour ma belle-mere, son grand âge & le rang qu'elle tenoit me rendoient la chose plus tolérable. O mon Dieu, que vous me fites voir dans la suite les choses avec bien d'autres yeux ! Je trouvois en vous des raisons de souffrir que je n'avois jamais trouvé dans la créature ; & je voyois avec complaisance que cette conduite déraisonnable & crucifiante étoit tout ce qu'il me falloit. J'avois encore un autre défaut, qui m'étoit commun avec presque toutes les femmes & me venoit de l'amour que je me portois

à moi-même, qui étoit, que je ne pouvois entendre louer devant moi une belle femme sans y trouver quelque défaut, le faisant remarquer avec adresse pour diminuer le bien qu'on en disoit; comme si ç'avoit été m'estimer moins que d'estimer quelqu'un avec moi. Ce défaut m'a duré longtems : c'est un fruit d'un orgueil fade & grossier (aussi bien que celui de parler à son avantage) que j'avois au suprême dégré. Que je vous ai d'obligation, ô mon Dieu, d'avoir tenu sur moi la conduite que vous y avez tenue ! car si ma belle-mere & mon mari m'avoient applaudie comme chez mon pere je serois devenue insupportable par mon orgueil. J'avois soin d'aller voir les pauvres : je faisois ce que je pouvois pour vaincre mon humeur, & sur-tout en des choses qui faisoient crever mon orgueil : je faisois beaucoup d'aumônes : j'étois exacte à mon oraison.

2. Je devins grosse de mon premier enfant. On me ménagea beaucoup durant ce tems pour le corps, & mes croix en quelque chose furent moins fortes par-là. Je fus si incommodée, que j'aurois fait compassion aux plus indifférens. De plus, ils avoient un si grand désir d'avoir des enfans, qu'ils apréhendoient beaucoup que je ne me blessasse. Cependant sur la fin ils me ménageoient moins ; & une fois que ma belle-mere m'avoit traitée d'une maniere fort choquante, j'eus la malice de feindre une colique pour leur donner à mon tour quelques alarmes ; parce que si je me fusse blessée, ils auroient été inconsolables dans le désir qu'ils avoient d'avoir des enfans : car mon mari étoit seul ; & ma belle-mere, qui étoit très-riche, ne pouvoit avoir d'héritiers que par lui. Néanmoins comme je vis que cela les

mettoit trop en peine, je dis que je me trouvois mieux. On ne peut pas être plus accablée de mal que je la fus pendant cette grossesse : car outre un vomissement continuel, j'avois un dégoût si étrange, qu'à la reserve de quelque fruit, je ne pouvois même voir la nourriture : de quelque nature qu'elle fût, la seule approche me faisoit vomir. J'avois de plus des défaillances continuelles & des douleurs très-fortes. Je fus extraordinairement mal en accouchant. Comme mon mal fut très-long & très-violent, j'eus de quoi exercer la patience. J'offrois tout cela à notre Seigneur; & sitôt que j'avois un peu de liberté, il me sembloit que je souffrois avec beaucoup de contentement. Je fus très-long tems mal de cette couche : car outre la fievre, j'étois si foible, qu'après plusieurs semaines on ne pouvoit qu'à peine me remuer pour faire mon lit. Lorsque je fus un peu mieux, il me vint un abcès au sein qu'il fallut ouvrir en deux endroits : ce qui me fit beaucoup de douleur. Tous ces maux quoique violens, ne me paroissoient que des ombres de mal au prix des peines que je souffrois dans ma famille, qui croissoient chaque jour loin de diminuer. J'étois sujette aussi à un mal de tête fort violent. Vous augmentiez dans ce tems, ô mon Dieu, & mon amour pour vous & ma patience. Il est vrai que la vie m'étoit si indifférente à cause de mes afflictions, que tous les maux qui paroissoient mortels ne m'effraioient point.

3. Cette premiere couche accommoda encore mon extérieur & me donna par conséquent plus de vanité : car quoique je n'eusse pas voulu ajouter l'artifice à la nature, cependant j'avois mille complaisances sur moi-même. J'étois bien aise

d'être regardée : & loin d'en éviter les occasions, j'allois aux promenades, rarement pourtant ; & lorsque j'étois dans les rues, j'ôtois mon masque par vanité, & mes gands pour faire voir mes mains. Se peut-il de plus grandes niaiseries ! Lorsque cela m'échappoit, (ce qui arrivoit assez fréquemment,) j'en pleurois inconsolablement : mais cela ne me corrigeoit point. J'allois aussi quelquefois au bal, où j'étalois la vanité de ma danse.

4. Il arriva dans la famille une affaire de grande conséquence pour le temporel : la perte fut très-considérable. Cela me valut d'étranges croix durant plus d'un an : non que je me souciasse des pertes que cela causa ; mais il me sembloit que je fusse le but & le blanc de toutes les mauvaises humeurs de la famille. Il faudroit un volume entier pour décrire ce que je souffris durant ce tems. O Dieu, avec quel plaisir vous sacrifiois-je ce temporel, & combien de fois m'abandonnai-je à vous pour mendier mon pain si vous l'aviez voulu ! Ma belle-mere étoit inconsolable. Elle me disoit, ô mon Dieu, de vous prier pour ces choses; mais il m'étoit entierement impossible. Je me sacrifiois à vous au contraire, vous priant instamment de réduire plutôt la famille à la mendicité, que de permettre qu'elle vous offensât. Je me voulois du mal à moi-même d'être si détachée de ces biens : j'excusois ma belle-mere dans mon esprit, & je disois : Si tu avois pris peine à les garder comme elle, tu n'aurois pas tant d'indifférence de les voir enlever : tu jouis de ce qui ne t'a rien couté, & tu recueilles ce que tu n'as pas semé. Toutes ces pensées ne pouvoient me rendre sensible à ces pertes. Je me faisois des idées agréables d'aller à l'hôpital : car nous perdîmes aussi

I. PARTIE. CHAP. VII.

aussi de grandes sommes qui étoient à l'hôtel-de-ville à Paris : il me paroissoit même qu'il n'y avoit point d'état si pauvre & si misérable que je n'eusse trouvé doux au prix de cette persécution continuelle & domestique. Il est incroyable que mon pere, qui m'aimoit si tendrement, & que j'honorois à un point que je ne puis dire, ne sut jamais rien de ce que je souffrois. Dieu le permit ainsi, afin que je l'eusse aussi contraire pour quelque tems : car ma mere lui disoit toujours, que j'étois une ingrate, que je ne faisois plus de cas d'eux, & que j'étois toute à la famille de mon mari. Toutes les apparences me condamnoient véritablement : car je ne voyois pas mon pere & ma mere le quart de ce que j'aurois dû ; mais ils ignoroient la captivité où j'étois, & ce qu'il me falloit soutenir pour les défendre. Ces discours de ma mere, & une occasion fâcheuse qui arriva, alterérent un peu l'amitié de mon pere à mon égard ; ce qui ne dura pas néanmoins longtems. Ma belle-mere me reprochoit qu'il ne leur étoit jamais arrivé d'afflictions que depuis que j'étois entrée dans leur maison ; que tous malheurs y étoient venus avec moi. D'un autre côté ma mere me vouloit parler contre mon mari, ce que je ne pouvois souffrir.

5. J'avoue que ce n'est pas sans une extrême répugnance que je dis ces choses de ma belle-mere, & sur-tout de mon mari : (car mon mari est au ciel, & j'en suis assurée :) j'en ai même du scrupule. Je ne doute point que par des indiscretions, par mon humeur contrariante, par certaines échappées de promptitude qui m'arrivoient quelquefois, je n'aie donné beaucoup de lieu à toutes mes croix : ainsi elles n'avoient pas le prix & le mérite qu'elles eussent eu si j'eusse été plus parfaite. De plus,

quoique j'euſſe alors ce qu'on appelle patience dans le monde, je n'avois pas encore ni le goût ni l'amour de la croix ; c'eſt pourquoi j'ai fait ſur cela quantité de fautes. Il ne faut pas regarder cette conduite, qui paroît déraiſonnable, par des yeux purement humains : il faut remonter plus haut, & voir que Dieu l'ordonnoit ainſi pour mon bien & à cauſe de mon orgueil : car ſi j'euſſe été autrement, je me ſerois perdue. On ne peut pas écrire ces choſes avec plus de répugnance que je le fais ; & ſi je ne craignois pas de déſobéir, j'avoue que je ne continuerois pas.

6. Nous continuïons à perdre de toutes manieres, le roi retranchant quantité de revenus outre cet autre de l'hôtel-de-ville dont j'ai parlé. La méditation, dans laquelle j'étois pour lors, ne me donnoit point une véritable paix dans de ſi grandes peines. Elle procure bien la réſignation, mais non pas la paix & la joie. Je la faiſois cependant deux fois le jour fort exactement, & comme je n'avois pas cette préſence de Dieu fonciere que j'ai eue depuis, je faiſois bien des échappées. Mon orgueil ne laiſſoit pas de ſubſiſter & de ſe ſoutenir malgré tant de choſes qui le devoient écraſer. Je n'avois perſonne ni pour me conſoler, ni pour me conſeiller ; car celle de mes sœurs qui m'avoit élevée, étoit morte pour lors : elle mourut deux mois après mon mariage. Je n'avois point de confiance à l'autre. La vie m'étoit fort ennuieuſe, & d'autant plus, que mes paſſions étoient fort vives : car quoique j'eſſaiaſſe de me ſurmonter, je ne pouvois m'empêcher de me mettre en colere, non plus que de vouloir plaire.

7. Je ne me friſois point, ou très-peu ; je ne me mettois jamais rien au viſage : cependant je n'en étois pas moins vaine. Je me regardois mê-

me très-peu au miroir, afin de ne point entretenir ma vanité; & j'avois pour pratique de lire des livres de dévotion, comme l'Imitation de Jésus-Christ & les Œuvres de S. François de Sales durant que l'on me peignoit; ensorte que comme je lisois tout haut, les domestiques en profitoient. De plus je me laissois accommoder comme on vouloit, demeurant comme on m'avoit mise; ce qui abrége bien de la peine & des sujets de vanité. Je ne sais comme les choses étoient, mais on me trouvoit toujours bien, & les sentimens de ma vanité se réveilloient en toutes choses. S'il arrivoit de certains jours où j'eusse voulu paroître mieux, je l'étois moins; & plus je me négligeois, plus je paroissois. C'étoit une grande pierre d'achopement pour moi. Combien de fois, ô mon Dieu! suis-je allée aux églises moins pour vous prier que pour y être vue! Les autres femmes qui étoient jalouses contre moi, soutenoient que je me fardois, & le disoient à mon confesseur, qui m'en reprenoit quoique je l'assurasse du contraire. Je parlois souvent à mon avantage, & je m'élevois avec orgueil en abaissant les autres: je mentois encore quelquefois, bien que je fisse tous mes efforts pour me défaire de ce vice. Ces fautes diminuoient un peu: car je ne me pardonnois rien, & j'étois fort affligée de les commettre. Je les écrivois toutes, & je faisois des examens fort exacts pour voir d'une semaine à l'autre, d'un mois à un autre, combien je m'étois corrigée. Mais hélas! que mon travail, quoique fatigant, m'étoit peu utile; parce que je mettois presque toute ma confiance en mes soins. Ce n'est pas, ô mon Dieu! que je ne vous priasse avec grande instance de me délivrer de tous ces maux. Je vous priois même de me garder, voyant l'inutilité de mes soins ; & je vous protestois que si vous ne le faisiez pas, je retomberois dans tous mes péchés, & même en de plus grands. Mes grandes croix ne me détachoient pas de moi-même. Elles me rendoient bien indifférente aux biens temporels : elles me faisoient même haïr la vie ; mais elles ne m'ôtoient pas ces sentimens de vanité qui se réveilloient avec force dans toutes les occasions que j'avois de me produire, qui étoient rares, à cause de l'assiduité où j'étois auprès de mon mari. L'église, ô mon Dieu ! étoit le lieu où l'on me voyoit le plus, & où j'étois plus importunée des sentimens de vanité. Il me paroissoit que j'aurois bien voulu être autrement ; mais c'étoit une volonté foible & languissante.

8. L'absence si longue de mon mari, mes traverses & mes ennuis, me firent résoudre de l'aller trouver où il étoit. Ma belle-mere s'y opposa très-fort : mais mon pere l'ayant voulu, on me laissa aller. Je trouvai à mon arrivée qu'il avoit pensé mourir : il étoit fort changé par le chagrin, car il ne pouvoit terminer ses affaires n'ayant nulle liberté d'y vaquer. Il étoit même caché à l'hôtel de Longueville, où madame de Longueville avoit mille bontés pour moi : mais comme je paroissois beaucoup, il craignoit que je ne le fisse reconnoître. Cela lui fit beaucoup de peine, & il vouloit que je m'en retournasse au logis faisant fort le fâché : mais l'amour & le long tems qu'il ne m'avoit vue surmontant toutes les autres raisons, il me fit rester auprès de lui. Il me garda huit jours sans me laisser sortir de sa chambre, parce qu'il craignoit que je ne le fisse connoître : ce qui étoit une terreur panique ; car cela ne faisoit rien à son affaire. Mais comme il craignoit que cela ne me fît malade, il me

pria d'aller me promener dans le jardin, où je rencontrai madame de Longueville, qui resta longtems à m'examiner de toutes manieres. J'étois surprise qu'une personne dont la piété faisoit tant de bruit, s'arrêtât si fort à un extérieur, & parût en faire tant de cas. Elle me témoigna beaucoup de joie de me voir. Mon mari fut fort content; car dans le fond il m'aimoit beaucoup, & j'aurois été fort heureuse avec lui sans les discours continuels dont ma belle-mere l'entretenoit.

9. Je ne puis dire les bontés que l'on me témoigna dans cette maison. Tous les officiers à l'envi me rendoient service : je ne trouvois par-tout que des gens qui m'applaudissoient à cause de ce misérable extérieur. J'étois si scrupuleuse à n'écouter personne sur cela, que j'en étois ridicule. Je ne parlois jamais à un homme seule à seul, & n'en faisois point monter dans mon carosse que mon mari n'y fût quoique ce fussent de mes parens. Je ne donnois jamais la main qu'avec précaution : je n'entrois point dans des carosses d'hommes : enfin il n'y avoit point au monde de mesure que je n'observasse pour ne donner ni aucun soupçon à mon mari, ni aucun sujet de parler de moi. J'avois tant de précaution, ô mon Dieu! pour un vain point d'honneur, & j'en avois si peu pour le véritable honneur, qui est, de ne vous pas déplaire. J'allois si loin là dessus, & mon amour-propre étoit si grand, que si j'avois manqué à une régle de civilité, je n'en dormois de la nuit. Chacun vouloit contribuer à me divertir, & le déhors n'étoit que trop riant pour moi: mais pour le dedans, le chagrin avoit tellement abattu mon mari, qu'il me falloit chaque jour essuier quelque chose de nouveau, & cela fort souvent. Quelquefois il menaçoit de jetter le sou-

per par les fenêtres, & je lui difois, qu'il me feroit bien tort, que j'avois bon appétit. Je riois avec lui pour le gagner, & il s'appaifoit fouvent d'abord, & la maniere dont je lui parlois le touchoit. D'autrefois la mélancolie l'emportoit, fur tout ce que je pouvois faire & fur l'amour qu'il avoit pour moi. Il vouloit que je retournaffe au logis; mais je ne le pouvois vouloir, à caufe de ce que j'avois fouffert en fon abfence. Je remarquois qu'ordinairement après que j'avois été à la meffe, ou que j'avois communié, c'étoit alors qu'il lui prenoit des humeurs plus fâcheufes qui duroient fouvent fort longtems. Vous me donniez, ô mon Dieu, beaucoup de patience, & vous me faifiez la grace de ne lui rien répondre, ou que très-peu de chofe avec douceur; & ainfi le Démon, qui ne prétendoit que de me porter par là à vous offenfer, s'en retournoit confus par l'affiftance finguliere de votre grace, qui malgré les révoltes de la nature, que je fentois vivement, ne permettoit pas que je m'emportaffe.

10. Je devins toute languiffante, car je vous aimois, ô mon Dieu ! & je n'aurois pas voulu vous déplaire. Cette vanité que je fentois, & que je ne pouvois détruire, me faifoit beaucoup de peine. Cela, joint à une longue fuite de chagrins, me fit tomber malade. Comme je ne voulois pas incommoder dans l'hôtel de Longueville, je me fis tranfporter ailleurs, & je fus fi malade & réduite à telle extrémité, qu'après qu'on m'eut tiré en fept jours quarante-huit palettes de fang, & que l'on n'en pouvoit plus avoir, les médecins défefpérérent de ma vie; & cela dura très-longtems. Il n'y avoit nulle apparence que j'en puffe revenir. Le prêtre qui me confeffa,

& qui avoit bien de la piété & du discernement, car il avoit été intime ami de S. François de Sales, parut si content de moi, qu'il disoit que je mourrois comme une sainte. Il n'y avoit que moi, ô mon Dieu! qui n'étois pas contente de moi-même: mes péchés étoient trop présents à mon esprit, & trop douloureux à mon cœur pour avoir cette présomption. On m'apporta le saint Viatique à minuit : c'étoit une désolation générale dans la famille & parmi tous ceux qui me connoissoient. Il n'y avoit que moi à qui la mort étoit indifférente. Je la regardois sans fraieur, & je n'avois nul chagrin de quitter ce misérable corps, dont la vanité m'étoit plus insupportable que la mort : mes croix contribuoient beaucoup à me rendre insensible à son approche. Mon mari étoit inconsolable, & fut si affligé qu'il en pensa mourir. Comme il vit qu'il n'y avoit plus d'espérance, que le mal augmentoit aussi bien que ma foiblesse, que les remédes l'irritoient, qu'on ne trouvoit plus de sang dans mes veines, qui étoient épuisées par la grande quantité de saignées qu'on m'avoit faites; il me voua la fête de S. François de Sales à ce Saint, & fit dire plusieurs messes: ce qui ne fut pas plutôt fait, que je commençai à me mieux porter. Mais ce qui est étrange, c'est que malgré tout son amour, à peine fus-je hors de danger, qu'il commença à se fâcher contre moi. A peine pouvois-je me soutenir moi-même qu'il me falloit soutenir de nouveaux assauts. Cette maladie me fut fort utile: car outre une très-grande patience parmi de très-fortes douleurs, c'est qu'elle m'éclaira beaucoup sur l'inutilité des choses du monde; elle me détacha beaucoup de moi-même, me donna un nouveau courage pour mieux souffrir que je n'avois fait par le passé ; je sentois même que votre amour, ô mon Dieu ! se fortifioit dans mon cœur, avec le désir de vous plaire & de vous être fidelle dans mon état ; & plusieurs autres biens qu'elle me fit, & qu'il seroit inutile de détailler. Je fus encore six mois à trainer d'une fiévre lente & d'un flux hépatique : on croyoit que cela m'emporteroit à la fin : mais, ô mon Dieu ! vous ne vouliez pas encore m'attirer à vous : les desseins que vous aviez sur moi étoient bien autres que cela. Vous ne vous contentiez pas de me faire l'objet de votre miséricorde ; vous vouliez que je fusse la victime de votre justice.

CHAPITRE VIII.

Mort de Mad. sa Mere, & croix qui s'en suivent. Une grande dame, puis son parent religieux commencent à lui parler de l'oraison de présence de Dieu & de silence. Un saint religieux sert à lui faire trouver Dieu dans elle-même avec des effets admirables. Pureté de l'oraison de cœur, de volonté & de foi savoureuse où Dieu la met.

1. ENFIN après bien de la langueur je repris ma premiere santé, & je perdis ma mere, qui mourut comme un Ange ; car Dieu, qui vouloit commencer dès cette vie à récompenser ses grandes aumônes, lui donna une telle grace de détachement, quoiqu'elle ne fût que vingt-quatre heures malade, qu'elle quittoit tout ce qui lui étoit le plus cher sans chagrin. Il arriva quantité de choses dans ce tems que je supprime,

Monsieur, pour ne vous être d'aucune utilité ni pour me faire connoître à vous, ni pour vous servir à vous-même. C'étoit une continuation de rencontres journalieres de croix, & d'occasions de vanité. Cependant je suivois toujours mon petit train pour l'oraison, que je ne manquois jamais de faire deux fois le jour. Je veillois sur moi-même, me surmontant continuellement ; & je faisois beaucoup d'aumônes. J'allois chez les pauvres dans leurs maisons, & les assistois dans leurs maladies : je faisois selon ma lumiere tout le bien que je connoissois, étant assidue à l'Eglise & à rester devant le S. Sacrement m'étant mise pour cela de l'adoration perpétuelle. Vous augmentiez, ô mon Dieu, mon amour & ma patience à mesure que vous augmentiez mes souffrances. Les avantages temporels que ma mere procura à mon frere au-dessus de moi, dont je n'avois nul chagrin, ne laissèrent pas de me causer des croix : car on se prenoit à moi de tout au logis. Je fus aussi fort incommodée dans une seconde grossesse, & même quelque tems malade d'une fievre double-tierce. J'étois toujours foible ; & je ne vous servois point encore, mon Dieu, avec cette vigueur que vous me donnâtes bientôt après. J'aurois bien voulu accorder votre amour avec l'amour de moi-même & des créatures : car j'étois si malheureuse, que j'en trouvois toujours qui m'aimoient & à qui je ne pouvois m'empêcher de vouloir plaire ; non que je les aimasse, mais pour l'amour que je me portois à moi-même.

2. Vous permîtes, ô mon Dieu, que Mad. de Ch. qui étoit exilée, vint chez mon pere, qui lui offrit un corps de logis : ce qu'elle accepta, & y demeura du tems. Cette Dame étoit d'une

piété singuliere & d'un grand intérieur. Comme je la voiois souvent, & qu'elle avoit de l'amitié pour moi, parce qu'elle vit bien que je voulois aimer Dieu, & que d'ailleurs je m'emploiois aux œuvres extérieures de la charité, elle remarqua que j'avois les vertus de la vie active & multipliée, mais que ce n'étoit point dans la simplicité de l'oraison où elle étoit. Elle me touchoit quelquefois un mot sur cette matiere : mais comme l'heure n'étoit point encore venue, je ne la comprenois pas. Elle me servit plus par ses exemples que par ses paroles. Je voiois sur son visage quelque chose qui marquoit une fort grande présence de Dieu, & je remarquois en elle ce que je n'avois encore jamais vû à personne. Je tâchois à force de tête & de pensées de me donner une présence de Dieu continuelle; mais je me donnois bien de la peine, & je n'avançai gueres. Je voulois avoir par effort ce que je ne pouvois acquerir qu'en cessant tout effort. Cette bonne Dame me charma par sa vertu, que je voiois bien au-dessus du commun. Elle, me voiant si multipliée, me disoit souvent quelque chose ; mais il n'étoit pas tems : je ne l'entendois pas. J'en parlois à mon Confesseur, qui me disoit tout le contraire : & comme je lui découvrois ce que mon Confesseur m'avoit dit là dessus, elle n'osoit se déclarer à moi.

3. Le neveu de mon pere, dont (a) j'ai parlé, qui étoit allé à Cochinchine avec M. d'Héliopolis, arriva. Il venoit en Europe pour amener des prêtres. Je fus ravie de le voir, car je me souvins du bien que son premier passage m'avoit porté. Mad. de Ch. n'eut pas moins de joie que moi de le voir; car ils s'entendirent bientôt,

(a) Ci-dessus, Chap. IV. §. 6.

& ils avoient un même langage intérieur, qui étoit aussi connu de la Prieure d'un monastère de Bénédictines appellée Geneviéve Granger, une des plus saintes filles de son tems. La vertu de cet excellent parent me charmoit ; & j'admirois son oraison continuelle sans la pouvoir comprendre. Je m'efforçois de méditer continuellement, de penser sans cesse à vous, ô mon Dieu, de dire des prieres & oraisons jaculatoires : mais je ne pouvois me donner par toutes ces multiplicités ce que vous donnez vous-même, & qui ne s'éprouve que dans la simplicité. J'étois surprise de ce qu'il me disoit qu'il ne pensoit à rien dans l'oraison, & j'admirois ce que je ne pouvois comprendre. Il faisoit tout ce qu'il pouvoit pour m'attacher plus fortement à vous, ô mon Dieu ! il m'assuroit que s'il étoit assez heureux pour endurer le martire, ainsi qu'il l'endura en effet, il vous l'offriroit pour m'obtenir un grand don d'oraison. Nous disions ensemble l'Office de la Ste. Vierge : souvent il s'arrêtoit tout court, parce que la violence de l'attrait lui fermoit la bouche ; & alors il cessoit ces prieres vocales. Je ne savois pas encore ce que c'étoit que cela. Il avoit pour moi une affection incroiable : l'éloignement où il me voioit de la corruption du siecle, l'horreur du péché dans un âge où les autres ne commencent qu'à en goûter les plaisirs (car je n'avois pas dix-huit ans) lui donnoit de la tendresse pour moi. Je me plaignois de mes défauts avec bien de l'ingénuité ; car j'ai toujours été assez éclairée là-dessus : mais comme la difficulté que je trouvois à les corriger entierement m'abattoit beaucoup le courage, il me soutenoit, & m'exhortoit à me supporter moi-même. Il auroit bien voulu me donner une autre méthode d'oraison qui eût été plus efficace pour me défaire de moi-même ; mais je ne donnois point de lieu à cela.

4. Je crois que ses prieres furent plus efficaces que ses paroles : car il ne fut pas plutôt hors de chez mon pere que vous eûtes compassion de moi, ô mon divin Amour. Le désir que j'avois de vous plaire, les larmes que je versois, le grand travail que je faisois & le peu de fruit que j'en retirois, vous émûrent de compassion. Vous me donnâtes en un moment par votre grace & par votre seule bonté ce que je n'aurois pû me donner moi-même par tous mes efforts. Voilà l'état où étoit mon ame lorsque par une bonté d'autant plus grande que je m'en étois rendue plus indigne, sans avoir égard ni à vos graces rebutées, ni à mes péchés, non plus qu'à mon extrême ingratitude, me voiant ramer avec tant de fatigue sans aucun secours, vous envoiâtes, ô mon divin Sauveur, le vent favorable de votre opérer divin, pour me faire marcher à pleines voiles sur cette mer d'afflictions. La chose arriva comme je vais dire.

5. Je parlois souvent à mon Confesseur de la peine que j'avois de ne pouvoir méditer ni me rien imaginer. Les sujets d'oraison trop étendus m'étoient inutiles, & je n'y comprenois rien : ceux qui étoient fort courts & pleins d'onction m'accommodoient mieux. Ce bon pere ne me comprenoit pas. Enfin Dieu permit qu'un bon Religieux fort intérieur de l'ordre de S. François passa où nous étions. Il vouloit aller par un autre endroit, tant pour abréger le chemin, qu'afin de se servir de la commodité de l'eau : mais une force secrete lui fit changer de dessein, & l'obligea de passer par le lieu de ma demeure. Il vit bien d'abord qu'il y

avoit là quelque chose à faire pour lui. Il se figura que Dieu l'appelloit pour la conversion d'un homme de considération de ce pays : mais ses efforts furent inutiles : c'étoit la conquête de mon ame que vous vouliez faire par lui. O mon Dieu ! il semble que vous oubliyez tout le reste pour ne penser qu'à ce cœur ingrat & infidele. Sitôt que ce bon Religieux fut arrivé au pays, il alla voir mon pere, qui en fut bien aise, & qui se trouvant malade environ ce tems-là, pensa mourir de cette maladie. J'étois alors en couche de mon second fils. On me cacha le mal de mon pere pendant quelque tems pour ménager ma santé ; cependant une personne indiscrette me l'ayant appris, je me levai toute malade que j'étois, & j'allai le voir. La précipitation avec laquelle je relevai de couche me causa une dangereuse maladie. Mon pere guérit ; non pas tout-à-fait, mais assez pour me donner de nouvelles marques de son affection. Je lui dis le désir que j'avois de vous aimer, ô mon Dieu, & la douleur où j'étois de ne le pouvoir faire selon mon desir. Mon pere, qui m'aimoit fort & uniquement, crut ne m'en pouvoir donner une marque plus solide qu'en me procurant la connoissance de ce bon Religieux. Il me dit ce qu'il connoissoit de ce saint homme & qu'il vouloit que je le visse. J'en fis d'abord bien de la difficulté, parce que je n'allois jamais voir de Religieux. Je croiois devoir en user de la sorte, afin d'observer les règles de la plus rigoureuse sagesse. Cependant les instances que mon pere me fit, me tinrent lieu d'un commandement absolu. Je crus que je ne pouvois me mal trouver d'une chose que je ne faisois que pour lui obéir.

6. Je pris avec moi une de mes parentes, & j'y allai. De loin qu'il me vit, il demeura tout

interdit : car il étoit fort exact à ne point voir de femmes ; & une solitude de cinq ans dont il sortoit, ne les lui avoit pas rendues peu étrangeres. Il fut donc fort surpris que je fusse la premiere qui se fût adressée à lui ; & ce que je lui dis, augmenta sa surprise, ainsi qu'il me l'avoua depuis, m'assurant que mon extérieur & la maniere de dire les choses l'avoient interdit, de sorte qu'il ne savoit s'il rêvoit. Il n'avança qu'à peine, & fut un grand tems sans me pouvoir parler. Je ne savois à quoi attribuer son silence. Je ne laissai pas de lui parler, & de lui dire en peu de mots mes difficultés sur l'oraison. Il me repliqua aussitôt : *C'est, Madame, que vous cherchez au dehors ce que vous avez au-dedans. Accoutumez-vous à chercher Dieu dans votre cœur, & vous l'y trouverez.* En achevant ces paroles il me quitta.

7. Le lendemain matin il fut bien autrement étonné lorsque je fus le voir, & que je lui dis l'effet que ces paroles avoient fait dans mon ame ; car il est vrai qu'elles furent pour moi un coup de fléche, qui percèrent mon cœur de part en part. Je sentis dans ce moment une plaie très-profonde, autant délicieuse qu'amoureuse ; plaie si douce, que je désirois n'en guérir jamais. Ces paroles mirent dans mon cœur ce que je cherchois depuis tant d'années, ou plutôt, elles me firent découvrir ce qui y étoit & dont je ne jouissois pas faute de le connoître. O mon Seigneur, vous étiez dans mon cœur & vous ne demandiez de moi qu'un simple retour au dedans pour me faire sentir votre présence ! O bonté infinie, vous étiez si proche, & j'allois courant çà & là pour vous chercher, & je ne vous trouvois pas. Ma vie étoit misérable, & mon bonheur étoit au dedans de moi. J'étois dans la pauvreté au milieu

des richesses ; & je mourois de faim près d'une table préparée & d'un festin continuel. O beauté ancienne & nouvelle, pourquoi vous ai-je connue si tard ? Hélas ! je vous cherchois où vous n'étiez pas, & je ne vous cherchois pas où vous étiez. C'étoit faute d'entendre ces paroles de votre Evangile, lorsque vous dites : (a) *Le Royaume de Dieu n'est point ici ou la; mais le Royaume de Dieu est au-dedans de vous.* Je l'éprouvai bien d'abord ; puisque dès lors vous fûtes mon Roi, & mon cœur devint votre royaume, où vous commandiez en souverain, & où vous faisiez toutes vos volontés. Car ce que vous faites dans une ame lorsque vous y venez comme Roi, est le même que vous fîtes venant au monde pour être Roi des Juifs. (b) *Il est écrit de moi,* dit ce divin Roi, *à la tête du livre que je ferai votre volonté.* C'est ce qu'il écrit d'abord à l'entrée du cœur où il vient règner.

8. Je dis à ce bon Pere, que je ne savois pas ce qu'il m'avoit fait, que mon cœur étoit tout changé, que Dieu y étoit, & que je n'avois plus de peine à le trouver ; car dès ce moment il me fut donné une expérience de sa préfence dans mon fond ; non par pensée ou par application d'esprit, mais comme une chose que l'on posséde réellement d'une maniere très-suave. J'éprouvois ces paroles de l'Epouse des Cantiques : (c) *Votre Nom est comme une huile répandue ; c'est pourquoi les jeunes filles vous ont aimé :* car je sentois dans mon ame une onction qui comme un baume salutaire guérit en un moment toutes mes plaies, & qui se répandoit même si fort sur mes sens, que je ne pouvois presque ouvrir la bouche ni les yeux. Je ne dormis point de toute cette

(a) Luc 17. v. 21.   (b) Hebr. 10. v. 7.   (c) Cant. 1. v. 2.

nuit; parce que votre amour, ô mon Dieu, étoit non-seulement pour moi, comme une huile délicieuse; mais encore comme un feu dévorant, qui allumoit dans mon ame un tel incendie qu'il sembloit devoir tout dévorer en un instant. Je fus tout-à-coup si changée, que je n'étois plus reconnoissable ni à moi-même ni aux autres; je ne trouvois plus ni ces défauts ni ces répugnances : tout me paroissoit consumé comme une paille dans un grand feu.

9. Ce bon Pere ne pouvoit cependant se résoudre de se charger de ma conduite, quoiqu'il eût vû un changement si surprenant de la droite de Dieu. Plusieurs raisons le portoient à s'en défendre : mon extérieur, qui lui donnoit beaucoup d'appréhension ; mon extrême jeunesse, car je n'avois que dix-neuf ans; & une promesse qu'il avoit faite à Dieu par défiance de lui-même, de ne se charger jamais de la conduite d'aucune personne du sexe à moins que notre Seigneur ne l'en chargea par une providence particuliere. Il me dit donc, sur les instances que je lui fis afin qu'il me prît sous sa conduite, de prier Dieu pour cela; qu'il le feroit de son côté. Comme il étoit en oraison, il lui fut dit : *Ne crains point de te charger d'elle; c'est mon épouse.* O mon Dieu, permettez-moi de vous dire que vous n'y pensiez pas. Quoi! votre épouse, ce monstre effroiable d'ordure & d'iniquité qui n'avoit fait que vous offenser, abuser de vos graces & paier vos bontés d'ingratitude ! Ce bon pere me dit après cela, qu'il vouloit bien me conduire.

10. Rien ne m'étoit plus facile alors que de faire oraison : les heures ne me duroient que des momens, & je ne pouvois ne la point faire: l'Amour ne me laissoit pas un moment de repos.

Je

Je lui difois : ô mon Amour ! c'est assez : laissez moi. Mon oraison fut dès le moment dont j'ai parlé vide de toutes formes, especes, & images : rien ne se passoit de mon oraison dans la tête ; mais c'étoit une oraison de jouïssance & de possession dans la volonté, où le goût de Dieu étoit si grand, si pur, & si simple, qu'il attiroit & absorboit les deux autres puissances de l'ame dans un profond recueillement, sans acte ni discours. J'avois cependant quelquefois la liberté de dire quelques mots d'amour à mon Bien-aimé : mais ensuite tout me fut ôté. C'étoit une oraison de foi, qui excluoit toute distinction : car je n'avois aucune vue ni de Jésus-Christ, ni des attributs divins : tout étoit absorbé dans une foi savoureuse, où toutes distinctions se perdoient pour donner lieu à l'amour d'aimer avec plus d'étendue, sans motifs, ni raisons d'aimer. Cette souveraine des puissances, la volonté, engloutissoit les deux autres, & leur ôtoit tout objet distinct pour les mieux unir en elle, afin que le distinct en ne les arrêtant pas, ne leur ôtât pas la force unitive, & ne les empêchât pas de se perdre dans l'amour. Ce n'est pas qu'elles ne subsistassent dans leurs opérations inconnues & passives ; mais c'est que la lumiere de la foi comme une lumiere générale, pareille à celle du Soleil, absorbe toutes les lumieres distinctes, & les met en obscurité à notre égard, parce que l'excès de sa lumiere les surpasse toutes.

CHAPITRE IX.

Digreſſion ſur les dons de viſions, d'extaſes, de paroles intérieures, de révélations, de raviſſemens. Ce qu'il y a de ſujet à l'illuſion ou d'aſſuré dans tout cela. Solidité de l'état où Dieu la mit.

1. C'est donc là l'oraiſon qui me fut communiquée d'abord, qui eſt bien au-deſſus des extaſes, & des raviſſemens, des viſions, &c. parce que toutes ces graces ſont bien moins pures.

Les viſions ſont dans les puiſſances inférieures à la volonté, & leur effet doit toujours ſe terminer à la volonté, & dans la ſuite elles doivent ſe perdre dans l'expérience de ce que l'on voit, connoît & entend dans ſes états, ſans quoi, l'ame n'arriveroit jamais à la parfaite union. Ce qu'elle auroit alors, qu'elle nommeroit même du nom d'union, ſeroit une union médiate & un écoulement des dons de Dieu dans les puiſſances; mais ce n'eſt pas Dieu même : de ſorte qu'il eſt de très-grande conſéquence d'empêcher les ames de s'arrêter aux viſions & aux extaſes; parce que cela les arrête preſque toute leur vie. De plus, ces graces ſont fort ſujettes à l'illuſion; parce que ce qui a forme, image & diſtinction, le démon le peut contrefaire, auſſi-bien que le goût ſenſible : mais ce qui eſt dégagé de toutes formes, images, eſpèces, & au-deſſus des choſes ſenſibles, le Diable n'y peut entrer.

2. De ces ſortes de dons, les moins purs & parfaits & les plus ſujets à l'illuſion ce ſont les viſions & les extaſes. Les raviſſemens & les ré-

vélations ne le font pas tout-à-fait tant, quoiqu'ils ne le foient pas peu.

3. La *vifion* n'eft jamais de Dieu même, ni prefque jamais de Jéfus-Chrift, comme ceux qui l'ont fe l'imaginent : c'eft un Ange de lumiere, qui felon le pouvoir qui lui en eft donné de Dieu, fait voir à l'ame fa repréfentation, qu'il prend lui-même. Il me paroît que les apparitions que l'on croit de Jéfus-Chrift même, font à peu-près comme le Soleil qui fe peint dans un nuage avec de fi vives couleurs, que celui qui ne fait pas ce fecret, croit que c'eft le Soleil même, cependant ce n'eft que fon image. Jéfus-Chrift fe peint lui-même de cette forte dans l'intelligence ; ce qu'on nomme Vifions *intellectuelles*, qui font les plus parfaites, ou [cela fe fait] par les Anges, qui étant de pures intelligences, peuvent être imprimées ainfi, & fe montrer de la forte. St. François d'Affife, très-éclairé fur les vifions, n'a jamais attribué à Jéfus-Chrift même l'impreffion de fes ftigmates, mais à un Séraphin, qui étant effigié de Jéfus-Chrift les lui imprima. L'imagination s'imprime auffi des fantômes & des repréfentations faintes : Il y en a encore des corporelles : l'une & l'autre forte font les plus groffieres & les plus fujettes à l'illufion. C'eft de ces fortes de chofes dont parle St. Paul lorfqu'il dit : que (a) l'*Ange de ténèbres fe transfigure en Ange de lumiere* : ce qui arrive ordinairement lorfque l'on fait cas des vifions, qu'on les eftime, qu'on s'y arrête ; parce que toutes ces chofes donnent de la vanité à l'ame ou du moins l'empêchent de courir au feul inconnu,

---

(a) 2. Cor. 11. v. 14.

qui est au-dessus de toute vue, connoissance, & lumiere selon que l'explique St. Denis.

4. L'*extase* vient d'un goût sensible, qui est une sensualité spirituelle, où l'ame se laissant trop aller à cause de la douceur qu'elle y trouve, tombe en défaillance. Le Diable donne de ces sortes de douceurs sensibles pour amorcer l'ame, lui faire haïr la croix, la rendre sensuelle, & lui donner de la vanité & de l'amour d'elle-même, l'arrêter aux dons de Dieu, & l'empêcher de suivre Jésus-Christ par le renoncement & la mort à toutes choses.

5. Les *paroles intérieures distinctes* sont aussi fort sujettes à l'illusion : le Diable en forme beaucoup : & quand elles seroient du bon Ange, (car Dieu ne parle point de cette sorte,) elles ne signifient pas toujours tout ce qu'elles sonnent & l'on voit très-peu arriver ce qui est dit de cette sorte. Car lors que Dieu fait porter de ces sortes de paroles par ses Anges, il entend les choses à sa maniere, & nous les prenons à la nôtre ; & c'est ce qui nous trompe.

6. La parole de Dieu *immédiate* n'est autre que l'expression de son Verbe dans l'ame, parole *substantielle*, qui n'a aucun son ni articulation, parole vivifiante & opérante, selon qu'il est écrit : (*a*) *dixit & facta sunt* : parole qui n'est jamais un moment muette ni infructueuse : parole qui ne cesse jamais dans le centre de l'ame lors qu'il est disposé pour cela, & qui s'en retourne aussi pure à son principe qu'elle en est sortie : parole où il n'y eut jamais de méprise : parole qui fait que Jésus-Christ devient la vie de l'ame, puis qu'elle n'est autre que lui-même comme Verbe : parole qui a une efficace admirable, non seulement

(*a*) Ps. 32. v. 9. *Il a parlé, & tout a été fait.*

dans l'ame où elle est reçue, mais qui se communique en d'autres ames par celle-là comme un germe divin qui les fait fructifier pour la vie éternelle : parole toujours muette, & toujours éloquente : parole qui n'est autre que vous-même, ô mon Dieu ! Verbe fait chair : parole qui est le baiser de la bouche & l'union immédiate & essentielle que vous êtes, infiniment élevée au-dessus de ces paroles créées, bornées, & intelligibles.

7. Les *révélations de l'avenir* sont aussi fort dangereuses ; & le Démon les peut contrefaire sur des augures, comme il faisoit autrefois dans les temples des payens, où il rendoit des oracles. Quand même elles seroient de Dieu par le ministére de ses Anges, il faut les outrepasser, sans s'y arrêter ; parce que nous ne comprenons pas ce qu'elles signifient, les vraies révélations étant toujours fort obscures. De plus, c'est que cela amuse l'ame extrêmement, l'empêche de vivre dans l'abandon total à la divine providence, donne de fausses assurances & des espérances frivoles, occupe l'esprit des choses futures, & empêche de mourir à tout & d'outrepasser toutes choses pour suivre Jésus-Christ nud, dépouillé de tout.

8. La *révélation de Jésus-Christ* (a) dont parle St. Paul, est bien différente de celle-là ; elle est manifestée à l'ame lorsque la parole éternelle lui est communiquée ; révélation qui nous fait devenir d'autres (b) Jésus-Christs en terre par participation, & qui fait qu'il s'exprime lui-même en nous. C'est cette révélation, qui est toujours véritable, que le Démon ne peut contrefaire.

9. Les *ravissemens* viennent d'un autre principe. C'est que Dieu attire l'ame fortement pour l

---

(a) Gal. 1. v. 16. (b) Gal 2. v. 20.

faire sortir d'elle-même & la perdre en lui ; & de tous les dons que j'ai décrits, c'est le plus parfait : mais l'ame étant encore arrêtée par sa propriété, elle ne peut sortir d'elle-même : de sorte qu'étant attirée d'un côté & retenue de l'autre, c'est ce qui opère le ravissement ou le vol d'esprit, qui est plus violent que l'extase, & élève quelquefois même le corps de terre. Cependant ce que les hommes admirent si extraordinairement, est une imperfection & un défaut dans la créature.

10. Le *véritable ravissement* & l'extase parfaite s'opérent par l'anéantissement total, où l'ame perdant toute propriété, passe en Dieu sans effort & sans violence comme dans le lieu qui lui est propre & naturel. Car Dieu est le centre de l'ame ; & dès que l'ame est dégagée des propriétés qui l'arrêtoient en elle-même ou dans les autres créatures, elle passe infailliblement *en Dieu*, où elle (a) *demeure cachée avec Jésus-Christ*. Mais cette extase ne s'opère que par la foi nue, la mort à toutes choses créées, même aux dons de Dieu, qui étant des créatures, empêchent l'ame de tomber dans le seul incréé. C'est pourquoi je dis, qu'il est de grande conséquence de faire outre-passer tous ces dons, quelques sublimes qu'ils paroissent : parce que tant que l'ame y demeure, elle ne se renonce pas véritablement, & ainsi ne passe jamais en Dieu même, quoiqu'elle soit dans ces dons d'une maniere très-sublime ; mais restant ainsi dans les dons, elle perd la jouissance réelle du donateur, qui est une perte inestimable.

11. Vous me mîtes, ô mon Dieu, par une

(a) Col. 3. v. 3.

bonté inconcevable dans un état très-épuré, très-ferme & très-solide. Vous prites possession de ma volonté, & vous y établites votre trône : & afin que je ne me laissasse pas aller à ces dons, & ne me dérobasse pas à votre amour, vous me mîtes d'abord dans une union des puissances, & dans une adhérence continuelle à vous. Je ne pouvois faire autre chose que de vous aimer d'un amour aussi profond que tranquille, qui absorboit toute autre chose. Les ames qui sont prises de cette sorte, sont les plus avantagées, & elles ont moins de chemin à faire. Il est vrai que (a) quand vous les avancez si fort, ô mon Dieu, elles doivent s'attendre à de fortes croix & à des morts cruelles, surtout si elles sont touchées d'abord de beaucoup de foi, d'abandon, de pur amour, de désintéressement, & d'amour du seul intérêt de Dieu seul, sans retour sur soi-même. Ce furent ces dispositions que vous mîtes d'abord en moi, avec un desir si véhément de souffrir pour vous, que j'en étois toute languissante. Je fus soudain dégoutée de toutes les créatures; tout ce qui n'étoit point mon Amour, m'étoit insupportable. La croix, que j'avois portée jusqu'alors par résignation, devint mes délices & l'objet de mes complaisances.

(a) *Ceci est remarquable pour comprendre la raison des mortifications suivantes, que Dieu n'exige pas de toutes sortes de personnes.*

CHAPITRE X.

Ses grandes austérités & mortifications, mais dirigées de Dieu (comme celles de Sainte Cathérine de Genes.) Effet des Sermons & de la parole de Dieu sur elle. Son absorbement en Dieu. De l'anéantissement, puis de l'union des puissances par celle de la volonté & par la charité. Sureté de la lumiere générale de la foi passive. De l'Union centrale, ou Unité.

J'ÉCRIVOIS tout cela à ce bon Pere, qui en étoit plein de joie & d'étonnement. O Dieu, quelles pénitences l'amour des souffrances ne me faisoit-il point faire ! Je faisois toutes les austérités que je pouvois imaginer ; mais tout cela étoit trop foible pour contenter le desir que j'avois de souffrir. Quoique mon corps fut très-délicat, les instrumens de pénitence me déchiroient sans me faire douleur, à ce qu'il me paroissoit. Je prenois tous les jours de longues disciplines, qui étoient avec des pointes de fer : elles me tiroient bien du sang, & me meurtrissoient ; mais elles ne me satisfaisoient pas, & je les regardois avec mépris & indignation ; car elles ne pouvoient me contenter : & comme je n'avois que peu de force, que ma poitrine étoit d'une extrême délicatesse, je me lassois les bras & m'éteignois la voix sans me faire de mal. Je portois des ceintures de crin & de pointes de fer : les premieres me paroissoient un jeu d'amour propre, & les dernieres me faisoient une extrême douleur en les mettant & les ôtant ; & cependant lorsque je les avois, elles ne me faisoient point de mal. Je me déchirai de ronces, d'épines, & d'orties que je gardois sur moi : la douleur de celles-ci me faisoit faillir le cœur & m'ôtoit entierement le sommeil, sans que je pusse durer ni assise ni couchée, à cause des pointes qui restoient dans ma chair. C'étoit de ces dernieres que je me servois lors que j'en pouvois trouver : car elles me satisfaisoient plus qu'aucunes. Je tenois très-souvent de l'absinte dans ma bouche, & je mettois de la coloquinte dans mon manger, quoique je mangeasse si peu que je m'étonne comment je pouvois vivre : aussi étois-je toujours malade ou languissante. Si je marchois, je mettois des pierres dans mes souliers. C'étoit, ô mon Dieu, ce que vous m'inspirâtes d'abord de faire, aussi-bien que de me priver de tous les contentemens les plus innocens. Tout ce qui pouvoit flatter mon goût, lui étoit refusé : tout ce qui lui faisoit le plus de peine, lui étoit donné. Mon cœur, qui jusqu'alors étoit si délicat que la moindre saleté le faisoit soulever avec des efforts incroiables, n'ôsoit témoigner une répugnance, qu'il ne se vît aussi-tôt contraint de prendre ce qui le faisoit crever ; & 'cela tant, & si long-tems, qu'il ne lui resta plus aucune répugnance. Mon goût, qui jusqu'alors ne pouvoit manger presque de rien, fut forcé de manger tout sans discernement, sans qu'il parût même qu'il fût encore en état de faire un choix.

2. Il y a deux choses, Monsieur, que je ne vous dirois pas si vous ne m'aviez défendu de vous rien cacher. C'est que j'avois un tel dégoût pour les crachats, que lors que je voiois ou entendois cracher quelqu'un, j'avois envie de vomir, & faisois des efforts étranges. Il me fallut, un jour que j'étois seule & que j'en apperçus un

le plus vilain que j'aye jamais vû, mettre ma bouche & ma langue dessus : l'effort que je me fis, fut si étrange, que je ne pouvois en revenir ; & j'eus des soulévemens de cœur si violens, que je crus qu'il se romproit en moi quelque veine, & que je vomirois le sang. Je fis cela tout autant de tems que mon cœur y répugna : ce qui fut assez long : car je ne pouvois me surmonter en ces choses.

3. Je ne faisois point cela par pratique, ni par étude, ni avec prévoiance. Vous étiez continuellement en moi, ô mon Dieu ! & vous étiez un exacteur si sévere, que vous ne me laissiez pas passer la moindre chose. Lorsque je pensois faire quelque chose, vous m'arrêtiez tout court, & me faisiez faire sans y penser toutes vos volontés & tout ce qui répugnoit à mes sens, jusqu'à ce qu'ils fussent si souples, qu'ils n'eussent pas le moindre penchant, ni la moindre répugnance. Pour l'autre chose que je viens de dire c'est qu'il me fallut prendre du pus & lécher des emplâtres : je pansois tous les blessés qui venoient à moi, & donnois des remèdes aux malades. Cette mortification dura long-tems ; mais sitôt que le cœur ne répugnoit plus, & qu'il prenoit également les plus horribles choses comme les meilleures, la pensée m'en étoit ôtée entierement, & je n'y songeois plus depuis : car je ne faisois rien de moi-même ; mais je me laissois conduire à mon Roi, qui gouvernoit tout en souverain.

4. J'ai fait plusieurs années les premieres austérités ; mais pour ces choses-ci, en moins d'un an mes sens furent assujettis : rien ne les éteints si vîte que de leur refuser tout ce qu'ils appétent, & leur donner ce qu'ils répugnent. Le reste ne fait pas tant mourir ; & les austérités, quelques grandes

qu'elles soient, si elles ne sont accompagnées de ce que je viens de dire, laissent toujours les sens en vigueur, & ne les amortissent jamais : mais ceci, joint au recueillement, leur arrache entierement la vie.

5. Lors que le bon Pere, dont j'ai parlé, me demandoit comment j'aimois Dieu, je lui disois, que je l'aimois plus que l'amant le plus passionné n'aimoit sa maîtresse ; que cette comparaison étoit encore impropre, puisque l'amour des créatures ne peut jamais atteindre là ni par sa force ni par sa profondeur. Cet amour étoit si continuel & m'occupoit toujours, & si fort, que je ne pouvois penser à autre chose. Cette touche si profonde, cette plaie si délicieuse & amoureuse me fut faite à la Madelaine, (l'an 1668.) & ce Pere qui prêchoit très-bien, fut prié de la prêcher à la paroisse dont j'étois, qui étoit sous l'invocation de la Madelaine. Il fit trois Sermons admirables sur cette matiere. Je m'apperçus alors d'un effet que me faisoient les Sermons, qui est, que je ne pouvois presque entendre les paroles & ce que l'on disoit : ils me faisoient d'abord impression sur le cœur, & m'absorboient si fort en Dieu, que je ne pouvois ni ouvrir les yeux, ni entendre ce qui se disoit. Entendre nommer votre Nom, ô mon Dieu, ou votre amour, étoit capable de me mettre dans une profonde oraison ; & j'éprouvois que votre parole faisoit une impression sur mon cœur directement, & qu'elle faisoit tout son effet sans l'entremise de la réflexion & de l'esprit : & j'ai toujours éprouvé cela depuis, quoique d'une maniere différente, selon les différens dégrés & états par où j'ai passé. Cela m'étoit alors plus sensible. Je ne pou-

vois presque plus prononcer de prieres vocales.

6. Cet absorbement en Dieu où j'étois, absorboit toutes choses. Je ne pouvois plus voir les Saints ni la Sainte Vierge hors de Dieu ; mais je les voiois tous en lui, sans les pouvoir distinguer de lui qu'avec peine ; & quoique j'aimasse tendrement certains Saints, comme S. Pierre, S. Paul, Ste Madelaine, Ste Thérése, tous ceux qui avoient de l'intérieur, je ne pouvois cependant m'en faire d'especes, ni les invoquer hors de Dieu.

7. Le deuxieme d'Août de la même année, qui n'étoit que quelques semaines après ma (a) blessure, l'on faisoit la Fête de Notre Dame de Portioncule dans le Couvent où étoit ce bon Pere, mon Directeur. J'allai dès le matin pour gagner les indulgences, & je fus bien surprise lors que je vis que je n'en pouvois venir à bout. Je fis tous mes efforts pour cela ; mais en vain : je restai plus de cinq heures de suite à l'Eglise sans rien avancer. Je fus pénétrée d'un trait de pur amour si vif, que je ne pouvois pas me résoudre d'abréger les peines dues à mes péchés par les indulgences : si elles avoient donné des peines & des croix, je les aurois gagnées. Je vous disois, ô mon Amour. „ Je veux souffrir pour vous,
„ n'abrégez point mes peines : ce seroit abréger
„ mes plaisirs : je n'en trouve qu'en souffrant pour
„ vous. Les indulgences sont bonnes pour ceux
„ qui ne connoissent point le prix de la souffran-
„ ce, qui n'aiment pas que votre divine justice
„ se satisfasse ; & qui ayant une ame mercénaire,
„ craignent moins de vous déplaire qu'elles n'ap-

_____
(a) c. à d. *La blessure spirituelle & intérieure du cœur.* Voi. Chap. VIII. §. 7.

„ préhendent la peine qui est attachée au péché ". Mais craignant de me méprendre, & de faire une faute en ne gagnant point les indulgences, (car je n'avois jamais ouï dire que l'on pût être de cette façon,) je faisois de nouveaux efforts pour les gagner; mais inutilement : enfin ne sachant plus que faire, je dis à Notre Seigneur : s'il faut nécessairement gagner les indulgences transférez les peines de l'autre vie en celle-ci.

Sitôt que je fus de retour au logis, j'écrivis à ce bon Pere ma disposition & mes sentimens avec tant de facilité, & une maniere de m'énoncer si aisée, que prêchant ce jour-là il en fit le troisieme point de son Sermon, le disant mot à mot comme je l'avois écrit.

8. Je quittai toutes les compagnies : je renonçai pour jamais aux jeux & aux divertissemens, à la danse, aux promenades inutiles. Il y avoit près de deux ans que j'avois quitté la frisure : j'étois cependant fort bien mise; car mon mari le souhaitoit de la sorte. Mon unique divertissement étoit de dérober des momens pour être seule avec vous, ô mon unique Amour ! tout autre plaisir m'étoit une peine, & non pas un plaisir. Je ne perdois point votre présence, qui m'étoit donnée par une infusion autant divine que continuelle; non comme je m'étois imaginée, par effort de tête, ni à force de penser à vous, mon divin Amour; mais dans le fond de la volonté, où je goûtois avec une douceur ineffable la réelle jouissance de l'objet aimé : non pourtant comme dans la suite, par une union essentielle; mais par une union véritable, dans la volonté, qui me faisoit goûter par une heureuse expérience que l'ame est créée pour jouir de vous, ô mon

Dieu. Cette union eſt la plus parfaite de toutes celles qui s'opèrent dans les puiſſances. Son effet eſt auſſi bien plus grand : car les unions des autres puiſſances éclairent l'eſprit & abſorbent la mémoire ; mais ſi elles ne ſont accompagnées de celle-ci, elles ſont peu utiles ; parce qu'elles ne font que des effets paſſagers. L'union de la volonté porte avec elle en eſſence & en réalité ce que les autres n'ont qu'en diſtinction ; & de plus, elle ſoumet l'ame à ſon Dieu, la conforme à tous ſes vouloirs, fait mourir peu à peu en elle toute volonté propre, & enfin attirant avec elle les autres puiſſances par le moien de la charité dont elle eſt pleine, elle les fait peu à peu ſe réunir dans ce centre, & s'y perdre en ce qu'elles ont de propre opérer & de naturel

9. Cette perte eſt appellée *Anéantiſſement des puiſſances* : ce qui ne ſe doit point entendre d'un anéantiſſement phyſique : cela ſeroit ridicule : mais elles paroiſſent anéanties quant à notre égard, quoiqu'elles reſtent toujours ſubſiſtantes. Cet anéantiſſement ou perte des puiſſances ſe fait de cette maniere. C'eſt qu'à meſure que la charité remplit & enflamme *la volonté* en la maniere que nous avons dit, cette *charité* devient ſi forte, qu'elle ſurmonte peu à peu toute l'activité de cette volonté pour l'aſſujettir à celle de Dieu : de ſorte que lorſque l'ame eſt docile à ſe laiſſer conſommer & purifier par elle, & vuider de tout ce qu'elle a de propre & d'oppoſé à la volonté de Dieu, elle ſe trouve peu à peu vuide de toute volonté propre, & miſe dans une ſainte *indifférence* pour ne vouloir que ce que Dieu fait & veut. Ceci ne peut jamais ſe conſommer par l'activité de notre volonté ; quand même elle ſeroit em-

ploiée en résignations continuelles ; parce que ce sont autant d'actes propres, qui quoique fort vertueux, font toujours subsister la volonté en elle-même, & par conséquent la tiennent en multiplicité, en distinction, en dissemblance de celle de Dieu. Mais lorsque la volonté demeure soumise, & ne fait que souffrir librement & volontairement, apportant son concours qui est sa soumission à se laisser surmonter & détruire par l'activité de la charité ; celle-ci, en absorbant la volonté en elle, la consomme dans celle de Dieu, la purifiant auparavant de toute restriction, dissemblance, & propriété.

10. Il en est de même des deux autres puissances, où par le moien de la charité, les deux autres vertus Théologales sont introduites : *la foi* s'empare si fort de *l'entendement*, qu'elle le fait défaillir à tout raisonnement, à toutes les lumieres distinctes, à toutes les clartés & illustrations particulieres, fussent-elles les plus sublimes ; ce qui fait voir combien les visions, révélations, extases, &c. sont contraires à ceci, & empêchent la perte de l'ame en Dieu, quoique par là elle y paroisse perdue pour des momens : mais ce n'est point une vraie perte, puisque l'ame qui est vraiement perdue en Dieu, ne se retrouve plus : c'est plutôt un simple absorbement, si la chose est dans la volonté ; ou un éblouissement, si elle est dans l'esprit, qu'une perte. Je dis donc, que la foi fait perdre à l'ame toute lumiere distincte, & l'absorbe en la surmontant, pour la mettre dans sa lumiere, qui est au-dessus de toute lumiere, lumiere générale & indistincte, qui paroît ténébres à l'égard de l'ame propre qui en est éclairée ; parce que sa trop grande clarté fait qu'on ne peut

ni la discerner ni la connoître, comme nous ne pouvons discerner le Soleil & sa lumiere, quoi qu'à la faveur de cette lumiere nous discernions si parfaitement les objets, qu'elle nous empêche même de nous y méprendre.

11. Comme l'on voit que le Soleil absorbe dans sa lumiere générale toutes les petites lumieres distinctes des étoiles, mais que ces petites lumieres en elles-mêmes se discernent fort bien, sans pourtant nous pouvoir bien éclairer : de même ces visions, extases &c. se discernent fort bien à cause de leur peu d'étendue ; mais cependant, en se faisant distinguer elles-mêmes, elles ne peuvent pourtant nous mettre dans la vérité, ni nous faire voir les objets tels qu'ils sont : au contraire, elles nous feroient plutôt méprendre par leur fausse lueur. Il en est pareillement de même de toutes les autres lumieres qui ne sont pas celles de la foi passive, lumiere infuse, foi don du Saint-Esprit, qui a le pouvoir de détromper l'esprit, & en obscurcissant les propres lumieres de l'entendement le mettre dans la lumiere de vérité, qui, quoique moins satisfaisante pour lui, est pourtant mille fois plus sûre que toute autre, & est proprement la vraie lumiere de cette vie, jusqu'à ce que Jésus-Christ, lumiere éternelle, s'éleve dans l'ame, & l'éclaire de lui-même, lui, (a) *Qui éclaire tout homme venant au monde* de la nouvelle vie en Dieu. Ceci est relevé, mais je me laisse emporter à l'esprit qui me fait écrire.

12. La *mémoire* de même se trouve peu à peu surmontée & absorbée par *l'espérance* ; & enfin, tout se perd peu à peu dans la pure charité, qui

(a) Jean 1. v. 9.

absorbe toute l'ame en elle par le moyen de la volonté, qui comme souveraine des puissances, a le pouvoir de perdre les autres en elle ; comme la charité, reine des vertus, réunit en soi toutes les autres vertus. Cette réunion qui se fait alors s'appelle *unité, union centrale:* parce que tout se trouve réuni par la volonté & la charité dans le centre de l'ame, & en Dieu, notre derniere fin, selon ces paroles de S. Jean: (a) *Celui qui demeure en charité, demeure en Dieu : Car Dieu est charité.*

Cette union de ma volonté à la vôtre, ô mon Dieu, & cette présence inéfable, étoit si forte, & si suave tout-ensemble, que je ne pouvois vouloir ni y résister, ni m'en défendre. Ce cher possesseur de mon cœur me faisoit voir jusqu'aux moindres fautes.

CHAPITRE XI.

La vraie cause de la mort des sens. Le trop d'attache aux mortifications empêche celle de l'esprit & de la propre volonté. Continuation des siennes, où elle est réglée & occupée de l'amour même. Ses Confessions. Dieu châtie ici de semblables ames & les purifie, comme dans le purgatoire de l'autre vie : & comment on doit s'y comporter.

1. Mes sens étoient, ainsi que je l'ai dit, dans une mortification continuelle ; & je ne leur donnois aucun liberté. Car il faut savoir que pour les faire entierement mourir, on doit pendant un tems ne leur donner aucun relâche jus-

(a) 1. Jean 4. v. 16.

qu'à ce qu'ils soient entierement morts; sans cela ils sont en danger de ne jamais mourir, ainsi qu'il en arrive aux personnes qui se contentent de faire de grandes austérités extérieures, & qui néanmoins donnent à leurs sens certains soulagemens, disent-ils, innocens & nécessaires : & ils les font vivre en cela : car ce ne sont point les austérités, quelques grandes qu'elles soient, qui font mourir les sens : nous avons vû des personnes très-austeres en ressentir les révoltes toute leur vie. Ce qui les détruit davantage, c'est de leur refuser généralement tout ce qui leur peut plaire, & de leur donner tout ce qui leur désagrée; & cela sans relâche, & aussi long-tems qu'il est nécessaire pour les rendre sans appétit & sans répugnance. Que si l'on prétend jusqu'à ce tems leur donner un peu de relâche, on fait ce qui arriveroit à une personne que l'on auroit condamnée à mourir de faim, à qui l'on donneroit de tems en tems un peu de nourriture sous prétexte de la fortifier un peu : on allongeroit son supplice, & on l'empêcheroit de mourir. Il en est de même de la mort des sens, des puissances, de l'esprit propre, & de la propre volonté : parce que si on ne leur arrache pas toute subsistance pour petite qu'elle soit, on les entretient jusqu'à la fin dans une vie mourante, qui est très-bien nommée *mortification*, que S. Paul a parfaitement bien distinguée lorsqu'il a dit : (a) *nous portons en nos corps la mortification de Jésus-Christ*, qui est proprement l'état mourant : mais ensuite pour nous faire voir qu'il ne se devoit pas terminer là, il ajoûte ailleurs; (b) *nous sommes morts, & notre vie est cachée avec Jésus-*

(a) 2. Cor. 4. v. 10. (b) Col. 3. v. 3.

Christ en Dieu. Nous ne pouvons jamais nous perdre en Dieu que par la mort totale.

2. Celui qui est mort en cette sorte n'a plus besoin de mortification ; mais tout cela est passé pour lui. Tout est rendu nouveau ; & c'est encore une grande faute que font les personnes de bonne volonté, qui ayant acquis l'extinction de leurs *sens* par cette mort continuelle & sans relâche, demeurent toute leur vie attachées là, sans laisser ce travail par une parfaite indifférence, prenant également le bon & le mauvais, le doux & l'amer pour entrer dans un travail plus utile, qui est, la mortification du *propre esprit* & de la *propre volonté*, commençant par la perte de leurs propres *activités* : ce qui ne se fait jamais sans une profonde oraison, non plus que la mort des sens ne sera jamais entiere sans le *recueillement* profond joint à la mortification : parce que sans cela, l'ame demeurant toujours tournée du côté des sens, les maintient dans une forte vie ; au lieu que par le recueillement, elle en demeure comme séparée, & contribue de cette sorte, quoiqu'indirectement, plus à leur mort que tout le reste.

3. Plus vous augmentiez mon amour & ma patience, ô mon Dieu, plus mes croix devenoient fortes & continuelles : mais l'amour me les rendoit légéres. O pauvres ames, qui vous consumez d'ennuis superflus, si vous cherchiez Dieu en vous-mêmes, vous trouveriez bientôt la fin de vos maux, puisque leur excès feroit vos délices. L'amour dans ce commencement, insatiable de mortifications & de pénitences, m'en faisoient inventer de toutes sortes : mais, ce qui étoit admirable, c'est que sans que j'y fisse au-

cune attention, sitôt qu'une mortification ne me faisoit plus aucun effet, l'amour me la faisoit cesser pour m'en faire faire une autre à laquelle il m'appliquoit lui-même. Car (a) cet amour étoit si subtil & si éclairé, qu'il voyoit jusqu'aux moindres défauts. Si je pensois parler, il me faisoit y voir du défaut, & il me faisoit taire : si je gardois le silence, il y trouvoit du défaut. A toutes mes actions il y trouvoit du défaut, à ma maniere d'agir, à mes mortifications, à mes pénitences, à mes aumônes, à ma solitude; enfin il trouvoit du défaut en tout. Si je marchois, je remarquois dans ma maniere de marcher du défaut. Si je disois quelque chose à mon avantage, orgueil ! si je disois, hé bien, je ne parlerai plus de moi ni en bien, ni en mal, propriété. Si j'étois trop recueillie & reservée, amour propre. Si j'étois gaie & ouverte, l'on me condamnoit. Cet amour pur trouvoit toujours à reprendre, & avoit un extrême soin de ne rien laisser passer à cette ame. Ce n'est pas que je fisse attention sur moi-même; car je ne pouvois que très-peu me regarder, à cause que mon attention vers lui par voie d'adhérence de la volonté, étoit continuelle. Je veillois sans cesse à lui; & il veilloit continuellement à moi, & me conduisit de telle sorte par la main de sa providence, qu'il me faisoit tout oublier : & quoique j'éprouvasse ces choses, je ne savois point les déclarer à personne. Il m'ôtoit si bien tout regard sur moi, que je ne pouvois en aucune façon faire d'examen. Sitôt que je me mettois en devoir de le faire, j'étois ôtée de toute pensée de moi-même &, appliquée à mon unique

(a) *Voyez le semblable de Ste. Catherine de Genes : en sa vie, Chap. 39. (ou 41. de l'Edit. de Hollande.)*

Objet, qui n'avoit plus d'objet distinct pour moi, mais une généralité & vastitude entiere. J'étois comme plongée dans un fleuve de paix. Je savois par la foi que c'étoit Dieu qui possédoit ainsi toute mon ame; mais je n'y pensois pas; comme une épouse assise auprès de son époux sait que c'est lui qui l'embrasse, sans qu'elle dise à soi-même, c'est lui; & sans qu'elle en occupe sa pensée.

4. C'étoit une grande peine lorsque j'allois à confesse: car sitôt que je pensois retourner sur moi-même pour m'examiner, l'amour me saisissoit avec tant de force, d'onction & de recueillement, que je ne pouvois plus ni me regarder ni penser à moi; mais j'étois toute absorbée dans un amour aussi fort que doux. Il falloit donc me présenter de cette sorte aux pieds du Prêtre. C'étoit alors, ô mon Dieu, que vous me rendiez présent tout ce que vous vouliez que je disse. L'avois-je dit? je ne pouvois plus ouvrir la bouche pour prononcer une parole, tant l'amour me tenoit sous sa dépendance: mais cela se faisoit avec tant d'onction, & de suavité, que je ne pouvois adhérer qu'à lui. Je n'entendois presque rien de ce que le Prêtre me disoit; mais lorsqu'il prononçoit l'absolution, j'éprouvois comme un écoulement de grace & une plus forte onction. Je demeurois là si pleine d'amour, que je ne pouvois même penser à mes péchés pour en avoir de la douleur. Je n'aurois pour rien au monde voulu déplaire à mon cher Epoux, puisqu'avant qu'il m'eût blessée de cette sorte, je pleurois si amèrement les moindres fautes: mais c'est qu'il n'étoit pas en mon pouvoir de me donner une autre disposition que celle où il me mettoit. Lorsque

je dis, que *je ne pouvois*, il ne faut pas croire que Dieu violente notre liberté. O nullement ! mais c'est qu'il nous la demande avec tant d'attraits, & il nous fait faire les choses avec tant de force, d'amour, & de suavité, qu'il incline notre cœur où il veut ; & ce cœur le suit très-librement, & avec tant de plaisir & de suavité, qu'il ne pourroit ne le point faire : l'attrait est autant libre qu'infaillible.

5. Quoique l'Amour me traitât de la sorte, il ne faut pas croire qu'il laissât mes fautes impunies. O Dieu, avec quelle rigueur punissez-vous vos amantes les plus fidelles & les plus chéries ! Je ne parle point ici des pénitences extérieures, qui sont trop foibles pour punir le moindre défaut dans une ame que Dieu veut purifier radicalement ; & qui au contraire, servent plutôt de soulagement & de rafraichissement : mais la maniere dont Dieu se sert pour punir les moindres fautes dans les ames choisies, est si terrible, qu'il faut l'avoir éprouvée pour la comprendre. Tout ce que j'en pourrois dire ne sera gueres compris que des ames d'expérience. C'est un embrasement intérieur & un feu secret qui sortant de Dieu même, vient purifier le défaut, & ne cesse de faire une extrême peine jusqu'à ce que le défaut soit entierement purifié. C'est comme un os démis de sa place, qui ne cesse de faire une extrême douleur jusqu'à ce qu'il soit entierement retabli. Cette peine est si pénible à l'ame, qu'elle se met en cent postures pour satisfaire à Dieu pour sa faute. Elle voudroit se déchirer elle même plutôt que de souffrir un pareil tourment. Souvent elle va vîtement se confesser pour se défaire d'un si grand tourment, & multiplie ainsi ses Confes-

sions sans sujet, & se dérobe aux desseins de Dieu.

6. Il est alors de grande conséquence de savoir faire usage de cette peine, & de ceci dépend presque tout l'avancement où le retardement des ames. Il faut donc, dans ce tems douloureux, obscur, & brouillé, seconder les desseins de Dieu, & souffrir cette peine dévorante & crucifiante dans toute son étendue aussi longtems qu'elle durera, sans y rien ajoûter ni diminuer, la portant passivement, sans vouloir satisfaire à Dieu ni par les pénitences, ni par la Confession, jusqu'à ce que cette peine soit passée. Ceci, qui ne paroît rien, est ce qu'il y a de plus pénible à porter passivement, & ce à quoi on a plus de peine à s'ajuster: & l'on ne croiroit pas qu'il faut pour cela un courage inconcevable. Ceux qui ne l'ont pas éprouvé, auront peine à me croire : cependant rien n'est si vrai ; & j'ai ouï dire à une fort grande ame, (qui n'est pourtant jamais arrivée en Dieu entierement, en cette vie, faute de courage pour se laisser entierement purifier par le feu dévorant de la justice,) qu'elle n'avoit jamais pû porter cette peine plus de demi-heure sans aller s'en décharger par la Confession. Vous m'instruisiez, ô mon Dieu, d'une autre sorte; & vous m'apreniez qu'il ne falloit point faire de pénitences ni se confesser que vous ne vous fussiez satisfait vous-même. O aimable cruel ! impitoyable & doux exacteur ! Vous me faisiez porter cette peine non-seulement plusieurs heures, mais plusieurs jours, selon la nature de ma faute. Un regard inutile, une parole précipitée étoit punie avec rigueur ; & je voyois fort bien que si j'eusse mis alors la main à l'œuvre sous prétexte de sou-

tenir l'Arche, j'eusse été punie comme Oza. Il me falloit donc souffrir sans me remuer le moins du monde. J'ai eu beaucoup de peine à laisser faire à Dieu cette opération dans toute son étendue.

7. Je comprends dans le moment que j'écris, que ce feu de la justice exacte est le même que celui du purgatoire : car ce n'est point un feu matériel qui y brûle les ames, comme quelques-uns se persuadent, disant que Dieu rehausse pour cela son activité & sa capacité naturelle ; c'est cette divine justice exactrice qui brûle de cette sorte ces pauvres ames pour en les purifiant les rendre propres à jouïr de Dieu. Tout autre feu leur seroit un rafraîchissement. Ce feu leur est tellement pénétrant, qu'il va jusques dans la substance de l'ame, & peut seul la purifier radicalement : & comme ces ames sont dégagées de leur corps, rien ne fait diversion de peine, & ce feu les dévore & les pénétre d'une maniere terrible, chacune selon le degré différent de leur impureté ; & c'est cette impureté qui fait la véhémence de ce feu de justice & sa longueur. Ceux qui veulent que les ames désirent de sortir de ce feu, ne connoissent gueres leur situation : elles demeurent en paix, toutes passives dans leurs souffrances, sans vouloir les abréger : car elles sont si fort absorbées en Dieu, que quoiqu'elles souffrent extrêmement, elles ne peuvent retourner sur elles-mêmes pour envisager leurs souffrances, ce retour étant une imperfection, dont elles sont incapables. Dieu leur applique selon ses volontés les prieres qui sont faites pour elles ; & il accorde à ses Saints & à son Eglise d'abréger leurs tourmens, & diminuer l'activité de ce feu. O Dieu, qu'il est bien véritable que vous êtes (*a*) *un feu dévorant* !

(*a*) Hebr. 12. v. 29.

8. C'étoit donc dans ce purgatoire amoureux, & tout ensemble rigoureux, que vous me purifiiez de tout ce qu'il y avoit en moi de contraire à votre divine volonté; & je vous laissois faire, quoique je souffrisse quelquefois pendant plusieurs jours des peines que je ne puis dire. J'eusse bien voulu qu'il m'eût été permis de faire quelques pénitences extraordinaires; mais il me falloit demeurer faisant seulement les journalieres, telles que l'amour me les faisoit faire. Cette peine ordinairement m'ôtoit le pouvoir de manger. Je me faisois cependant violence pour ne rien faire paroître, sinon que l'on remarquoit sur mon visage une occupation continuelle de Dieu; car comme l'attrait étoit fort, il se répandoit jusques sur les sens; de sorte que cela me donnoit une telle douceur, modestie & majesté, que les gens du monde s'en appercevoient.

CHAPITRE XII.

Elle est exercée continuellement dans le domestique, par le monde, par son Confesseur, par des Religieux, pendant que Dieu lui redouble son amour & sa jouissance, qu'elle ne voit & ne sent que lui, sans pouvoir en être distraite par nulle opposition, son amour pur & fort se faisant ses délices de la croix.

1. DE quelque maniere que ma belle-mere & mon mari me traitassent, je ne répondois que par mon silence : ce qui ne m'étoit point alors difficile ; parce que la grande occupation du dedans, & ce que je sentois, me rendoit insensible à tout le reste. Cependant il y avoit des

momens où vous me laissiez à moi-même : & alors je ne pouvois retenir mes larmes lors que ce qu'ils me disoient étoit plus violent. Je rendois à ma belle-mere & à mon mari les services les plus bas pour m'humilier, prévenant ceux qui avoient accoutumé de les leur rendre à pareilles heures. Tout cela ne les gagnoit point. Sitôt qu'ils se fâchoient l'un & l'autre, quoiqu'il me parût ne leur en avoir donné aucun sujet, je ne laissois pas de leur en demander pardon, & même à cette fille dont j'ai parlé. J'eus bien de la peine à me surmonter en cet endroit, parce qu'elle en devenoit plus insolente, & croioit avoir raison à cause que je m'humiliois, me reprochant même des choses qui auroient dû la faire rougir & mourir de confusion. Comme elle vit que je ne lui résistois plus, & que pour surmonter mon humeur qui vouloit l'emporter en toutes choses, & sur-tout lorsque je voiois que j'avois raison & que les autres ne l'avoient pas, je lui cédois d'abord, & ne la contrariois en rien ; elle prit de là occasion de me maltraiter davantage : & si je lui demandois pardon des offenses qu'elle m'avoit faites, elle s'élevoit, disant, qu'elle savoit bien qu'elle avoit raison. Son arrogance devint si forte, que je n'aurois pas voulu traiter un valet, même le moindre, comme elle me traitoit.

2. Un jour comme elle m'habilloit, & qu'elle me tiroit fort rudement & me parloit insolemment, je lui dis : ce n'est point à cause de moi que je veux vous répondre, car Dieu sait que je n'ai pas de peine de ce que vous me faites ; mais c'est que vous pourriez en user de la sorte devant des personnes qui s'en scandaliseroient : de plus,

c'est qu'étant votre maîtresse, Dieu est assurément offensé de ce que vous me faites. Elle me quitta dans ce moment, & alla trouver mon mari comme une désespérée, disant qu'elle vouloit s'en aller, & que je l'avois maltraitée; que je ne la haïssois qu'à cause qu'elle avoit soin de mon mari dans ses maladies, qui étoient continuelles; & que je ne voulois pas qu'elle lui rendît service. Comme mon mari étoit fort prompt, il prit d'abord feu à ces paroles. J'achevois de m'habiller seule, puisqu'elle m'avoit quittée; & je n'osois appeller une autre fille, car elle ne vouloit pas souffrir qu'une autre qu'elle m'approchât. Je vis tout-à-coup mon mari venir à moi comme un lion : quelques emportemens qu'il eût eu jusqu'alors contre moi, ils n'avoient point été de cette force. Je crus qu'il m'alloit battre : j'attendois le coup avec tranquillité. Comme il ne pouvoit marcher sans bâton, il leva contre moi celui qu'il tenoit. Je crus qu'il m'en alloit assommer ; & me tenant unie à Dieu, je voiois cela sans peine. Il ne m'en frappa point cependant ; car il eut assez de présence d'esprit pour voir que cela étoit indigne de lui : mais il me le jetta avec force. Le bâton tomba contre moi sans me toucher. Il se déchargea ensuite en injures comme si j'eusse été une crocheteuse ou la plus infâme de toutes les créatures. Je gardois un profond silence, me tenant recueillie en Dieu afin de souffrir pour son amour toutes ces choses. Je ne savois d'où pouvoit provenir une telle colere, ni ce qu'il vouloit de moi. La fille, qui avoit donné lieu à cette tragédie, entra. Comme mon mari la vit, il redoubla sa colere. Je ne disois chose au monde, me tenant auprès de mon Dieu comme une victime disposée à tout ce qu'il pourroit vouloir & permettre, lorsque redoublant sa fureur, il me fit entendre qu'il vouloit que je lui demandasse pardon puisque je l'avois offensée : cependant je n'avois rien fait à cette fille. Je le fis ; & cela l'appaisa. Je m'en allai d'abord dans mon cher cabinet, où je ne fus pas plutôt, que mon divin Directeur m'en fit sortir pour aller trouver cette fille, & lui faire un présent afin de la récompenser de la croix qu'elle m'avoit procurée. Elle fut un peu étonnée ; mais son cœur étoit trop dur pour se laisser gagner. J'en usois souvent de la sorte lors qu'elle me faisoit le plus de peine ; ce qui étoit très-fréquent, & presque continuel. Comme elle avoit une adresse singuliere auprès des malades, que mon mari l'étoit toujours, qu'il n'y avoit qu'elle qui le pût toucher lorsqu'il avoit la goutte, il la considéroit : de plus elle étoit si rusée, que devant lui, elle affectoit un respect extraordinaire pour moi : mais lorsque je n'étois pas avec lui, si je lui disois quelque parole, quoiqu'avec beaucoup de douceur, & qu'elle l'entendoit venir, elle crioit de toutes ses forces qu'elle étoit bien malheureuse, & faisoit ainsi la désolée ; de sorte que sans s'informer de la vérité il se mettoit en colere contre moi, & ma belle-mere aussi.

3. La violence que je faisois à mon naturel prompt & orgueilleux étoit si grande, que je n'en pouvois plus. Il sembloit quelquefois que l'on me déchiroit les entrailles, & j'en tombois souvent malade. Comme lors qu'il venoit quelqu'un dans ma chambre, sur-tout des hommes, je lui avois donné ordre de s'y tenir, elle parloit quelquefois plus haut que moi pour me con-

rrarier : & cela faifoit que mes amis la haïffoient. S'il venoit quelques perfonnes extraordinaires me voir, elle me faifoit mille reproches devant elles. Si je me taifois, elle s'en offenfoit encore plus, difant que je la méprifois. Ma douceur l'aigriffoit, & elle faifoit des plaintes de moi à tout le monde. Elle me décrioit ; mais ma réputation étoit fi fort établie dans l'efprit de tout le monde & dans le pays, tant à caufe de ma modeftie extérieure & de ma dévotion, que des grandes charités que je faifois, que rien ne me pouvoit alors donner d'atteinte. Quelquefois elle s'en alloit crier dans la rue : Ne fuis-je pas bien malheureufe d'avoir une telle maîtreffe ! On s'affembloit auprès d'elle pour favoir ce que je lui avois fait ; & ne fachant que dire, elle difoit, que je ne lui avois pas parlé de tout le jour. Ils s'en retournoient en riant, difant, elle ne vous a donc pas fait beaucoup de mal. Je fuis furprife de l'aveuglement des Confeffeurs, & du peu de vérité qu'il y a dans les accufations que leurs pénitentes leur font d'elles-mêmes, à moins que Dieu ne les mette dans fa vérité : car le Confeffeur de cette fille la faifoit paffer pour une fainte, & cela, parce qu'elle étoit du tiers-ordre, & qu'elle affiftoit à fes conférences : il la faifoit communier fouvent ; néanmoins elle avoit tous ces défauts, & d'autres que je fupprime, parce qu'ils ne font rien à mon fujet. Ce Confeffeur me difoit auffi qu'elle étoit une Sainte ; & je ne répondois rien ; car l'amour ne vouloit pas que je parlaffe de mes peines, mais que je les lui confacraffe toutes par un profond filence.

4. Mon mari fe fâcha de ma dévotion ; & elle lui étoit infupportable. Il difoit, que vous ai-

mant, ô mon Dieu, si fortement, je ne l'aimerois plus : car il ne comprenoit pas que le vrai amour conjugal est celui que vous formez vous-même dans le cœur qui vous aime. Il est vrai, ô Dieu pur & saint, que vous imprimâtes en moi dès le commencement un tel amour pour la chasteté, qu'il n'y avoit rien au monde que je n'eusse fait pour l'avoir; je ne lui prêchois autre chose, quoique je tâchasse de ne me point rendre incommode, & de lui complaire en tout ce qu'il pouvoit exiger de moi. Vous me donnâtes alors, ô mon Dieu, un don de chasteté, ensorte que je n'avois pas même une mauvaise pensée, & que le mariage m'étoit fort à charge. Il me disoit quelquefois; on voit bien que vous ne perdez point la présence de Dieu.

5. Le monde, qui vit que je le quittois, me tourmentoit & me tournoit en ridicule. J'étois son entretien, & le sujet de ses fables. Il ne pouvoit consentir qu'une femme qui n'avoit qu'à peine vingt ans, lui fît une guerre si forte. Ma belle-mere se mettoit du parti du monde, & me blâmoit de ce que je ne faisois pas certaines choses que dans le fond elle eût été fort fâchée que j'eusse faites. Mes croix domestiques augmentoient beaucoup : car l'attrait que je sentois étoit si grand, que je ne savois que faire. Lorsque j'allois en haut je ne pouvois descendre : étois-je en bas, je ne pouvois remonter. Je me cachois pour me dérober à la vue des hommes, qui n'étoient nullement capables des opérations qui se faisoient dans mon ame. J'étois comme éperdue : car je vivois dans une telle séparation de toutes les choses créées, qu'il me sembloit qu'il n'y eut plus de créatures sur terre. Mes

yeux se fermoient malgré moi, & je restois comme immobile, parce que l'amour me tenoit enfermée au-dedans comme dans une place forte, sans que je pusse, quelque soin que je prisse, me distraire de sa présence. J'étois votre captive, ô mon divin Amour ! & vous étiez mon géolier. Je ne respirois & vivois que par vous & pour vous. Il me sembloit éprouver à la lettre ces paroles de S. Paul : (a) *Je vis, non plus moi ; mais Jésus-Christ vit en moi.* Vous étiez, ô mon Dieu & mon Amour, l'ame de mon ame & la vie de ma vie. Vos opérations étoient si fortes, si suaves, & si cachées tout ensemble, que je ne pouvois m'en expliquer. Je me sentois brûler au-dedans d'un feu continuel ; mais feu si paisible, si tranquille, & si divin, qu'il est inexplicable. Ce feu consumoit peu à peu mes imperfections & ce qui déplaisoit à mon Dieu. Il me semble qu'il consumoit en même tems tous les entre-deux, & me mettoit dans une union de jouissance qui tranquillisoit en moi tous désirs. Je ne trouvois en moi nul désir sinon une pente secrette & une union plus intime.

6. Nous allâmes à la campagne pour quelque affaire. Je me cachois dans un coin de riviere desséchée. Qui pourroit dire ce que vous opériez alors dans mon ame, ô mon Dieu ? Vous seul, qui le faisiez, le connoissiez. Je me levois dès quatre heures pour prier, & j'en étois insatiable. J'allois à la Messe très-loin, & l'Eglise étoit située d'une maniere que le carosse n'y pouvoit monter ; il y avoit une montagne à descendre, & l'autre à monter : tout cela ne me coutoit rien, tant j'avois de désir de vous recevoir,

(a) Gal. 2. v. 20.

ô mon unique Bien ! Quel empreſſement aviez-vous vous-même de vous donner à votre petite créature, juſqu'à faire des miracles viſibles pour cela ? Ceux qui me voioient mener une vie ſi différente des femmes mondaines, diſoient que je n'étois pas ſage. Lorſque je voulois lire j'étois ſi priſe de votre amour, ô mon Dieu, que dès le premier mot je me trouvois abſorbée en vous ; le livre me tomboit des mains : ſi je me voulois forcer, je ne comprenois pas ce que je liſois, & mes yeux ſe fermoient d'eux-mêmes. Je ne pouvois ni les ouvrir ni ouvrir la bouche pour parler. Si l'on parloit auprès de moi, je ne concevois rien de ce que l'on diſoit. Si j'allois en compagnie, ſouvent je ne pouvois parler, tant j'étois ſaiſie par le dedans. J'allois toujours avec quelqu'un afin que cela ne parût pas. On l'attribuoit à ſtupidité, & quelquefois on diſoit : mais qu'eſt-ce que cela veut dire ? On croit que cette Dame a de l'eſprit, & il n'en paroît point. Lors que je me forçois à parler, je ne pouvois, & ne ſavois ce que je diſois. Je prenois de l'ouvrage pour cacher ſous une occupation apparente l'occupation du dedans. Lorſque j'étois ſeule l'ouvrage me tomboit des mains, & je ne pouvois faire autre choſe que de me laiſſer conſumer par l'amour. Je voulois perſuader à une parente de mon mari de faire oraiſon ; elle me croioit folle de me priver de tous les divertiſſemens du ſiecle : mais Notre Seigneur lui a bien ouvert les yeux depuis pour les lui faire mépriſer. J'aurois voulu apprendre à tout le monde à aimer Dieu, & je croiois qu'il ne tenoit qu'à eux de ſentir ce que je ſentois. Dieu ſe ſervit de cela pour lui gagner bien des ames.

7. Ce bon Pere, dont j'ai parlé, qui avoit servi à ma conversion, me donna la connoissance de la Mere Prieure des Bénédictines, Geneviéve Granger, qui étoit une des plus grandes servantes de Dieu de son tems. Cette grande ame me servit beaucoup, ainsi que je le dirai dans la suite. Mon Confesseur, qui disoit avant ce tems-là à tout le monde que j'étois une sainte (quoique je fusse si pleine de miséres & si éloignée de l'état où vous m'aviez mise ensuite, ô mon Dieu, par votre seule miséricorde) mon Confesseur, dis-je, voiant que j'avois confiance au Pere dont j'ai parlé, & que je suivois une route qui lui étoit inconnue, se déclara contre moi ouvertement : & comme je ne le quittai point pour cela, il me fit bien de la peine, & me causa bien des croix. Les Religieux de son Ordre me persécutoient fort, à cause que le Religieux qui me conduisoit étoit d'un autre Ordre : ils me prêchoient publiquement comme une personne trompée. C'est cet Ordre qui m'a causé tant de croix, & procuré tant de persécutions, comme vous le verrez dans le reste de cette histoire que vous exigez de mon obéissance.

8. Mon mari & ma belle-mere, qui jusqu'alors avoient été assez indifférens pour ce Confesseur, se joignirent à lui, & voulurent que je quittasse l'oraison & les exercices de piété. Mais comment, ô mon Dieu, aurois-je quitté une oraison dont je n'étois pas la maitresse, & que vous opériez plutôt en moi que je ne la faisois moi-même, & qu'il m'auroit été impossible d'empêcher, puisque vous m'assiegiez d'autant plus au-dedans, que j'avois plus d'occasions de me dissiper au déhors ? Lorsque j'étois en compa-

gnie, vous me poffédiez plus fortement. Il fe faifoit dans mon cœur une converfation bien différente de celle qui fe faifoit au déhors; & je ne pouvois empêcher que la préfence d'un fi grand Maître ne parût fur mon vifage : & c'étoit ce qui peinoit mon mari, comme il me le difoit quelquefois. Je faifois ce que je pouvois pour empêcher que cela ne parût; mais je ne pouvois en venir à bout. J'étois fi occupée au-dedans, que je ne favois ce que je mangeois. Je faifois femblant de manger certaines viandes, que je ne prenois pas; & je faifois les chofes fi adroitement, qu'on ne s'en appercevoit pas. J'avois prefque toujours de l'abfinte & de la coloquinte dans ma bouche. J'appris à manger des chofes que je haiffois le plus. L'Amour ne me laiffoit rien voir, ni rien entendre. Je prenois prefque tous les jours la difcipline & je portois fouvent la ceinture de fer fans que cela diminuât la fraicheur de mon vifage.

9. J'avois fouvent de grandes maladies. Je n'avois nulle confolation dans la vie que celle de faire oraifon & de voir la Mere des Bénédictines. Mais, que ces deux confolations m'ont couté cher ! fur-tout la premiere; puifqu'elle a été la fource de toutes mes croix. Mais que dis-je, ô mon Amour ! eftimant la croix au point que je le fais? Ne dois-je pas dire que vous avez récompenfé *l'oraifon par la croix* & *la croix par l'Oraifon* ? O dons inféparables dans mon cœur, depuis que vous m'avez été donnés je n'ai jamais été un moment fans croix, ni, ce me femble, fans oraifon, quoique la perte que je croiois puis après avoir faite de l'oraifon, ait augmenté mes croix dans l'exces. Cependant quand votre

lumiere éternelle s'est levée dans mon ame, ô Amour! j'ai connu le contraire; & qu'elle n'avoit jamais été sans oraison comme elle n'avoit point été sans croix.

10. Mon Confesseur travailla d'abord à m'empêcher de faire oraison & de voir la Mere Granger: & comme il s'entendoit avec ma belle-mere & mon mari, le moien dont ils se servirent pour y réussir, fut de m'observer depuis le matin jusqu'au soir. Je n'osois sortir de la chambre de ma belle-mere ou d'auprès du lit de mon mari. Quelquefois je portois mon ouvrage auprès de la fenêtre sous prétexte de voir plus clair, afin de me soulager un peu par quelques momens de repos; mais on venoit me regarder afin de voir si je ne priois point au lieu de travailler. Lors que ma belle-mere & mon mari jouoient ensemble aux cartes, je me tenois tournée du côté du feu; ils se détournoient pour voir si je travaillois & si je ne fermois point les yeux; & s'ils s'appercevoient que je les fermasse, il y en avoit pour plusieurs heures à se fâcher. Ce qui étoit le plus étrange est, que lorsque mon mari sortoit, & qu'il avoit quelques jours de santé, il ne vouloit pas que je prisse le tems de son absence pour prier; il remarquoit mon ouvrage, revenoit quelquefois sur ses pas, & s'il me savoit en mon cabinet, il s'en fâchoit. Je lui disois: mais, Monsieur, lors que vous êtes absent, que vous importe-t-il que je fasse, pourvu que je sois assidue auprès de vous lors que vous êtes présent? Cela ne le contentoit pas: il vouloit qu'en son absence je ne priasse pas non plus. Je ne crois pas qu'il y ait un tourment pareil à celui d'être bien attirée, & de ne pouvoir

être seule. O mon Dieu ! le combat que l'on me livroit pour m'empêcher de vous aimer, augmentoit mon amour ; & vous m'entraîniez vous-même dans un silence ineffable lors que l'on m'empêchoit de vous parler ; vous m'unissiez d'autant plus fortement à vous, que plus on m'en vouloit séparer.

11. Je jouois souvent avec mon mari au piquet, (a) par condescendance, & j'étois alors plus attirée intérieurement que si j'eusse été à l'Eglise. Je ne pouvois presque contenir le feu qui me dévoroit : & s'il eût été moins paisible, je ne l'eusse pû supporter. Il avoit toute la chaleur de l'amour ; mais rien de son impétuosité : plus il étoit ardent, plus il étoit paisible. Je ne pouvois rien dire de mon oraison, à cause de sa simplicité. Tout ce que j'en pouvois dire est, qu'elle étoit continuelle comme mon amour, & que rien ne l'interrompoit : au contraire, le feu s'allumoit de tout ce que l'on faisoit pour l'éteindre ; & l'oraison se nourrissoit & augmentoit de ce que l'on m'ôtoit de tems pour la faire. J'aimois sans motif ni raison d'aimer : car rien ne se passoit dans ma tête, mais bien dans le plus intime de moi-même. Si l'on me demandoit, pourquoi j'aimois Dieu, si c'étoit à cause de sa miséricorde, de sa bonté ; je ne savois ce que l'on me disoit. Je savois bien qu'il étoit bon, plein de miséricorde ; ses perfections faisoient mon plaisir : mais je ne songeois point à moi pour l'aimer. Je l'aimois, & je brûlois de son feu, parce que je l'aimois : & je l'aimois de telle sorte, que je ne pouvois aimer que lui ; mais en l'aimant je n'avois nul motif que lui-même.

(a) Voyez le traité *des Torrents*, I. Part. Chap. V. §. 10.

Tout ce qui se nommoit intérêt, récompense, étoit pénible à mon cœur. O mon Dieu ! que ne puis-je faire comprendre l'amour dont vous m'avez possédée dès le commencement, & combien il étoit éloigné de tout intérêt ! Je ne songeois ni à récompense, ni à don, ni à faveur, ni à rien qui regardât l'amant ; mais l'Aimé étoit l'unique objet qui attiroit le cœur dans la totalité de lui-même. Cet amour ne pouvoit envisager aucune perfection en détail : il n'étoit point attiré à contempler son amour : mais il étoit comme absorbé & englouti dans ce même amour. Tout ce qu'on lui disoit de voie, de degré de contemplation, d'attributs, il ignoroit tout cela : il ne savoit qu'*aimer & souffrir :* tout le reste n'étoit point de son ressort ; il ne le comprenoit pas même. O ignorance plus docte que toute la science des Docteurs, puisque tu m'enseignois si bien un Jésus-Christ crucifié, que j'aimois éperduement la croix, & que tout ce qui ne portoit point le caractere de la croix & de la souffrance, ne pouvoit me plaire !

12. Dans les commencemens j'étois attirée avec tant de force, qu'il sembloit que ma tête voulût se séparer pour s'unir à mon cœur : & dans ces commencemens j'éprouvois qu'insensiblement mon corps se courboit sans que je l'en pusse empêcher. Je ne comprenois pas d'où venoit cela ; mais j'ai compris depuis, que comme tout se passoit dans la volonté, qui est la souveraine des puissances, elle attiroit les autres après elle, & les réunissoit en Dieu, leur divin centre & souverain bonheur : & comme dans le commencement ces puissances n'étoient point accoutumées à être unies, il faut plus de violence pour

faire cette réunion : c'est pourquoi elle s'en appercevoit davantage : à la suite elle se cimente si fort, qu'elle devient toute naturelle.

Elle étoit donc alors si forte, que j'aurois voulu mourir pour être unie inséparablement & sans milieu à celui qui m'attiroit avec tant de force. Comme tout se passoit dans la volonté, & que mon imagination, même l'esprit & l'intelligence, se trouvoient absorbés dans cette union de jouissance, je ne savois que dire, n'ayant jamais rien lû ni rien ouï dire de ce que je sentois. Je craignois de perdre l'esprit : car il est à remarquer que je ne savois rien des opérations de Dieu dans les ames. Je n'avois jamais lû que (a) *Philothée*, & *l'Imitation de Jésus-Christ* avec *l'Ecriture sainte* : mais pour des livres intérieurs & spirituels, je ne savois ce que c'étoit : je n'avois lû que *le Combat spirituel*, qui ne dit rien de ces choses. Je vous disois : ô mon Dieu, si vous faisiez sentir aux personnes les plus sensuelles ce que je sens, elles quitteroient bientôt leurs faux plaisirs pour jouir d'un bien si véritable.

Alors tous les plaisirs dont on fait le plus de cas, me paroissoient si fades, que je ne pouvois comprendre comment j'avois pû m'y amuser : aussi depuis ce tems je n'en ai jamais pû trouver qu'auprès de Dieu, quoique j'aie été assez infidelle pour faire tous mes efforts pour en trouver ailleurs. Je ne m'étonnois point de ce que les Martirs donnoient leur vie pour Jésus-Christ, je les trouvois si heureux, que j'enviois leur bonheur ; & c'étoit pour moi un martire que de ne pouvoir souffrir le martire. Car l'on

(a) *Livre de S. François de Sales.*

ne peut plus aimer la croix que je l'aimois dès lors, du moins cela me paroissoit tel; & ma plus grande souffrance auroit été de n'avoir point de souffrance.

14. L'estime & l'amour des croix se sont toujours augmentés: quoique j'aie perdu dans la suite le goût sensible ou apperçu de la croix, je n'ai jamais perdu l'estime & l'amour de la croix, non plus que la croix ne m'a jamais quittée: elle a toujours été ma fidelle compagne, changeant & augmentant à mesure que mes dispositions intérieures changeoient & augmentoient. O bonne croix, délice de mon cœur! tu ès celle qui ne m'as jamais quittée depuis que je me suis livrée à mon divin Maître: j'espère que tu ne m'abandonneras jamais. J'avoue que je suis amoureuse de toi. J'ai perdu l'inclination & l'appétit de tout le reste; mais pour toi je m'apperçois que plus tu te donnes à moi avec profusion, plus mon cœur te désire & t'aime. J'étois alors si affamée de la croix, que je mettois tout en œuvre pour me faire sentir du mal: mais quoique je me fisse les plus véritables douleurs, elles me paroissoient si peu de chose, que cela ne servoit qu'à réveiller mon appétit pour la souffrance, & à me faire voir que Dieu seul sait faire des croix propres pour rassasier les ames qui en sont affamées. Plus je faisois oraison en la manière que j'ai dit, plus l'amour de la croix augmentoit, & en même tems la réalité de la croix: car elles venoient fondre sur moi de toutes parts.

Le propre de cette oraison est encore, de donner une grande foi: la mienne étoit sans bornes, aussi-bien que ma confiance & mon abandon à Dieu, l'amour de sa volonté & des ordres de sa providence sur moi. J'étois fort peureuse auparavant; après je ne craignois plus rien. C'est alors qu'on sent l'effet de ces paroles de l'Evangile; (a) *mon joug est doux & mon fardeau léger.*

CHAPITRE XIII.

Don de l'esprit de sacrifice, & d'Oraison de silence & de pur esprit, non sans croix. Oraison de sécheresses, ses peines, & celles du réveil de quelques passions. Voyage à Paris. Comment Dieu pour diverses fautes d'infidélité, de relâchement, de complaisance punit rigoureusement l'ame par diverses peines, bannissemens intérieurs, absences divines, entremêlés, quand on retourne à lui, de divines caresses, & du langage admirable & spirituel du Verbe. Rencontre inopinée & entretien d'un simple mais éclairé inconnu.

1. IL me fut donné dès-lors un instinct de sacrifice & d'immolation continuelle; non de parole, mais par un silence qui exprimoit tout, & qui avoit son effet réel. Je disois à Dieu : ô mon Amour ! que pourriez-vous vouloir de moi à quoi je ne m'immolasse volontiers? Oh ne m'épargnez point ! Puis me mettant dans l'esprit ce qu'il y avoit de plus affreux & dans la croix & dans l'humiliation, je m'y immolois sans peine : & comme ces immolations étoient accompagnées d'occasions continuelles de souffrir, je puis dire qu'il sembloit que Notre Seigneur acceptoit tous mes sacrifices, & me fournissoit incessamment

---

(a) Matth. 11. v. 30.

I. PARTIE. CHAP. XIII.

de nouvelles matieres pour lui en faire. Je lui disois : (a) *Vous m'êtes un époux de sang.*

2. Je ne pouvois entendre parler de Dieu ou de Notre Seigneur Jésus-Christ sans être comme hors de moi. Ce qui me surprit le plus, c'est que j'avois une extrême peine à dire mes prieres vocales, que j'avois accoutumé de dire. Sitôt que j'ouvrois la bouche pour les prononcer, l'amour me saisissoit si fort, que je demeurois absorbée dans un silence profond & dans une paix que je ne saurois exprimer. Je faisois de nouveaux essais, & je passois ma vie à commencer mes prieres sans pouvoir les poursuivre. Comme je n'avois jamais ouï parler de cet état, je ne savois que faire : mais l'impuissance devenoit toujours plus grande, parce que l'amour devenoit toujours plus fort, plus violent & plus absorbant. Il se faisoit en moi sans bruit de paroles une priere continuelle, qui me sembloit être celle de Notre Seigneur Jésus-Christ lui-même, priere du Verbe, qui se fait par (b) *l'esprit qui* selon St. Paul, *demande pour nous ce qui est* bon, ce qui est parfait, ce qui est *conforme à la volonté de Dieu.* Je ne pouvois rien demander pour moi ni pour autrui, ni rien vouloir que cette divine volonté. Je me consolai de trouver dans S. François de Sales, que lors que l'on vouloit prier vocalement, & que l'on se sentoit attiré à autre chose, il falloit suivre cet attrait ; car je ne savois expliquer en aucune maniere ce que j'éprouvois.

3. J'allois quelquefois voir la Mere Granger, & elle m'aidoit : mais mon Confesseur & mon mari me défendirent d'y aller : je n'osois même

(a) Exode 4. v. 25. (b) Rom. 8. v. 26. 27.

lui écrire : & quand je lui aurois écrit, elle ne m'auroit pû répondre à cause de la foiblesse de sa vue, de sorte que je n'en tirois pas grand secours : lors qu'on savoit que j'y avois été, c'étoient des querelles qui ne finissoient point. Cependant je me condamnois à un silence rigoureux. Ma consolation étoit de communier le plus souvent que je pouvois, encore lors qu'on le savoit, (ce qui arrivoit assez souvent,) cela me valoit de bonnes croix. Mon divertissement étoit d'aller voir quelques pauvres malades, & panser les plaies de ceux qui venoient au logis : je n'avois que cette seule consolation. J'étois comme ces ivrognes ou ces amoureux, qui ne pensent qu'à leur passion.

4. Je fus quelque tems de cette sorte : après quoi l'oraison me devint fort pénible. Lorsque je n'y étois pas, je brûlois d'y être ; & lorsque j'y étois, je ne pouvois y durer. Je me faisois violence afin de demeurer davantage en oraison dans la peine que dans la consolation. J'y souffrois quelquefois des tourmens inexplicables. Pour me soulager, & faire diversion, je m'emplissois tout le corps d'orties : mais quoique cela fit beaucoup de douleur, celle que je souffrois au dedans étoit telle, que je ne sentois qu'à peine la douleur des orties. Comme la peine & la sécheresse augmentoit toujours, & que je ne trouvois plus cette douce vigueur qui me faisoit pratiquer le bien avec suavité, mes passions, qui n'étoient pas mortes, ne tardoient gueres à se réveiller, & me donner un nouvel exercice. Il me sembloit que j'étois comme ces jeunes épouses, qui ont peine à se défaire de l'amour d'elles-mêmes & à suivre leur ami dans le combat. Je retom-

bois dans la vaine complaisance sur moi-même. Cette inclination, qui me paroissoit morte, lorsque j'étois si éprise de mon amour, se réveilla : ce qui me faisoit gémir & prier Dieu incessamment qu'il m'ôtât cet obstacle, & me fit devenir laide. J'aurois voulu être sourde, aveugle, & muette, afin que rien ne me pût divertir de mon amour.

5. J'allai faire un voyage où je parus plus que jamais semblable à ces lampes qui jettent un nouveau feu, lorsqu'elles sont sur le point de s'éteindre. Hélas, combien de piéges me furent tendus ! J'en trouvois à chaque pas. Je fis des infidélités ; mais, ô mon Dieu, avec quelle rigueur les punissiez-vous ! Le moindre regard vous mettoit en colére contre moi, & votre colére m'étoit plus insupportable que la mort. Combien ces fautes inopinées, où je me laissois aller par foiblesse & comme malgré moi, me coutoient-elles de larmes ! O mon Amour ! vous savez que la rigueur que vous exerciez contre moi après mes foiblesses, n'en étoit pas le motif. Mon Dieu, avec quel plaisir aurois-je souffert toutes vos rigueurs pour ne vous être pas infidelle, & à quel sévére châtiment ne me condamnois-je pas moi-même ? Vous savez, ô mon Dieu, que vous me traitiez quelquefois comme un pere qui a pitié de la foiblesse de son enfant, & le caresse après ses petits écarts. Combien de fois me faisiez-vous sentir que vous m'aimiez, quoique j'eusse des taches qui me paroissoient presque volontaires ? C'étoit la douceur de cet Amour après mes chûtes qui faisoit mon plus véritable tourment, plus vous me paroissiez aimable & bon en mon endroit, plus j'étois inconsolable de me détourner

de vous quand ce n'auroit été que pour des momens : & quand il m'étoit échappé quelque chose, je vous trouvois prêt à me recevoir, & je vous disois : ô mon Dieu ! est-il possible que vous soyez ainsi mon pis-aller ? Quoi ! je m'écarte de vous par de vaines complaisances & pour m'arrêter à des objets frivoles ; & je ne retourne pas plutôt à vous que je vous trouve en attente de ce retour, & les bras étendus pour me recevoir !

O pécheur, pécheur ! pourrois-tu bien te plaindre de ton Dieu ? Eh, s'il te reste quelque justice, avoue que tu t'écartes de lui volontairement, que tu le quittes malgré lui ; que si tu retournes, il est prêt de te recevoir ; & que si tu ne retournes pas, il t'engage par ce qu'il y a de plus fort & de plus tendre, à le faire. Tu deviens sourd à sa voix : tu ne veux pas l'entendre : tu dis qu'il ne te parle point, quoiqu'il crie de toutes ses forces ; parce que tu te rends tous les jours plus sourd pour ne point entendre son aimable parole & sa charmante voix. O mon Amour ! vous ne cessiez de parler à mon cœur, & de le secourir au besoin.

6. Lorsque j'étois à Paris, & que les Confesseurs me voioient si jeune, ils paroissoient étonnés. Après que je m'étois confessée, ils me disoient que je ne pouvois assez remercier Dieu des graces qu'il me faisoit ; que si je les connoissois, j'en serois étonnée ; & que si je n'étois pas fidelle, je serois la plus ingrate de toutes les créatures. Quelques-uns avouoient qu'ils ne connoissoient point de femme que Dieu tînt de si près, & dans une si grande pureté de conscience. Ce qui me la rendoit telle, étoit cette application continuelle que vous aviez sur moi, ô mon Dieu,

me faisant éprouver votre présence intime, selon que vous nous l'avez promis dans votre Evangile : (a) *Si quelqu'un fait ma volonté, nous viendrons à lui, & nous ferons notre demeure en lui.* Cette expérience continuelle de votre présence en moi étoit ce qui me gardoit. J'éprouvois ce que dit votre Prophête : (b) *c'est en vain que l'on veille pour garder la cité si le Seigneur ne la garde.* Vous étiez, ô mon Amour ! ce gardien fidele, qui la défendiez continuellement contre toutes sortes d'ennemis, prévenant les moindres fautes, ou les corrigeant lorsque la vivacité les avoit fait commettre. Mais hélas ! mon cher Amour ! lorsque vous cessiez de veiller vous-même, que j'étois foible, & que mes ennemis avoient d'avantage sur moi ! Que les autres attribuent leurs victoires à leur fidélité : pour moi, je ne les attribuerai qu'à votre soin paternel : j'ai trop éprouvé ma foiblesse, & j'ai fait une trop funeste expérience de ce que je serois sans vous, pour rien présumer de mes soins. C'est à vous que je dois tout, ô mon Libérateur ! & j'ai un plaisir infini de vous le devoir.

7. Etant à Paris je me relâchai de mes exercices à cause du peu de tems que j'avois, & que d'ailleurs la peine & la sécheresse s'étoit emparée de mon cœur; que la main qui me soutenoit s'étoit cachée, & que mon Bien-aimé s'étoit retiré. Je fis bien des infidélités; car je savois l'extrême passion que certaines personnes avoient pour moi, & je souffrois qu'ils me la témoignassent, quoique je ne fusse pas seule. Je fis encore des fautes, qui furent, que je portai la gorge un peu découverte, quoiqu'elle ne le fût

(a) Jean 14. v. 23.   (b) Ps. 126. v. 1.

pas à beaucoup près comme les autres la portoient. Je pleurois inconsolablement, parce que je voiois que je me relâchois ; & c'étoit pour moi un très-grand tourment. Je cherchois par tout celui qui brûloit mon ame dans le secret. J'en demandois des nouvelles : mais hélas ! il n'étoit presque connu de personne. Je lui disois : O le bien-aimé de mon ame, si vous aviez été auprès de moi, ces désastres ne me seroient point arrivés. Hélas ! (a) *montrez-moi où vous paissez au midi, & où vous vous reposez* dans le plein jour de l'éternité, qui n'est point, comme le jour du tems, sujet aux nuits & aux éclipses. Lorsque je dis, que je lui disois cela, ce n'est que pour m'expliquer & me faire entendre ; car dans la vérité tout se passoit presque en silence, & je ne pouvois parler. Mon cœur avoit un langage qui se faisoit sans le bruit de la parole, & il étoit entendu de son Bien-aimé comme il entend le silence profond du Verbe toujours éloquent qui parle incessamment dans le fond de l'ame. O langage que la seule expérience peut faire concevoir ! Que l'on n'aille pas se figurer que c'étoit un langage stérile, qui est un effet de l'imagination. Ce n'est point là le langage muet du Verbe dans l'ame. Comme il ne cesse jamais de parler, il ne cesse aussi jamais d'opérer. (b) *Dixit, & facta sunt.* Il opère dans l'ame ce qu'il y parle. Que l'on ne croie pas non plus que ce langage du Verbe se fasse en parole distincte : on se tromperoit. Il est bon d'expliquer cela ici.

8. Il y a deux sortes de paroles : une parole *médiate*, qui se fait ou par quelque Ange, ou qui se forme dans l'esprit : & ces paroles, qui

(a) Cant. 1. v. 6.   (b) Ps. 32. v. 9.

sonnent & articulent, sont des paroles médiates. Mais il y a une parole *substantielle*, parole expressive, qui opére plus infiniment que tout ce que l'on peut concevoir; parole qui ne cesse jamais, & qui produit son effet; non en distinction, comme une chose momentanée; mais en réalité d'opération qui demeure fixe & immuable; parole qui ne se comprend de celui dans lequel elle est parlée que par ses effets: (a) *dixit, & facta sunt; mandavit, & creata sunt.* Cette parole ineffable communique à l'ame dans laquelle elle est, la facilité de parler sans paroles. Parler du Verbe dans l'ame, parler de l'ame par le Verbe, parler des Bienheureux dans le ciel, ô qu'une ame est heureuse à laquelle ce parler ineffable est communiqué! parler qui se fait entendre des ames de même sorte; de maniere qu'elles s'expriment entre elles sans parler, & cette expression cause onction de grace, paix & suavité, & porte avec soi des effets que la seule expérience peut faire concevoir. O si les ames étoient assez pures pour apprendre à parler de cette sorte elles participeroient par avance au langage de la gloire. Ce fut cette divine parole du Verbe qui se fit sentir à S. Jean, & qui opéroit & s'exprimoit en lui à mesure que la Sacrée Vierge approchoit de Ste. Elisabeth. Ces deux Saintes Meres en s'approchant & s'unissant procurent à leur fruit cette communication divine, la Sainte Vierge donnant lieu au petit Jésus de se communiquer à S. Jean dans cette approche, & Ste. Elisabeth donnant lieu à S. Jean en s'approchant de la Mere de Dieu de recevoir cette communication

(a) Il a parlé & tout a été fait; il a commandé, & tout a été créé. Pl. 32. v. 9.

du Verbe dont elle étoit pleine. O admirable mystere, que le seul Verbe peut opérer, & qu'aucune créature ne doit présumer de se donner soi-même ! car son silence n'étant opéré que par son effort, il n'auroit point l'effet de grace de celui dont je parle ; puisqu'il n'auroit point le même principe. O si l'on connoissoit les opérations de Dieu dans les ames qui s'abandonnent à sa conduite, & qui veulent bien le laisser faire, on en seroit charmé !

9. Pour revenir à mon sujet, dont je me suis écartée pour suivre l'impétuosité de l'esprit qui me fait écrire : (ce qui pourra m'arriver quelquefois, c'est pourquoi Mr. je vous prie d'excuser le peu de suite de cette histoire que vous avez voulu de moi, n'étant point en état de l'écrire d'une autre maniere :) je dis donc que comme je vis que je me salissois par un plus grand commerce des créatures, je travaillois à finir ce qui me retenoit à Paris pour m'en retourner à la campagne : car il me sembloit, ô mon Dieu, que vous me donniez assez de force pour éviter les occasions ; mais lors que j'étois dans l'occasion, je ne pouvois me garantir des complaisances & de quantité d'autres foiblesses. La peine que je ressentois après mes fautes étoit si grande, que je ne puis m'en expliquer. Ce n'étoit point une douleur causée par vue distincte, motifs, ou affections ; mais c'étoit un feu dévorant, qui ne cessoit pas que le défaut ne fût purifié. C'étoit un exil de mon fond, d'où je sentois bien que l'Epoux en colere me rejettoit. Je n'y pouvois avoir d'accès : & comme je ne pouvois plus trouver de repos hors de là, je ne savois que devenir. J'étois comme la colombe de l'arche, qui ne
trou-

trouvoit où repofer fon pied, & qui étoit contrainte de retourner à l'arche ; mais en trouvant la fenêtre fermée, elle ne faifoit que voltiger autour, fans pouvoir y entrer. Cependant par une infidélité qui me rendra à jamais condamnable, j'ai voulu quelquefois malgré moi-même trouver de quoi me fatisfaire au-dehors ; mais je ne pouvois. Cet effai me fervoit, ô mon Dieu, pour me convaincre de ma folie, & à me faire comprendre la foibleffe des plaifirs qu'on appelle innocens. Lorfque je me forçois de les goûter, j'en fentois un rebut extrême, qui joint au reproche de mon infidélité, me faifoit beaucoup fouffrir, & changeoit pour moi les divertiffemens en fupplices. Je difois : *O mon Dieu, ce n'eft point vous ! Il n'y a que vous qui puiffiez donner de folides plaifirs.* Jamais créature n'a plus éprouvé les bontés de Dieu malgré mes ingratitudes. Vous me pourfuiviez, ô mon Dieu, inceffamment, comme fi la conquête de mon cœur eût dû faire votre bonheur. Je me difois quelquefois à moi-même dans mon étonnement. Il femble que Dieu n'ait point d'autre foin ni d'autre affaire que de penfer à mon ame.

10. Un jour par infidélité autant que par complaifance, je fus me promener au cours, plutôt pour m'y faire regarder par un excès de vanité que pour y prendre le plaifir de la promenade. O mon Dieu, de quelle forte me fites-vous fentir cette faute ! Il fe détacha quelques caroffes pour venir à nous : mais loin de me punir en me laiffant aller au plaifir, vous le fites en me confervant & me ferrant de fi près, que je ne pouvois avoir d'attention qu'à ma faute & au mécontentement que vous m'en témoigniez. On voulut

Tome I. I

me donner un regal à St. Cloud : On avoit prié d'autres Dames ; & quoique je n'entrasse pas pour l'ordinaire dans aucun de ces plaisirs, je m'y laissai aller par foiblesse, & aussi par vanité : Mais, ô Dieu, que ce simple divertissement, que les autres Dames qui étoient avec moi, quoique sages selon le monde, goutoient, étoit mélangé d'amertume ! Je n'y pûs manger quoique ce soit, bien que le regal y fût des plus magnifiques. Mon inquiétude paroissoit sur mon visage, quoique l'on en ignorât la cause. Que cela me coûta de larmes, & que vous m'en punîtes rigoureusement ! Vous vous separâtes de moi plus de trois mois ; mais d'une maniere si dure, qu'il n'y avoit plus pour moi qu'un Dieu irrité. Je fus dans cette occasion, (& dans un autre voyage que je fis avec mon mari en Touraine avant ma petite vérole,) comme ces animaux destinés à la boucherie, que l'on pare en certains jours de fleurs & de verdure, & qu'on promene de cette sorte dans la ville avant de les égorger. Cette foible beauté, qui étoit sur son déclin, jettoit de nouveaux feux ; mais elle ne brilloit de la sorte, que pour s'éteindre plus promptement.

11. Dans tous ces tems je tâchois d'étouffer le martyre que je sentois au-dedans : mais c'étoit inutilement. Je me plaignois de ma foiblesse : je faisois des vers pour exprimer ma peine : mais ils ne servoient qu'à l'augmenter. Elle étoit telle qu'il faut l'avoir éprouvée pour la comprendre. Je vous priois avec larmes, ô mon Dieu, de m'ôter cette beauté qui m'avoit été si funeste : je voulois ou la perdre, ou cesser de l'aimer. Comme vous pressiez de si près, ô mon Dieu, je ne pouvois resister. Je fus obligée malgré moi

I. PARTIE. CHAP. XIII.

de quitter tout, & de m'en retourner au plus vîte. Cependant malgré mes infidélités, vous aviez, ô mon Amour, un soin de moi qui ne se peut comprendre, ainsi que l'occasion que je vais dire le prouvera.

12. Un jour que j'avois résolu d'aller à Notre-Dame à pied, je dis au laquais qui me suivoit, de me mener par le plus court. La providence permit qu'il m'égarât. Comme j'étois sur un pont, il vint à moi un homme assez mal-vetû; je crus que c'étoit un pauvre: je me mis en devoir de lui donner l'aumône. Il me remercia, & me dit, qu'il ne la demandoit pas: & s'approchant de moi, il commença son entretien par la grandeur infinie de Dieu, dont il me dit des choses admirables. Il me parla ensuite de la Sainte Trinité d'une maniere si grande & si relevée que tout ce que j'en avois ouï dire jusqu'alors me parut des ombres comparé à ce qu'il m'en dit. Continuant, il me parla du S. Sacrifice de la Messe, de son excellence, du soin que l'on devoit avoir de l'entendre & d'y assister avec respect. Cet homme, qui ne me connoissoit point, & qui ne voioit pas même mon visage, qui étoit couvert, me dit ensuite; je sçai, Madame, que vous aimez Dieu, que vous êtes fort charitable, & donnez beaucoup d'aumônes, (& bien d'autres choses des qualités que Dieu m'avoit données); mais cependant, dit-il, vous êtes bien éloignée de compte. Dieu veut bien autre chose de vous. Vous aimez votre beauté. Puis me faisant une peinture naïve, mais véritable, de mes défauts, mon cœur ne pouvoit désavouer ce qu'il me disoit. Je l'écoutois en silence & avec respect, durant que ceux qui me suivoient di-

foient que je m'entretenois avec un fou. Je fentois bien qu'il étoit éclairé de la véritable Sageſſe. Il me dit de plus, que Dieu ne vouloit pas que je me contentaſſe de travailler comme les autres, à aſſurer mon ſalut en évitant ſeulement les peines de l'enfer ; mais qu'il vouloit de plus que j'arrivaſſe à une telle perfection en cette vie que j'évitaſſe même celles du purgatoire. Dans cet entretien le chemin, quoique long, me paroiſſoit court : je ne m'en apperçus qu'à mon arrivée à Nôtre Dame, où mon extrême laſſitude me fit tomber en défaillance. Ce qui me ſurprit, c'eſt qu'étant arrivée au pont-au-double, & regardant de tous côtés, je n'apperçus plus cet homme, & ne l'ai jamais vû depuis. Je lui demandai, l'entendant parler de la ſorte, qui il étoit : il me dit, qu'il avoit été autrefois crocheteur, mais qu'il ne l'étoit plus. La choſe ne me fit pas tout-à-fait autant d'impreſſion alors, qu'elle m'en a fait depuis. Je la racontai d'abord comme une hiſtoire, ſans dire ce qu'il m'avoit dit le dernier ; mais ayant conçu qu'il y avoit du divin, je n'en parlai plus.

CHAPITRE XIV.

Autres voyages. Combat contre la complaiſance d'être applaudie & de plaire. Faute des Confeſſeurs en cela. Périls dans le voyage. Nouveaux combats intérieurs. Douleur qui vient du pur amour, à l'occaſion de ce que Dieu careſſe l'ame après les chûtes où elle ſe laiſſe aller.

1. CE fut enſuite de cela que mon mari ayant eu quelque relâche de ſes maux continuels, ſou-

haita d'aller à Orléans, & de là en Touraine. Ce fut dans ce voyage que ma vanité triompha pour ne plus paroître. Je reçus beaucoup de visites & d'applaudissemens. Mon Dieu! que je vis bien la folie des hommes, qui se laissent prendre à une vaine beauté! Je haïssois la passion; mais selon l'homme extérieur, je ne pouvois haïr ce qu'il y avoit en moi qui la faisoit naître, quoique selon l'homme intérieur je désirasse avec ardeur d'en être délivrée. O mon Dieu, vous savez que ce combat continuel de la nature & de la grace me faisoit souffrir. La nature se plaisoit dans les approbations publiques, & la grace les faisoit craindre. Je me sentois déchirer & comme séparer de moi-même. Car je sentois fort bien le dommage que me causoit cette estime universelle. Ce qui l'augmentoit, étoit la vertu qu'on estimoit unie avec ma jeunesse & mon extérieur. O mon Dieu, on ne connoissoit pas que toute la vertu étoit en vous seul & en votre protection, & toute la foiblesse en moi!

2. J'allois chercher les Confesseurs pour m'accuser de mes infidélités, & me plaindre des révoltes que je souffrois: mais ils ne connoissoient gueres ma peine. Ils estimoient, ô Dieu, ce que vous condamniez: ils regardoient comme vertu ce qui me paroissoit détestable à vos yeux: & ce qui me faisoit mourir de douleur, c'est que loin de mesurer mes fautes sur vos graces, ils regardoient ce que j'étois par rapport à ce que je pouvois être: de sorte que loin de me blâmer, ils flattoient mon orgueil, ils me justifioient de ce dont je m'accusois; & à peine regardoient-ils que comme une faute légére ce qui vous déplaisoit infiniment en moi, ô mon Dieu, que vous aviez

prévenue d'une très-grande miséricorde. Il ne faut point mesurer la griéveté des fautes sur la nature des péchés ; mais sur l'état de la personne qui les commet. La moindre infidélité d'une épouse, est plus sensible à son époux que les grands égaremens de ses domestiques. Je leur disois ma peine sur ce que je n'avois pas la gorge entierement couverte, quoique je l'eusse beaucoup au regard des autres femmes de mon âge ; ils m'assuroient que j'étois mise fort modestement ; & que mon mari le souhaitant, il n'y avoit point de mal. Mon Directeur intérieur me disoit bien le contraire ; mais je n'avois pas la force de le suivre, & de m'habiller à mon âge d'une maniere qui parût extraordinaire. D'ailleurs la vanité que j'y avois me fournissoit des prétextes qui me paroissoient les plus justes du monde. Ô si les Confesseurs savoient le dommage qu'ils causent aux femmes par ces molles complaisances, & le mal que cela produit, ils auroient une très-grande sévérité : car si j'avois trouvé un seul Confesseur qui m'eût dit qu'il y avoit du mal d'être comme j'étois, je n'y fusse pas restée un seul moment : mais ma vanité se mettant du parti des Confesseurs & des filles qui me servoient, me faisoit croire qu'ils avoient raison, & que mes peines étoient chimériques.

3. Il arriva dans ce voyage des accidens & des périls qui auroient effrayé tout autre que moi : mais quoique je fusse tombée dans les foiblesses dont j'ai parlé, il ne fut pas en mon pouvoir de craindre des périls qui paroissoient inévitables, & qui effraioient tout le monde. Nous nous engageames sans y penser dans un lieu que la riviere de Loire avoit miné : & ce chemin, qui

paroiſſoit uni par deſſus, étoit une terre ſans fondement. Nous ne nous apperçumes du danger que lorſqu'on ne pouvoit tourner ni à droite ni à gauche, & qu'il falloit néceſſairement pourſuivre ou ſe précipiter dans la riviere. Une partie du caroſſe rouloit en l'air, & n'étoit tenue que des valets qui tenoient l'autre côté. L'effroi étoit ſi grand qu'il ne ſe peut rien de plus: pour moi, je n'en ſentis aucun, & je me trouvai ſi abandonnée à Dieu pour tous les événemens que ſa providence pouvoit permettre, que je ſentois même une joie ſenſible de périr par un coup de ſa main. Cependant j'avois une certaine confiance ſecrette qu'il n'arriveroit aucun accident: ce qui ſe trouva véritable, quoique de cet accident nous fuſſions tombés dans un autre qui paroiſſoit plus fâcheux. La Ste. Vierge, pour laquelle j'avois toujours eû une grande dévotion, nous délivra de ces dangers. J'avois une très-grande foi qu'elle ne permettroit pas que ceux qui ne s'étoient engagés dans ce voyage que pour l'honorer dans ſon Egliſe des Ardilliers, périſſent; car mon mari avoit entrepris ce voyage avec bien de la ferveur, & ces dévotions lui convenoient.

4. Je fus là à confeſſe à un homme qui me fit bien de la peine. Il vouloit ſavoir l'intention que j'avois eue en me mariant: & comme je lui répondis, que je n'avois eu, que celle d'obéïr, il me dit, qu'elle ne valoit rien; que je n'étois pas bien mariée, & qu'il me falloit remarier. Il nous penſa brouiller mon mari & moi à ne nous revoir jamais ſi j'avois été crédule, & ſi Dieu ne m'avoit aſſiſtée; car il condamnoit de péché mortel ce qui étoit de devoir abſolu: de ſorte

qu'avec ce qu'il crioit tout haut que tout étoit péché mortel, il nous auroit bien fait de la peine si Dieu ne nous avoit assistés. Il m'apprenoit, sous prétexte de m'instruire, des péchés que j'avois ignorés jusqu'alors : & sur ce que mon intention n'avoit pas été en me mariant d'avoir des enfans, mais d'obéïr, il me donna des pénitences excessives. Mais un Pere de la Compagnie de Jésus, que je fus trouver à Orléans en revenant, me les ôta, m'assurant que je n'avois pas fait un péché véniel : ce qui me consola beaucoup : car comme cet autre avoit fait des péchés mortels de tout ce à quoi mon devoir m'obligeoit, il m'auroit mise dans la nécessité ou de manquer à mon devoir, ou de faire des choses qu'il m'assuroit être des péchés mortels. Je fis encore des fautes dans ce voyage, qui furent, de regarder ce qu'il y avoit de rare lorsqu'on m'y menoit pour cela, quoique j'eusse la pensée d'en détourner mes yeux : cela cependant ne m'arriva gueres.

5. A mon retour je fus trouver la mere Granger, à qui je contai toutes mes miséres & mes échappées. Elle me remit, & m'encouragea à reprendre mon premier train : elle me dit de couvrir entierement ma gorge avec un mouchoir : ce que j'ai toujours fait depuis, quoiqu'il n'y eût que moi de cette figure. Cependant vous aviez, ô mon Dieu, dissimulé votre courroux sur une longue suite d'infidélités ; mais vous ne les dissimulâtes pour un tems que pour me les faire payer avec une extrême rigueur. Vous en usâtes envers moi comme les époux fâchés de l'abus que leurs jeunes épouses font des trésors qu'ils ne leur avoient confiés que pour les rendre bon-

nes ménageres. Vous prîtes la résolution de me dépouiller de tout, pour que je n'abusasse plus d'un bien que vous ne m'aviez donné qu'afin que je vous en glorifiasse. J'avois eu cent fois envie de prendre de l'argent, & de m'en aller dans quelque Couvent, croiant que cela étoit permis de la sorte ; parce que je m'imaginois qu'il étoit impossible que je pusse correspondre à Dieu dans le monde avec la fidélité que je lui devois ; car je sentois bien que l'occasion étoit ma perte. Hors de l'occasion je faisois bien ; mais elle ne se présentoit pas plutôt, que j'expérimentois ma foiblesse. J'aurois voulu trouver quelque caverne pour m'ensevelir toute vivante, & il me sembloit que la plus effroyable prison m'auroit été plus douce qu'une liberté si funeste. J'étois comme déchirée : car la vanité me tiroit au-dehors, & l'amour divin au-dedans : & comme dans ce tems de mes infidélités je ne me tournois pas entierement ni d'un côté ni d'autre, je souffrois un partage qui en me déchirant, me faisoit souffrir ce que je ne puis dire.

6. Je vous priois, ô mon Dieu, de m'ôter la liberté que j'avois de vous déplaire ; & je vous disois : n'êtes-vous pas assez fort pour empêcher cet injuste partage ? car sitôt que j'avois occasion de produire ma vanité, je le faisois ; & sitôt que je l'avois fait, je retournois à vous ; & vous, loin de me rebuter, vous me receviez souvent à bras ouverts, & me donniez de nouveaux témoignages d'amour. C'étoit-là ma plus cruelle peine : car quoique j'eusse cette misérable vanité, mon amour étoit tel, que j'aimois mieux vos rigueurs après mes chûtes, que vos caresses : vos intérêts m'étoient plus chers que les miens pro-

près; & je ne pouvois souffrir que vous ne vous rendissiez pas justice à vous-même. Mon cœur étoit pénétré d'amour & de douleur : & ce qui la rendoit très-vive, étoit que je ne pouvois souffrir de vous déplaire, ô mon Dieu, après les graces que j'avois reçues de vous. Que ceux qui ne vous connoissent pas, vous offensent, je n'en suis pas surprise : mais que ce cœur qui vous aime plus que lui-même, & qui a senti les plus forts témoignages de votre amour, se laisse entraîner à des penchans qu'il déteste, ô c'est ce qui fait son plus cruel martyre & martyre d'autant plus affligeant, qu'il dure plus longtems. O mon Dieu, vous disois-je lorsque je sentois le plus fortement votre amour & votre présence, comment vous prodiguez-vous à une si infâme créature, qui ne vous paye que d'ingratitude? car si on lit cette vie avec attention, on n'y verra de la part de Dieu que bonté, miséricorde & amour; & de la part de cette créature qu'infidélité, néant, péché, & foiblesse. S'il y a quelque chose de bon, il est à vous, ô mon Dieu : pour moi, je ne saurois me glorifier que de mes foiblesses, puisque dans l'union du mariage indissoluble, que vous avez fait avec moi, c'est la seule chose que j'ai apportée avec moi, que la foiblesse, le néant, & le péché. O Amour, que j'aime ma misere ! & que mon cœur est reconnoissant, qu'il a de joie de vous devoir tout, & que vous fassiez paroître envers lui les trésors & les richesses infinies de votre patience & de votre amour ! Vous avez fait comme un Roi magnifique, qui voulant épouser une pauvre esclave, oublie son esclavage, & lui donne tous les ornemens qu'il veut qu'elle ait pour lui plaire : il lui pardonne même avec plaisir toutes les fautes que sa grossiereté & sa mauvaise éducation lui font faire. C'est là votre conduite à mon égard, ô mon Dieu : aussi à présent mes pauvretés sont mes richesses, & j'ai trouvé ma force dans mon extrême foiblesse.

7. Je dis donc (pour revenir à mon sujet) que vos caresses après mes infidélités m'étoient bien plus difficiles à porter que vos rebuts. O si on savoit la confusion où elles mettent l'ame! Elle n'est pas concevable. Cette ame voudroit de toutes ses forces satisfaire à la justice divine ; & si on le lui permettoit, elle se déchireroit en pieces. Le martyre de ne rien souffrir est alors le plus cruel de tous les martyres. O Amour doux & douloureux tout-ensemble, agréable & cruel, que tu ès difficile à porter! Je faisois des vers & des cantiques pour me plaindre. Je faisois des pénitences : mais elles étoient trop légeres pour une si grande plaie. C'étoit comme ces gouttes d'eau qui ne servent qu'à rendre le feu plus ardent. On voudroit être consumée & punie. O conduite d'amour envers une ingrate! O ingratitude épouvantable envers une telle bonté! Une grande partie de ma vie n'est qu'un tissu de semblables choses, qui devroient me faire mourir de douleur & d'amour.

CHAPITRE XV.

Diverses maladies domestiques jointes à la mort d'un de ses fils. Elle se sacrifie à être malade, & y endure de tous côtés des croix incroiables avec une parfaite resignation, patience & joie ; ce qui pourtant est pris en mauvaise part. Les soulagemens lui sont interdits d'en-haut.

1. EN arrivant au logis je trouvai ma petite fille qui étoit fort malade de ce que sa nourrisse l'avoit sortie avec la petite vérole : ce qui la pensa faire mourir. La goutte reprit à mon mari avec ses autres maux; & mon fils aîné prit la petite vérole en si grande quantité, & avec tant de malignité, qu'elle lui leva jusqu'à trois fois, & enfin le rendit aussi défiguré qu'il avoit été beau. Il fallut commencer par ce sacrifice, qui fut suivi de bien d'autres. Sitôt que je vis la petite vérole au logis, je ne doutai point que je ne la dûsse prendre. La Mere Granger me dit de m'éloigner si je pouvois : Mon pere voulut me prendre chez lui avec mon second fils, que j'aimois bien tendrement: mais ma belle-mere ne voulut jamais. Elle persuada à mon mari que cela étoit inutile. Le Médecin, qu'elle fit venir, dit la même chose, que je la prendrois aussi bien de loin que de près si j'étois disposée à la prendre. Je puis dire qu'elle fut pour lors comme un autre Jepthé, & qu'elle nous immola tous deux innocemment. Si elle eût sû ce qui arriva, je ne doute pas qu'elle n'eût fait autrement; mais les personnes âgées ont souvent de certaines maximes dont elles ne veulent pas

démordre. Toute la ville y prenoit part; chacun la prioit de me faire sortir de la maison, que c'étoit une cruauté de m'exposer de la sorte: Mais vous, ô mon Dieu, qui aviez d'autres desseins sur moi, ne permîtes pas qu'elle y consentît. Chacun m'attaquoit, croyant que je ne voulois pas sortir: car je ne disois à personne que c'étoit parce qu'on ne le vouloit pas; & je n'avois point d'autre instinct alors que de m'immoler à vous, ô mon Dieu, & à votre divine providence. Je vous faisois un sacrifice de cette beauté qui m'auroit été si fatale sans vous. Et quoique j'eusse pû me retirer malgré les résistances de ma belle-mere si je l'eusse voulu, je ne le voulois faire qu'avec leur agrément, parce qu'il me sembloit que cette résistance étoit un ordre du ciel. O divine volonté de mon Dieu, malgré toutes mes miseres vous faisiez alors ma vie.

2. Je demeurois donc dans cet abandon & dans cet esprit de sacrifice à Dieu attendant de moment en moment dans une résignation entiere tout ce qu'il lui plairoit d'en ordonner. Je ne puis dire ce que la nature souffroit: car j'étois comme ces personnes qui voyent & leur mort assurée, & le remede facile, sans pouvoir s'en servir. Je n'avois pas moins de peine pour mon cadet que pour moi: ma belle-mere avoit un amour si excessif pour celui qui étoit malade, que les autres lui étoient indifférens: cependant je suis assurée que si elle avoit crû que la petite vérole l'eût dû faire mourir, elle se seroit bien donné de garde d'agir comme elle fit. C'étoit un effet de votre providence, ô mon Dieu, plutôt que de son humeur. Vous vous servez des créatures & de leurs penchans naturels pour faire réussir les choses

selon vos desseins. Aussi quoique je voie dans les créatures des conduites qui paroissent si déraisonnables & si crucifiantes tout-ensemble, je monte au plus haut, & je les regarde comme les instrumens de votre justice, & de votre miséricorde tout ensemble, ô mon Dieu, car votre justice est toute pleine de votre miséricorde.

3. Lorsque je disois à mon mari que j'avois mal au cœur, & que la petite vérole m'alloit prendre, il disoit que c'étoit de mes imaginations. Je fis savoir à la mere Granger la situation où j'étois : comme elle avoit le cœur tendre, elle eût de la peine de ces duretés, & m'encouragea à m'immoler à Notre Seigneur. Enfin la nature voyant qu'il n'y avoit plus de ressource, consentit au sacrifice que l'esprit avoit déja fait. Le jour de S. François d'Assise, le 4 d'Octobre de l'année 1670, agée de vingt & deux ans & quelques mois, étant allée à la Messe je me trouvai si mal, que tout ce que je pûs faire fut de communier. Je pensai m'évanouir dans l'Eglise. Etant au logis il me prit un très-grand frisson avec un fort grand mal de tête & de cœur. On ne vouloit pas croire que je fusse malade, & Notre Seigneur permettoit qu'on eut cette dureté pour moi : cependant en peu d'heures je fus si mal, que l'on me jugea d'abord en danger : car il me prit une fluxion de poitrine ; & les remédes pour l'un des maux étoient très-contraires à l'autre. Le Médecin, ami de ma belle-mere, n'étoit pas à la ville, non plus que le Chirurgien ordinaire. On envoya querir un Chirurgien assez habile homme, qui dit, qu'il me falloit saigner. Ma belle-mere ne voulut jamais le permettre. Je restai dans le dernier abandon extérieur, ensorte que j'étois prê-

te de mourir faute de secours. Mon Mari ne me pouvant voir, & s'en rapportant entierement à ma belle-mere, la laissoit faire. Elle avoit résolu qu'aucun Médecin que le sien ne me fît des remédes, & cependant elle ne l'envoioit pas querir quoiqu'il ne fût qu'à une journée. Je crois qu'elle ne s'opposoit à la saignée que parce qu'elle craignoit peut-être que cela ne me fut nuisible. Tout le tort qu'elle avoit, fut de ne pas envoyer querir ce Médecin auquel elle se confioit.

4. C'étoit vous, ô mon Dieu, qui ordonniez cette conduite pour le bien de mon ame. Je voiois toutes ces choses, & l'extrêmité où j'étois; mais vous me teniez dans un tel esprit de sacrifice, que je n'ouvrois pas la bouche pour demander du secours. J'attendois la vie & la mort de votre main sans témoigner la moindre peine d'une conduite si extraordinaire: La paix que je possédois au-dedans, à cause de la parfaite résignation où vous me teniez, ô mon Dieu, par votre grace, étant si grande, qu'elle me tenoit dans l'oubli de moi-même au milieu des maux les plus violens & des dangers les plus pressans. Mais si la résignation que vous me donniez dans cette occasion étoit si parfaite que je la puis appeller uniformité, puisque je ne trouvois en moi-même aucune répugnance à vos volontés, & que je ne faisois point d'acte, mais que je portois avec amour en silence votre opération crucifiante, sans rien ajouter à ce que vous opériez en moi, & sur moi; si dis-je ma soumission fut entiere, votre protection fut miraculeuse. Combien de fois m'avez-vous réduite à l'extrêmité? mais vous n'avez jamais manqué de me secourir lorsque les choses paroissoient le plus désespérées.

5. Vous fîtes qu'un habile Chirurgien, qui m'avoit servi, dans cette maladie si dangereuse dont j'ai parlé, passant par le lieu de ma demeure demanda de mes nouvelles. On lui dit que j'étois extrêmement mal : il descendit aussitôt de cheval & vint me voir. Jamais homme ne fut plus surpris lorsqu'il vit l'état effroyable où j'étois. La petite vérole, qui ne pouvoit sortir, s'étoit jettée avec tant de force sur mon nez, qu'il étoit déja tout noir : il crut que la gangrene y étoit & que le nez m'alloit tomber : il en fut si effrayé, qu'il ne pût me cacher sa surprise. Mes yeux étoient comme deux charbons. Une nouvelle si étrange ne m'allarma point : il n'étoit rien à quoi je ne me sacrifiasse dans ce moment; & j'étois fort contente que Dieu se vengeât lui-même des infidélités que ce visage m'avoit fait faire. Ce chirurgien descendit dans la chambre de ma belle-mere, & lui dit que c'étoit une chose honteuse de me laisser mourir de la sorte faute d'une saignée. Elle s'y opposa si fortement, qu'elle lui dit qu'elle ne la souffriroit pas, & que l'on ne me feroit rien que le médecin son ami ne fut revenu de la campagne. Il se mit si fort en colere de ce que l'on me laissoit de cette sorte sans envoyer querir le médecin, qu'il dit même à ma belle mere des choses fortes. Il remonta aussitôt dans ma chambre, & me dit ; si vous voulez, je vous sauverai la vie, & je vous saignerai. Je lui tendis d'abord mon bras; & quoique j'eusse les bras extrêmement enflés, il me saigna en un instant. Ma belle-mere se mit fort en colere. La petite vérole sortit aussitôt; & il ordonna que l'on me saignât le soir ; mais on ne le voulut

lut pas, & je n'osai jamais le retenir, quelque besoin que j'en eusse, de peur de déplaire à ma belle-mere, & par un abandon total entre les mains de Dieu.

6. Je fais tout ce détail pour faire comprendre combien il est avantageux de s'abandonner à Dieu sans reserve. Quoiqu'il nous laisse quelque moment en apparence, pour éprouver & exercer notre abandon, il ne nous manque cependant jamais lorsque le besoin est le plus pressant. On peut dire avec l'Ecriture, que (a) *c'est lui qui conduit aux portes de la mort & qui en retire.* Mon nez se défensla & dénoircît; la petite vérole y parût d'abord après la saignée, & si l'on eût continué de me saigner je me serois bien portée: mais comme le chirurgien s'en étoit allé, je retombai dans mon premier abandon. Tout le mal se jetta sur mes yeux, qui s'enflammèrent de telle sorte, avec des douleurs si étranges, que l'on crût que je les perdrois. Je fus trois semaines avec ces violentes douleurs, sans dormir un quart-d'heure durant tout ce tems. Je ne pouvois fermer les yeux à cause qu'ils étoient pleins de petite vérole, ni les ouvrir à cause de la douleur. J'étois toute résolue d'être aveugle : car il y en avoit grande apparence ; ma gorge, mon palais, & mes gencives étoient si remplies, que je ne pouvois avaler de bouillon ni prendre aucune nourriture sans en souffrir extrêmement. Tout mon corps étoit semblable à celui d'un lépreux; & ceux qui me venoient voir, disoient qu'ils n'avoient jamais vû personne en avoir une plus grande quantité, & qui parût plus maligne. Mais pour mon ame, elle étoit dans un contentement

(a) 1. Reg. 2. v. 6.

que je ne puis exprimer. L'espérance de sa liberté par la perte que je faisois la rendoit si satisfaite, & si unie à Dieu, qu'elle n'auroit pas changé son état à celui du plus heureux Prince du monde.

7. Chacun croioit que je serois inconsolable, & l'on s'efforçoit de prendre part à ma douleur. Mon Confesseur me vint voir, quoiqu'il ne fût pas content de moi : il me demanda, si je n'étois pas bien fâchée d'avoir la petite vérole ? Je lui répondis, sans y faire beaucoup de réflexion, & avec beaucoup de franchise, que si l'offuscation où me tenoit mon mal ne m'avoit pas fait oublier le *Te Deum*, je l'aurois dit pour remercier Dieu. Ce bon homme se fâcha contre moi de ma réponse, me traitant d'orgueilleuse. Je ne lui répliquai rien ; & je vis bien que j'avois eu tort de lui parler avec tant de franchise, parce qu'il ne comprenoit pas ma disposition. On observoit toutes mes paroles; & sur ce que l'on entendit que je disois que je serois libre, on prit cela comme une plainte que je vous faisois, ô mon Dieu, de ma captivité extérieure, que l'on attribuoit à la jalousie de mon mari, quoique cela ne fût pas. J'entendois, ô mon Dieu, une liberté que vous seul me pouviez donner en ôtant ce piége à mon orgueil aussi bien qu'à la passion des hommes. Ô si je pouvois décrire le plaisir ineffable que je goûtois dans ce dépouillement que vous me faisiez de la chose qui m'étoit alors la plus sensible ! Mon cœur vous en louoit dans son profond silence, & la douleur que je souffrois redoubloit mon amour. On ne m'entendoit jamais plaindre ni de mes maux, ni de la perte que je faisois. La tranquillité de mon cœur

s'exprimoit au déhors par la patience & le silence. Je me taisois également de ce que vous me faisiez souffrir & par vous-même, ô mon Dieu, & par le ministere des créatures. Tout étoit bien reçu de votre main. La seule parole que je dis fut de me réjouir de la liberté intérieure que je recevois par là ; & l'on m'en fit un crime.

8. Ce qui me fut le plus sensible, c'est que mon petit cadet prit la petite vérole le même jour que moi, dont il mourut, faute de soin. Ce coup fut douloureux à mon cœur, qui tirant cependant des forces de ma foiblesse, le sacrifia, & dit à Dieu comme Job : (a) *Vous me l'aviez donné : vous me l'avez ôté : votre Saint Nom soit béni !* L'esprit de sacrifice me possédoit si fort, que quoique je l'aimasse tendrement, je ne versai jamais une larme en apprenant sa mort. Le jour qu'il fut enterré le médecin envoya dire que l'on ne mit pas la tombe sur la fosse, parce que ma fille ne pouvoit passer deux jours ; mon fils aîné n'étoit pas encore hors de danger lors que cela arriva ; de sorte que je me vis presque en un même jour dépouillée de tous mes enfans, mon mari malade, & moi encore très-mal. Vous ne voulûtes pas, ô mon Dieu, prendre ma fille en ce tems-là ; & vous n'allongeâtes sa vie de quelques années que pour me rendre sa perte plus douloureuse. Le médecin de ma belle-mere arriva enfin dans un tems où il ne m'étoit plus utile. Lors qu'il vit l'étrange inflammation de mes yeux, il me fit saigner plusieurs fois : mais il n'étoit plus tems : & ces saignées, qui auroient été si nécessaires dans le commen-

---

(a) Job I. v. 21.

cement, ne fervirent qu'à m'affoiblir. On ne pouvoit pas même me faigner en l'état où j'étois que très-difficilement : car j'avois les bras fi enflés, qu'il falloit enfoncer la lancette jufqu'au manche : de plus, c'eft que la faignée dans ce contretems là me devoit faire mourir : mais vous ne vouliez pas encore me tirer hors du monde, ô mon Seigneur, afin de me faire plus fouffrir. J'avoue que la mort m'auroit été très-agréable, & je l'envifageois comme le plus grand de tous les biens : mais je vis bien qu'il n'y avoit rien à efpérer de ce côté là, & qu'au lieu de goûter ce bien, il me falloit fupporter la vie.

9. Sitôt que mon fils aîné fut un peu mieux, il fe leva pour venir dans ma chambre. Je fus furprife d'un changement auffi extraordinaire que celui que je voiois en lui. Son vifage qui étoit auparavant d'une extrême délicateffe, étoit devenu comme une terre pleine de fillons. Cela me donna la curiofité de me regarder dans un miroir. Je me trouvai fi changée, que je me fis peur à moi-même. Ce fut alors que je vis que Dieu avoit voulu le facrifice dans toute fa réalité. Il arriva encore des circonftances par la contrariété de ma belle-mere qui me cauferent beaucoup de croix, & qui acheverent de gâter mon fils. Mon cœur cependant étoit ferme en mon Dieu, & fe fortifioit par la grandeur & la multitude des maux. Il étoit comme une victime immolée fans ceffe fur l'autel de celui là même qui s'étoit immolé le premier pour fon amour. Je puis dire, ô mon Dieu, que ces paroles qui ont toujours fait les délices de mon cœur, ont eu leur effet en moi durant toute ma

vie, (a) *Que rendrai-je au Seigneur pour les biens que j'ai reçus de lui ? Je prendrai le calice salutaire.* Vous m'avez dans toute ma vie comblée de biens & de croix. Mon attrait principal, avec celui de souffrir pour vous, ô mon Amour, a été de me laisser conduire à votre gré sans résistance, soit pour l'intérieur, soit pour l'extérieur : & ces dons desquels il vous a plû me gratifier dès le commencement, ont toujours augmenté jusqu'à présent ; puisque vous m'avez conduite selon votre volonté par des routes impénétrables à tout autre qu'à vous, & que vous m'avez ménagé par votre sagesse des croix continuelles.

10. On m'envoya des pomades pour me racommoder le teint, & remplir les creux de la petite vérole. J'en avois vû à d'autres des effets merveilleux : je voulus d'abord essayer de m'en servir : mais l'Amour jaloux de son ouvrage ne le voulut pas. Il y avoit dans mon cœur une voix qui disoit : Si je t'avois voulu belle, je t'aurois laissée comme tu étois. Il me fallut laisser tout reméde, & me livrer en proie aux rigueurs de l'Amour, qui exigeoit de moi de me mettre à l'air ; ce qui creusoit davantage : & de m'exposer aux yeux de tout le monde dans les rues, sans être cachée lors que le rouge de ma petite vérole étoit le plus violent ; afin de faire triompher mon humiliation où j'avois fait triompher mon orgueil. Mon mari étoit alors presque toujours au lit : il faisoit si bon usage de son mal, que je ne pouvois avoir de chagrin de ceux que Dieu lui envoioit. Quoiqu'il y eut plus de captivité pour moi, & plus de croix de toutes ma-

(a) Pl. 115. v. 12. 13.

nieres, j'étois fort contente que Dieu le sauvât par cette voie. Comme il ne trouvoit plus en moi les agrémens qui adoucissoient toutes ses rigueurs & calmoient sa colere, il devint bien plus susceptible des impressions qu'on lui donnoit contre moi. D'un autre côté, les personnes qui lui parloient à mon désavantage se voiant mieux écoutés, parloient plus fortement & plus souvent. Il n'y avoit que vous, ô mon Dieu ! qui ne changiez point pour moi. Vous redoubliez vos graces intérieures à mesure que vous augmentiez mes croix extérieures.

CHAPITRE XVI.

Continuation des croix & duretés qu'elle souffre dans le domestique, au sujet de ses exercices de piété & d'oraison : où paroissent de plus en plus sa patience & son amour de la croix. Son impuissance à des applications qui auroient pû lui épargner ou adoucir plusieurs croix.

1. Cette fille dont j'ai parlé, devenoit tous les jours plus hautaine ; & comme le Démon l'incitoit à me tourmenter, voyant que ses crieries ne me fâchoient point, elle crut que si elle pouvoit m'empêcher de communier, elle me feroit le plus grand de tous les déplaisirs. Elle avoit bien raison, ô divin Epoux des ames pures ; puisque l'unique satisfaction de ma vie étoit de vous recevoir & de vous honorer. Je souffrois une espece de langueur lorsque j'étois quelques jours sans vous recevoir : lorsque je ne le pouvois, je me contentois de me tenir quelques

heures auprès de vous : & afin d'en avoir la liberté, je me mis de l'adoration perpétuelle. Je procurois autant que je le pouvois que les Eglises fussent bien ornées : je donnois ce que j'avois de plus beau pour faire des ornemens ; & je contribuois le plus que je pouvois à faire avoir des ciboires & des calices d'argent. Je fondai une lampe perpétuelle, afin que ce feu immortel fût une marque que je ne voulois pas que le feu de mon amour s'éteignît jamais. Je vous disois: ô mon Amour ! que je sois votre victime ! consumez-moi toute entière ! reduisez-moi en cendres, & n'épargnez rien pour m'anéantir ! Je sentois une pente pour n'être rien que je ne puis exprimer.

Cette fille donc connoissoit mon attrait pour le S. Sacrement, où, lorsque je le pouvois librement, je passois plusieurs heures à genoux, elle s'avisa d'épier tous les jours qu'elle croioit que je communiois : elle le venoit dire à ma belle-mere & à mon mari, à qui il n'en falloit pas davantage pour les mettre en colére contre moi. C'étoient des reprimandes qui duroient toute une journée. S'il m'échappoit quelque parole de justification, ou quelque peine de ce que l'on me disoit, c'en étoit assez pour dire, que je faisois des sacriléges, & pour faire crier contre la dévotion. Si je ne répondois rien, cela augmentoit leur dépit, & on me disoit les choses du monde les plus piquantes. Si je tombois malade, (ce qui m'arrivoit assez souvent,) on prenoit occasion de venir me quereller dans mon lit, disant, que c'étoient mes Communions qui me faisoient malade, & mes prieres ; comme si de vous recevoir, ô vraie source de tout bien, pouvoit faire quelque mal.

2. Cette fille me dit un jour dans fon emportement, qu'elle alloit écrire à celui qu'elle croioit être mon Directeur, afin qu'il m'empêchat de communier ; & qu'il ne me connoiſſoit pas : & comme elle vit que je ne lui répondois rien, elle crioit de toutes ſes forces que je la maltraitois, & que je la mépriſois. Lorſque je ſortois pour aller à la Meſſe, quoique j'euſſe ordonné premierement des choſes du ménage, elle alloit dire à mon mari que j'étois ſortie & que je n'avois mis ordre à rien. Quand je revenois, il me falloit eſſuier bien des choſes. On ne vouloit écouter aucune de mes raiſons, que l'on taxoit de menſonges. D'un autre côté, ma belle-mere perſuadoit à mon mari malade que je laiſſois tout périr, & que ſi elle n'en prenoit ſoin il ſeroit ruiné : il la croioit ; & je prenois tout en patience, tâchant de faire mon devoir de mon mieux. Ce qui m'étoit le plus pénible, étoit de ne ſavoir quelle meſure prendre : car lors que j'ordonnois quelque choſe ſans elle, elle ſe plaignoit que je n'avois aucune conſidération pour elle, que je faiſois tout à ma tête, & que les choſes étoient très-mal; puis elle les ordonnoit autrement : ſi je lui demandois ce qu'il falloit faire, elle diſoit, qu'il falloit qu'elle eût la peine de tout.

3. Je n'avois preſque point de repos que celui que je trouvois, ô mon Dieu, dans l'amour de votre volonté, & dans la ſoumiſſion à ſes ordres, quoiqu'ils fuſſent tout plein de rigueur pour moi. On examinoit ſans ceſſe mes paroles & mes actions, afin d'avoir occaſion de me reprendre. Sitôt qu'il y avoit la moindre occaſion

de les interpréter, on en faisoit des crimes. On me railloit tout le jour répétant incessamment les mêmes choses, & cela devant les valets. Ce qui me fit beaucoup souffrir, c'est que j'eus quelque tems un foible que je ne pouvois vaincre, & que Dieu me laissa pour mon humiliation, qui étoit de pleurer; de sorte que cela me rendoit la fable de la maison. Je voulois de tout mon cœur tout ce que l'on me faisoit, & cependant je ne savois retenir mes larmes, qui me combloient de confusion & redoubloient mes croix; car cela augmentoit leur colère. Combien de fois ai-je fait mon repas de mes larmes, qui paroissoient les plus criminelles du monde? On disoit que je serois damnée : comme si les larmes avoient creusé l'enfer : elles seroient plus propres à l'éteindre. Si je racontois quelque chose que j'avois ouï dire, l'on me vouloit rendre garante de la vérité de ces choses : si je me taisois, c'étoit par mépris & méchante humeur : si je savois quelque chose sans le dire, c'étoit des crimes; si je le disois, je l'avois controuvé. On me tourmentoit quelquefois plusieurs jours de suite sans me donner aucun relâche. Les filles disoient que je devois faire la malade afin qu'on me laissât en repos. Je ne répondois rien : car l'amour me serroit de si près, qu'il ne vouloit pas que je me soulageasse par une seule parole, ni même par un regard. Quelquefois je disois dans l'extrêmité où la nature étoit réduite : O si j'avois seulement quelqu'un que je pusse regarder & qui m'entendît, je serois soulagée! mais cela ne m'étoit pas donné. S'il m'arrivoit quelquefois de me soulager en quelque chose, Dieu m'ôtoit pour quelques jours la croix extérieure, & c'étoit pour moi la plus grande de toutes les peines : sa privation m'étoit un châtiment plus difficile à porter que les plus grandes croix : l'absence de la croix m'étoit une croix si terrible, que le desir de son retour me faisoit languir : ce qui me portoit à dire comme S*te*. Thérèse, *ou souffrir, ou mourir*. Elle ne tardoit gueres à revenir, cette charmante croix, étant une chose étrange, que quoique je la désirasse si fort, lorsqu'elle revenoit elle me paroissoit si lourde & si pesante, qu'elle m'étoit presque insupportable.

4. Quoique j'aimasse extrêmement mon pere, & qu'il m'aimât aussi très-tendrement, je ne lui ai jamais parlé de mes croix. Un de mes parens, qui m'aimoit beaucoup, s'apperçût du peu de douceur que l'on avoit pour moi : on me dit même devant lui des choses très-désobligeantes. Il vint fort indigné le dire à mon pere, ajoutant, que je ne leur répondois rien, & que je passerois pour une bête. J'allai voir ensuite mon pere, qui me reprit, contre son ordinaire, avec assez de force de ce que je souffrois que l'on me traitât comme l'on faisoit sans rien dire ; que chacun m'en railloit ; qu'il sembloit que je n'avois pas l'esprit de répondre. Je répondois à mon pere, que si l'on remarquoit ce que me disoit mon mari, c'étoit assez de confusion pour moi, sans m'en attirer davantage par mes réponses : que si on ne le remarquoit pas, je ne devois pas le relever, ni faire voir à tout le monde le foible de mon mari : qu'en ne disant mot, cela arrêtoit toute dispute ; au lieu que je la ferois continuer par mes repliques. Mon pere, qui étoit fort bon, me dit, que je faisois bien ; &

que je continuasse d'agir comme Dieu m'inspireroit : il ne m'en parla jamais depuis.

5. Ce qui me faisoit le plus souffrir, est que l'on me parloit incessamment contre mon pere, pour lequel j'avois autant de respect que de tendresse ; & contre mes proches, & ceux que je considérois le plus. J'avois bien plus de peine de cela, que de tout ce qu'on disoit contre moi. Je ne pouvois m'empêcher de les défendre; & je faisois mal en cela : car ce que je disois ne servoit qu'à les aigrir davantage. Si quelqu'un se plaignoit de mon pere ou de mes proches, il avoit toujours raison, & ceux qui passoient auparavant dans leur esprit pour les plus déraisonnables, étoient approuvés sitôt qu'ils parloient contre des personnes qui m'appartenoient. Sitôt qu'on se déclaroit de mes amis, on n'étoit plus le bien-venu. J'avois une parente que j'aimois beaucoup à cause de sa piété : lorsqu'elle me venoit voir, on lui disoit ouvertement de s'en retourner, ou on la traitoit de maniere qu'elle étoit obligée à le faire. Cela me faisoit une extrême peine. S'il y avoit quelque chose vrai ou faux contre moi ou contre mes parens, c'étoit ce que l'on me reprochoit. Lorsqu'il venoit quelque personne extraordinaire, on parloit contre moi à des gens qui ne m'avoient jamais vue : ce qui les étonnoit beaucoup ; mais lorsqu'ils m'avoient vue, ils ne faisoient que me plaindre.

6. Quelque chose que l'on dit contre moi, l'Amour ne vouloit pas que je me justifiasse. Si je le faisois, ce qui étoit rare, j'en avois des reproches. Je ne parlois point à mon mari de ce que ma belle-mere me faisoit, ni de ce que cette

fille me faisoit, à la réserve de la premiere année, que je n'étois pas assez touchée de Dieu pour souffrir de pareils traitemens. Vous me faisiez faire, ô mon Amour ! encore plus que tout cela : car comme ma belle-mere & mon mari étoient fort prompts, ils se brouilloient souvent ensemble. C'étoit alors que j'étois bien avec eux : ils me faisoient leurs plaintes réciproques : jamais je ne disois à l'un ce que l'autre m'avoit dit ; & quoiqu'il m'eût été avantageux, à parler selon l'homme, de me prévaloir de ce tems, je ne m'en servois jamais pour me plaindre ; au contraire, l'Amour ne me laissoit point en repos que je ne les eusse bien remis ensemble. Je disois tant de choses obligeantes de l'un pour l'autre, que je les remettois bien. Quoique je n'ignorasse pas par l'expérience fréquente que j'en avois faite, que leur réunion me couteroit beaucoup, je ne laissois pas de la faire le plus vîte qu'il m'étoit possible. A peine étoient-ils remis, qu'ils se joignoient contre moi. Ce procédé a toujours duré.

7. Les croix m'auroient paru peu de chose si dans l'attrait intérieur que je sentois j'avois eu la liberté de prier & d'être seule : mais il me falloit demeurer en leur présence avec une assujettissement qui n'étoit pas concevable. Mon mari regardoit à sa montre si j'étois plus d'une demi heure à prier : & lorsque je la passois, il en avoit de la peine. Je lui disois quelquefois ; donnez-moi une heure pour me divertir, je l'emploierai à ce que je voudrai : mais il ne vouloit pas me la donner pour prier, quoiqu'il me l'eût bien donnée pour me divertir si je l'avois voulu. J'avoue que mon peu d'expérience m'a bien causé

de la peine, & que j'ai donné par-là souvent occasion à ce que l'on me faisoit souffrir ; car enfin, ne devois-je pas voir ma captivité comme un effet de votre volonté, ô mon Dieu, me contenter de cela, & en faire ma seule priere ? Mais je retombois souvent dans la misere de vouloir prendre du tems pour prier ; ce qui n'étoit pas agréable à mon mari. Il est vrai que ces fautes furent plus fréquentes au commencement : dans la suite je priois Dieu dans sa ruelle & je ne sortois plus.

8. Une des choses qui m'a fait le plus de peine dans le commencement de la voie, c'est que j'étois si fort occupée au-dedans, que j'oubliois beaucoup de choses. Cela m'a causé beaucoup de croix, & donna sujet à mon mari de se fâcher : car quoique j'eusse un extrême amour pour tout ce qui étoit de mon devoir, & que je le préférasse même à tout le reste, je ne laissois pas d'oublier sans le vouloir quantité de choses : & comme mon mari ne vouloit pas qu'on manquât à rien, je lui donnois occasion de se mettre en colere. Je n'ai cependant rien oublié qui fût de conséquence ; mais j'oubliois presque toutes les menues choses. La grande habitude que j'avois prise de mortifier mes yeux, jointe au recueillement, faisoit que je passois devant certaines choses sans les remarquer, & ma belle-mere qui passoit après moi les voioit, & se fâchoit contre moi de mon peu de soin, avec raison. Cependant je ne pouvois mieux faire : car plus je voulois m'appliquer, moins j'en venois à bout. J'allois dans le jardin sans y rien remarquer, & quand mon mari, qui n'y pouvoit aller, m'en demandoit des nouvelles, je ne savois que lui ré-

pondre, & il se fâchoit. J'y allois exprès pour y remarquer toutes choses afin de lui dire que je les avois vues, & quand j'étois là je les oubliois, & ne pensois pas à les regarder. J'allai en un jour plus de dix fois au jardin pour y voir quelque chose pour le rapporter à mon mari, & je l'oubliai. Lors que j'étois parvenue jusqu'à me souvenir de les regarder, j'étois très-contente, & c'étoit ordinairement le tems où l'on ne m'en demandoit point de nouvelles. Comme je m'étois aussi accoutumée dans le commencement pour mortifier ma curiosité, qui étoit très-grande, de me retirer sous quelque prétexte lors qu'on disoit quelque nouvelle agréable, & que je ne revenois que lors que je ne pouvois plus rien comprendre à ce que l'on disoit, je tombois dans une extrêmité, qui étoit, que je ne comprenois ni n'entendois plus les nouvelles qui se disoient devant moi : de sorte que lorsque mon mari m'en parloit, j'étois étonnée & confuse de ne savoir ce que c'étoit, ni que lui répondre : & je lui étois par là un sujet de se fâcher sans le pouvoir éviter. J'aurois bien voulu faire autrement : car loin de me mortifier alors en cela, j'aurois voulu m'y rendre attentive : mais mon attention se perdoit sans que je comprisse comment cela se faisoit ; & plus j'étois persuadée que je devois m'appliquer à les contenter, plus j'essaiois même de le faire, plus mon impuissance étoit grande. Le plus souvent lors que je voulois dire quelque chose, je demeurois tout-court sans que je pusse me former une idée de ce que j'avois voulu dire : ce qui ne servoit pas peu à m'humilier.

CHAPITRE XVII.

Augmentation de l'attrait & des opérations paisibles & intimes de Dieu dans elle, & leurs effets. Son industrie à se ménager du tems pour prier, lui préjudicie. Providences divines pour ses Communions & autres sujets. Le commerce avec une sainte Religieuse qui la fortifioit, lui est interdit. Scrupules & craintes de donner sujet au mécontentement des autres, quoiqu'on fît son possible pour leur plaire.

1. Nous allâmes à la campagne, où je fis bien des fautes, me laissant trop aller à mon attrait intérieur. Je croiois le pouvoir faire de la sorte parce que mon mari se divertissoit à faire bâtir. Il ne laissa pas de s'en mécontenter : car je le laissois trop longtems sans l'aller trouver où il étoit, à cause qu'il parloit incessamment aux ouvriers. Je me mettois dans un coin, où je travaillois. Je ne pouvois presque rien faire, à cause de la force de l'attrait qui me faisoit tomber l'ouvrage des mains. Je passois les heures de cette sorte sans pouvoir ni ouvrir les yeux, ni connoître ce qui se passoit en moi, qui étoit si simple, si paisible, si suave, que je me disois quelquefois ; le ciel est-il plus paisible que moi ? Je ne disois à personne mes dispositions ; car elles n'avoient rien qui les fît distinguer : je n'en pouvois rien dire : tout se passoit dans l'intime de l'ame ; & la volonté goûtoit ce que je ne pouvois exprimer.

2. Cette disposition étoit presque continuelle dans les premieres années, & me donnoit un si

grand défir de fouffrir que rien plus. J'éprouvois que cette difpofition en produifoit infenfiblement une autre en moi, qui étoit, que ma volonté s'amortiffoit chaque jour, & fe perdoit imperceptiblement dans l'unique vouloir de Dieu ; & je connoiffois fenfiblement, que ma difpofition intérieure de fimple repos en Dieu, fans que je fiffe d'actes particuliers, faifoit cet effet, de m'ôter peu à peu ma volonté pour la faire paffer en Dieu : cela rendoit de plus l'ame fi fouple & pliable, qu'elle fe portoit d'abord à tout ce que Dieu pouvoit vouloir d'elle quoiqu'il lui en dût couter. Elle devenoit tous les jours plus indifférente pour le tems, les lieux, les états ; & elle goûtoit admirablement que tout ce qu'il lui falloit lui étoit donné à chaque moment. Auffi dès-lors elle ne pouvoit défirer que ce qu'elle avoit : cette difpofition éteignoit tous fes défirs; & je me difois quelquefois à moi-même, que veux-tu ? que crains-tu ? & j'étois étonnée d'éprouver que je ne pouvois rien défirer ni rien craindre. Tout étoit mon lieu propre : par-tout je trouvois mon centre ; parce que par-tout je trouvois Dieu. Le penchant qui m'y paroiffoit le plus marqué étoit la folitude & l'amour de la croix : c'étoit où toute mon ame s'inclinoit.

3. Comme je n'avois ordinairement aucun tems pour prier qu'avec peine, je m'avifai, afin de ne pas défobéir à mon mari, qui vouloit que je ne fortiffe du lit qu'à fept heures, que je n'avois qu'à me mettre à genoux fur mon lit, (qui étoit dans fa chambre, à caufe qu'il étoit malade,) tâchant de lui marquer en tout mon affiduité. Je me levois dès quatre heures, & reftois fur mon lit. On croioit que je dormois, & l'on ne

s'en apperçût point ; mais cela intéressa ma santé & me fit tort : car comme j'avois les yeux appesantis par la petite vérole qu'il n'y avoit que huit mois que j'avois eue, & qui m'avoit laissé de grands maux d'yeux, ce défaut de sommeil fit que je ne pouvois plus faire oraison sans m'endormir ; & je ne dormois pas un moment en repos, à cause que j'appréhendois de ne me pas éveiller. L'après-dîner j'allois pour prier ma demi-heure ; & quoique je ne fusse nullement endormie, je m'endormois d'abord. Je me disciplinois d'orties pour me réveiller, sans en pouvoir venir à bout.

4. Comme nous n'avions pas encore fait bâtir la chapelle, je ne pouvois aller à la Messe sans la permission de mon mari : car nous étions fort éloignés de toutes sortes d'Eglises ; & comme pour l'ordinaire il ne me le permettoit que les fêtes & dimanches, je ne pouvois communier que ces jours-là, quelque désir que j'en eusse, à moins qu'il ne vint quelque Prêtre à une chapelle qui étoit à un quart de lieue de chez nous, & qu'il ne nous vint avertir. Comme on ne pouvoit sortir le carrosse de la cour qu'on ne l'entendît, je ne le pouvois tromper. Je m'accommodai avec le gardien des Récolets, qui étoit un très-saint homme. Il faisoit semblant d'aller dire la Messe pour quelque autre, & envoioit un Religieux m'avertir. Il falloit que ce fût de grand matin, afin que mon mari ne s'en apperçût pas ; & quoique j'eusse bien de la peine à marcher, j'allois un quart de lieue à pied, parce que je n'ôsois faire mettre les chevaux au carrosse de peur d'éveiller mon mari. O mon Dieu ! quel désir ne me donniez-vous pas de vous recevoir ? & quoique ma lassitude fût extrême, tout cela ne

Tome I. L

m'étoit rien. Vous faisiez, ô mon Seigneur, des miracles pour féconder mes désirs ; car outre que pour l'ordinaire les jours que j'allois entendre la messe mon mari s'éveilloit plus tard, & qu'ainsi je revenois avant qu'il fût éveillé, combien de fois suis-je sortie du logis que le tems étoit si couvert, que la fille que je menois me disoit, qu'il n'y avoit pas d'apparence d'aller à pied, que je serois inondée de la pluie : je lui répondois avec ma confiance ordinaire ; Dieu nous assistera. Et n'arrivois-je pas, ô mon Seigneur, sans être mouillée ! Je n'étois pas plutôt arrivée à la chapelle, que l'eau tomboit avec une extrême abondance : la messe n'étoit pas plutôt achevée, que la pluie cessoit entierement, & me donnoit le tems de retourner au logis, où je n'étois pas plutôt arrivée, qu'elle recommençoit avec plus de violence. Ce qui est de surprenant, c'est qu'en plusieurs années que j'en ai usé de la sorte, il ne m'est jamais arrivé d'être trompée dans ma confiance. Cette bonté que vous aviez pour moi, mon Dieu, me donnoit un tel abandon à votre providence, que je ne pouvois me peiner ni m'inquiéter de quoi que ce soit. Lors que j'étois à la ville, & que je ne trouvois personne qui me pût voir, j'étois étonnée qu'il venoit à moi des Prêtres qui me demandoient si je voulois communier, & qu'ils me communieroient. Je n'avois garde de refuser, ô mon Amour, ce présent que vous me faisiez de vous-même ; car je ne doutois pas que ce ne fût vous qui leur inspiriez cette charité. Avant que je me fusse accommodée avec les Recolets pour venir dire la messe à la chapelle dont je viens de parler, vous m'éveilliez quelquefois en surfaut, ô mon Dieu, avec un instinct violent de me lever & d'aller à cette chapelle, que j'y trouverois des Messes. La fille que je menois me disoit : mais, Madame, vous allez peut-être vous lasser inutilement ; on ne dira peut-être point de Messe ; car cette chapelle n'étoit point desservie, & il n'y avoit des Messes que celles qu'on y faisoit dire de tems en tems par la dévotion d'un chacun. J'allois pleine de foi malgré ce que cette fille faisoit pour m'en détourner : en arrivant, je trouvois le Prêtre qui s'habilloit pour monter à l'Autel.

5. Si je pouvois dire par le menu les providences que vous aviez sur moi, qui m'étoient continuelles, & me jettoient dans l'étonnement, il y auroit dequoi faire des volumes. Vous me faisiez trouver des providences toutes prêtes pour écrire à la Mere Granger lorsque j'étois le plus pressée de peines ; & je sentois de forts instincts de sortir quelquefois jusqu'à la porte, où je trouvois un messager de sa part qui m'apportoit une lettre qui n'auroit pû tomber entre mes mains sans cela. Ce que je dis n'est rien au prix de ce qui en étoit : ces sortes de providences étoient continuelles.

6. J'avois une extrême confiance à la Mere Granger. Je ne lui cachois rien ni de mes péchés, ni de mes peines : je n'aurois pas fait la moindre chose sans la lui dire : je ne faisois d'austérités que celles qu'elle me vouloit permettre. Il n'y avoit que mes dispositions intérieures que je ne pouvois presque dire ; parce que je ne savois comment m'en expliquer, étant très-ignorante de ces choses, pour ne les avoir jamais lues ni entendues. Mon Confesseur & mon mari me défendirent de nouveau de la voir. Il m'é-

toit presqu'impossible d'obéir : car comme j'avois des traverses très-grandes, & qu'il m'échappoit quelquefois de dire quelque petit mot par infidélité dans l'extrême oppression où la nature étoit réduite, ce petit mot m'attiroit tant de croix, que je croiois avoir fait de grandes fautes, tant je me trouvois brouillée. Je portois en moi une continuelle condamnation de moi-même : de sorte que je regardois mes croix comme des défauts, & je croiois que je me les attirois. Je ne savois comment démêler tout cela, ni y mettre remede : car souvent un oubli involontaire donnoit lieu à des mécontentemens de plusieurs semaines. Je prenois prétexte d'aller voir mon pere, & je courois à la Mere Granger : mais sitôt que cela étoit découvert, c'étoit des croix que je ne puis exprimer : car il seroit difficile de dire jusqu'à quel excès alloit la colere que l'on avoit contre moi. La difficulté de lui écrire n'étoit pas moindre : car comme j'avois une extrême horreur du mensonge, je défendois aux laquais de mentir : de sorte que lorsqu'on les rencontroit, on leur demandoit où ils alloient, & s'ils ne portoient point de lettres. Ma belle-mere se mettoit sur un certain petit vestibule, où étant, personne ne pouvoit sortir du logis qu'elle ne les vit & qu'ils ne passassent auprès d'elle. Elle leur demandoit où ils alloient, & ce qu'ils portoient : il falloit le lui dire : de sorte que quand elle savoit que j'avois écrit à la Mere Granger, c'étoit un bruit terrible. Quelquefois en allant à pied aux Bénédictines, je faisois porter des souliers, (a) afin qu'on ne s'apperçut pas où j'avois été;

(a) *On auroit apperçu à ses souliers crotés qu'elle avoit été dehors : elle devoit en avoir de nets à la main en rentrant au logis.*

car il y avoit loin : mais toutes mes précautions étoient inutiles ; car je n'osois aller seule, & ceux qui me suivoient avoient ordre de dire par-tout où j'allois : s'ils y avoient manqué, ils étoient châtiés, ou renvoiés.

7. Ils me disoient toujours du mal de cette sainte fille, laquelle ils estimoient dans le fond ; mais c'est que Dieu vouloit que je fusse dans une contradiction & une peine continuelle : car comme je l'aimois beaucoup, je ne pouvois m'empêcher de la justifier & d'en dire du bien ; & cela les mettoit en telle colére, qu'ils veilloient encore de plus près pour m'empêcher de l'aller voir. Je faisois cependant tout ce que je pouvois pour les contenter, & c'étoit mon étude continuelle, sans que j'y pusse réussir : & comme je croiois que la dévotion consistoit à les contenter, je me désolois, & me voulois du mal de tout le tourment que l'on me faisoit, croiant que c'étoit ma faute. C'est une des plus grandes peines que de croire qu'une chose est du devoir, & de travailler incessamment à la faire, sans pourtant y pouvoir réussir. C'est la conduite que vous avez tenue sur moi, ô mon Dieu, tant que j'ai été en ménage. Je m'en plaignois quelquefois à la Mere Granger, qui me disoit : comment les contenteriez-vous, puisque depuis plus de vingt ans je fais ce que je puis pour cela sans en pouvoir venir à bout ? car comme ma belle-mere avoit là deux filles, elle trouvoit à redire à tout ce qu'elle faisoit.

8. La croix qui me fut la plus sensible, fut de voir révolter mon fils contre moi, auquel on inspiroit pour moi un mépris si grand, que je ne pouvois le voir sans mourir de douleur. On l'en-

voioit, sitôt que j'étois dans ma chambre avec quelqu'une de mes amies, écouter ce que je disois : & comme cet enfant voioit que cela leur plaisoit, il inventoit cent choses pour leur aller dire. Ce qui me faisoit le plus de peine là dedans, étoit la perte de l'enfant, après lequel j'avois pris une extrême peine. Si je le surprenois en mensonge (ce qui arrivoit fréquemment) je n'osois le reprendre. Il me disoit : ma grand'-mere dit, que vous avez été plus menteuse que moi. Je lui répondois : c'est à cause que je l'ai été que je connois mieux la laideur de ce vice, & la difficulté de s'en corriger; & c'est pour cette même raison que je ne veux pas vous le souffrir. Il me disoit des choses fort offensantes : & parce qu'il remarquoit très-bien la déférence que j'avois pour sa grand'-mere & pour son pere, sitôt qu'en leur absence je voulois le reprendre de quelque chose, il me reprochoit que je voulois faire la maîtresse parce qu'ils n'y étoient pas. Ils approuvoient tout cela en cet enfant; de sorte que cela le fortifioit en ses mauvaises inclinations. Un jour cet enfant alla voir mon pere : il voulut sans discernement parler de moi à mon pere comme il faisoit à sa grand-mere. Mon pere en fut touché jusqu'aux larmes; & vint au logis pour prier qu'on le chatiât : mais on n'en fit rien quoiqu'on l'eût promis à mon pere. Je n'avois pas la force de le châtier. Il arrivoit souvent de semblables scènes : & comme l'enfant devenoit plus grand, & qu'il y avoit apparence que son pere ne vivroit pas, je craignois les suites d'une si mauvaise éducation. Je le disois à la Mere Granger, qui me consoloit, & me disoit, que puisque je ne pouvois apporter de remede, il falloit souffrir & tout abandonner à Dieu, que cet enfant seroit ma croix.

9. Une autre de mes peine étoit, que je ne pouvois remarquer que mon assiduité auprès de mon mari lui plût. Je savois bien que je lui déplaisois lorsque je n'y étois pas ; mais lorsque j'y étois, il ne me marquoit jamais l'agréer, ni ce que je faisois : au contraire, il n'avoit que du rebut pour tout ce qui venoit de moi. Je tremblois quelquefois lorsque je l'approchois ; car je savois bien que je ne ferois rien à son gré ; & si je n'en approchois pas, il s'en plaignoit. Il étoit si dégouté des bouillons, qu'il ne les pouvoit voir ; de sorte que ceux qui lui en apportoient étoient mal reçus. Ma belle-mere ni aucun des domestiques ne lui en vouloit porter, de peur d'essuier son chagrin : il n'y avoit que moi qui ne me rebutois pas : j'allois les lui porter, & laissois passer son feu ; puis je tâchois agréablement de le porter à les prendre : & lors qu'il se fâchoit davantage, j'attendois en patience ; puis je lui disois : j'aime mieux être querellée plusieurs fois le jour, que de vous causer du mal en ne vous apportant pas ce qu'il vous faut. Quelquefois il les reprenoit ; d'autrefois il les repoussoit : mais comme il voioit ma persévérance, il étoit souvent contraint de les prendre. Lors qu'il étoit de bonne humeur, & que je lui portois quelque chose qui lui auroit été agréable, ma belle-mere me l'ôtoit des mains pour le lui porter ; & comme il croioit que je n'avois pas soin de ces choses, il s'en chagrinoit contre moi, & en faisoit à sa mere de grands remercimens. L'Amour m'empêchoit de n'en rien dire & je souffrois tout en silence. Je faisois tous mes efforts pour gagner

ma belle-mere par mes assiduités, mes présens, mes services : cependant je n'avois pas assez d'adresse pour y réussir. O mon Dieu, qu'une vie continuelle comme celle-là seroit ennuieuse sans vous! Cette conduite dont je viens de parler, a toujours duré, à la réserve de quelques intervalles (comme j'ai dit) très-courts, qui ne servoient qu'à me rendre les choses plus rudes & plus sensibles.

CHAPITRE XVIII.

Sa connoissance avec le R. P. Lacombe. Alternatives de présence & d'absence de Dieu ; de diverses croix, de désirs des croix, puis de peine à les porter. Usage & nécessité de ces alternatives. Défauts où l'on tombe en tems d'obscurité. Sa charité envers les pauvres. Autres épreuves. Extinction du sensible.

1. IL y avoit huit ou neuf mois que j'avois eu la petite vérole. Lorsque le pere la Combe passa par le lieu de ma demeure, il vint au logis pour m'apporter une lettre du P. de la Mothe (*), qui me prioit de le voir, & qu'il étoit fort de ses amis. J'hésitai beaucoup si je le verrois, parce que je craignois fort les nouvelles connoissances : cependant la crainte de fâcher le Pere de la Mothe me porta à le faire. Cette conversation, qui fut courte, lui fit désirer de me voir encore une fois. Je sentis la même envie de mon côté ; car je croiois ou qu'il aimoit Dieu, ou

(*) C'étoit un Religieux Bernabite, frere de Mad. G. du côté du Pere.

qu'il étoit tout propre à l'aimer ; & je voulois que tout le monde l'aimât. Dieu s'étoit déja servi de moi pour gagner trois Religieux de son ordre. L'empressement qu'il eut de me revoir le porta à venir à notre maison de campagne qui n'étoit qu'à une demi-lieu de la ville. La providence se servit d'un petit accident qui lui arriva pour me donner le moien de lui parler : car comme mon mari, qui goûta fort son esprit, lui parloit, il se trouva mal ; & étant allé dans le jardin, mon mari me dit de l'aller trouver de peur qu'il ne lui fût arrivé quelque chose. J'y allai. Ce pere dit, qu'il avoit remarqué un recueillement & une présence de Dieu sur mon visage si extraordinaire, qu'il se disoit à lui-même : je n'ai jamais vû de femme comme celle-là ; & c'est ce qui lui fit naître l'envie de me revoir. Nous nous entretinmes un peu, & vous permîtes, ô mon Dieu, que je lui dis des choses qui lui ouvrirent la voie de l'intérieur. Dieu lui fit tant de graces par ce misérable canal, qu'il m'a avoué depuis qu'il s'en alla changé en un autre homme. Je conservai un fond d'estime pour lui ; car il me parut qu'il seroit à Dieu : mais j'étois bien éloignée de prévoir que je dusse jamais aller à un lieu où il seroit.

2. Mes dispositions dans ce tems étoient une oraison continuelle, comme je l'ai dit, sans la connoître. Tout ce qu'il y avoit c'est que je sentois un grand repos & un grand goût de la présence de Dieu, qui me paroissoit si intime, qu'il étoit plus en moi que moi-même. Les sentimens en étoient quelquefois plus forts, & si pénétrans, que je ne pouvois y résister, & l'Amour m'ôtoit

toute liberté : d'autrefois il étoit si sec, que je ne ressentois que la peine de l'absence, qui m'étoit d'autant plus rude que la présence m'avoit été plus sensible. Je croiois avoir perdu l'Amour : car dans ces alternatives, lors que l'Amour étoit présent, j'oubliois tellement mes douleurs, qu'elles ne me paroissoient que comme un songe : & dans les absences de l'Amour, il me sembloit qu'il ne devoit jamais revenir : & comme il me paroissoit toujours que c'étoit par ma faute qu'il s'étoit retiré de moi, cela me rendoit inconsolable. Si j'avois pû me persuader que ç'eût été un état par où il falloit passer, je n'en aurois eu aucune peine : car l'amour de la volonté de Dieu m'auroit rendu toutes choses faciles, le propre de cette oraison étant de donner un grand amour de l'ordre de Dieu, une foi sublime, & une confiance si parfaite, que l'on ne sauroit plus rien craindre, ni périls, ni dangers, ni mort, ni vie, ni esprit, ni tonnerre ; au contraire, elle réjouit, elle donne encore un grand délaissement de soi, de ses intérêts, de la réputation, & un oubli de toutes choses.

3. On m'accusoit au logis de tout ce qui étoit mal-fait, ou gâté, ou rompu. Je disois d'abord la vérité, que ce n'étoit pas moi : on persistoit, & je ne répondois plus rien : alors on m'accusoit non-seulement de la faute, mais d'avoir menti. Quoi qu'on le dît à ceux qui venoient, & qu'après je fusse seule avec ces personnes, je ne les désabusois pas. J'entendois dire souvent en ma présence certaines choses à mes amis capables de me faire perdre leur estime; mais je ne leur en

parlois jamais. L'Amour vouloit le secret & tout souffrir sans justification. S'il m'arrivoit de me justifier par infidélité, cela ne réussissoit pas, & m'attiroit de nouvelles croix au déhors & au-dedans : mais malgré tout cela j'étois si fort amoureuse de la croix, que ma plus forte croix auroit été de n'en point avoir. Vous m'ôtiez, ô mon Dieu, quelquefois la croix pour me la rendre plus sensible ; & c'étoit alors que vous m'en redoubliez l'estime, le goût, & le désir, qui alloit quelquefois jusqu'à tel excès, qu'il me dévoroit. Lorsque la croix m'étoit ôtée pour quelques momens, il me sembloit que c'étoit à cause du mauvais usage que j'en avois fait, & que quelque infidélité m'avoit privé d'un si grand bien : car je ne connoissois jamais mieux sa valeur que dans sa perte. O bonne croix, mes cheres délices, ma compagne fidelle ! comme mon Sauveur ne s'est incarné que pour mourir entre tes bras, ne lui serois-je point en cela conforme, & ne seras-tu pas le moyen qui m'uniras à lui pour jamais ? Je vous disois souvent, ô mon Amour ! punissez-moi de toute autre maniere ; mais ne m'ôtez pas la croix.

4. Quoique l'amour de la croix fût si grand en moi qu'il me faisoit languir lors que la croix étoit absente, elle ne me revenoit pas plutôt, cette aimable croix, objet de mes vœux & de mes espérances, qu'elle me cachoit ses beautés pour ne me laisser voir que ses rigueurs, ensorte que la croix m'étoit d'une sensibilité étrange : & il ne m'arrivoit pas plutôt quelque faute, que Dieu m'en privoit de nouveau ; & alors elle me paroissoit dans toute sa beauté : de sorte que je ne me pouvois consoler de ne lui avoir pas fait tout l'acueil qu'elle méritoit. Je me sentois alors brûler

d'amour pour elle. Elle revenoit, cette aimable croix avec d'autant plus de force, que mon désir étoit plus véhément. Je ne pouvois accorder deux choses qui me paroissoient si fort opposées, désirer la croix avec tant d'ardeur, & la supporter avec tant de peine. Ces alternatives la rendent mille fois plus sensible : car l'esprit se fait peu à peu à la croix; & lors qu'il commence à la porter fortement, elle lui est ravie pour un peu afin que son retour le surprenne & l'accable. De plus, lors que l'on porte la croix d'une égale force, on s'y appuie, & on s'y accoutume même si fort, qu'elle ne fait pas tant de peine; car la croix a quelque chose de noble & de délicat, qui fait un grand soutien à l'ame.

5. Les croix que vous m'envoyiez, ô mon Dieu, étoient ménagées de telle sorte par votre providence, qu'elles ne pouvoient point faire cet effet. Votre main toute sage les accommodoit de telle sorte, soit en les changeant souvent, soit en les augmentant, qu'elles m'étoient toujours nouvelles. O que vous savez bien, mon Dieu, appésantir les croix dans l'économie admirable que vous y gardez! c'est vous seul qui savez crucifier d'une maniere conforme à la portée de la créature : vous en donnez toujours de nouvelles & auxquelles on ne s'attend point. Les croix intérieures alloient de pas égal avec les extérieures, & elles étoient assez conformes. Vos absences redoublées me faisoient mourir de douleur. Lors que vous m'aviez donné, ô mon Dieu, de plus fortes preuves de votre amour, & que mon cœur ne pensoit qu'à vous aimer, vous permettiez quelques fautes imprévues, puis vous faisiez des absences si longues & si rudes,

I. PARTIE. CHAP. XVIII. 173

que vous fembliez ne devoir jamais revenir : & lors que mon ame commençoit à fe réfigner & à connoître que cet état lui étoit plus avantageux que celui de l'abondance, à caufe qu'elle s'en nourriffoit propriétairement, & qu'elle n'en faifoit pas tout l'ufage qu'elle devoit ; alors vous reveniez plus fortement, & ma joie étoit d'autant plus grande que ma douleur avoit été plus forte. Je crois que fi Dieu ne tenoit ce procédé, l'ame ne mourroit jamais à foi-même : car l'amour-propre eft fi dangereux, qu'il s'attache & s'accoutume à tout.

6. Ce qui me faifoit plus de peine dans ce tems brouillé & crucifié au déhors & au-dedans, étoit une facilité inconcevable à la promptitude : & lors qu'il m'en échappoit quelqu'une, ou quelque réponfe un peu trop vive (ce qui ne fervoit pas peu à m'humilier,) on difoit que j'étois en péché mortel. Il ne me falloit pas, ô mon Dieu, une conduite moins rigoureufe que celle-là : car j'étois fi orgueilleufe, fi prompte, & d'une humeur fi contrariante naturellement, voulant toujours l'emporter, & croiant mes raifons meilleures que celles des autres, que fi vous euffiez épargné en moi les coups de marteau, vous ne m'auriez jamais polie à votre gré ; car j'étois fi vaine, que j'en étois ridicule : il ne falloit pas moins de croix pour me réduire. L'applaudiffement me rendoit infupportable. J'avois le défaut de louer mes amis avec excès, & de blâmer les autres fans raifon. Je voudrois de tout mon cœur faire connoître mes mifères, il femble, mon Dieu, qu'elles fervent admirablement d'ombres au tableau que vous avez la bonté de faire en moi : plus j'ai été criminelle, plus je vous dois,

& moins je puis m'attribuer aucun bien. O que les hommes sont aveugles qui attribuent à l'homme la sainteté que Dieu lui communique ! Je crois, mon Dieu, que vous avez des Saints qui, après votre grace, doivent extrêmement à leur fidélité. Pour moi, mon Dieu, je ne dois qu'à vous : c'est mon plaisir, c'est ma gloire, je ne le saurois trop dire.

7. Je faisois de fort grandes charités. Vous m'aviez donné, ô mon Dieu, un amour si grand pour les pauvres, que j'aurois voulu fournir à tous leurs besoins. Je ne pouvois les voir dans leurs misères sans me reprocher à moi-même mon abondance. Je me privois de ce que je pouvois pour les secourir. Ce que l'on me servoit à table de meilleur, m'étoit d'abord desservi par l'ordre que j'en avois donné, & on le leur portoit. Il n'y avoit gueres de pauvres dans le lieu où je demeurois, qui ne ressentissent les effets de la charité que vous m'aviez donnée pour eux. Il sembloit, ô mon Dieu, que vous ne vouliez d'aumône presque que de moi : on venoit à moi pour tout ce que les autres refusoient. Je vous disois : ô mon Amour ! c'est votre bien, je n'en suis que la fermiere : je le dois distribuer selon vos volontés. Je trouvois bien moien de les soulager sans me faire connoître, parce que j'avois une personne qui distribuoit mes aumônes dans le secret. Quand c'étoit des familles honteuses, je le leur envoiois comme si je le leur eusse dû. J'habillois ceux qui étoient nuds, & je faisois apprendre aux filles à gagner leur vie, sur-tout à celles qui étoient bien faites ; afin qu'étant occupées, & ayant dequoi vivre, elles fussent par-là retirées de l'occasion de se perdre. Vous vous ser-

viez même de moi, ô mon Dieu, pour en tirer de leur désordre. Il y en eut une de qualité, & bien faite, qui est morte très-saintement. Je fournissois du lait aux petits enfans : & particulierement vers Noël je redoublois mes charités pour les petits enfans en l'honneur de Jésus Enfant, qui est le centre de mon amour. J'allois voir les malades, les consoler, faire leurs lits : je faisois des onguents, & pansois leurs plaies : j'ensevelissois les morts : je fournissois en secret aux artisans & aux marchands de quoi soutenir leurs boutiques. On ne peut gueres porter la charité plus loin que Notre Seigneur me l'a fait porter selon mon état, tant mariée que veuve.

8. Notre Seigneur pour me purifier davantage du mêlange que je pouvois faire de ses dons avec mon amour propre, me mit dans de très-fortes épreuves intérieures. Je commençai à éprouver que la vertu qui m'avoit été si douce & si facile, me devint d'un poids insupportable : non que je ne l'aimasse extrêmement ; mais c'est que je me trouvois impuissante de la pratiquer comme je l'avois apprise. Plus je l'aimois, plus je m'efforçois d'acquérir quelque vertu que je voiois me manquer, & je tombois, ce me sembloit dans ce qui lui étoit contraire. Il n'y avoit qu'une chose sur laquelle vous avez toujours eu pour moi une protection visible : c'étoit la chasteté ; vous m'en donniez un amour très-grand, & en mettiez les effets dans mon ame, éloignant, même dans mon mariage, par des providences, des maladies, & d'autres, ce qui pouvoit l'affoiblir, même innocemment : de sorte que dès la seconde année de mon mariage Dieu éloigna tellement mon cœur de tous les plaisirs sensuels,

que le mariage a été pour moi en toute manière un très-rude sacrifice. Il y a plusieurs années qu'il me semble que mon cœur & mon esprit est si séparé de mon corps, qu'il fait les choses comme s'il ne les faisoit point. S'il mange ou se recrée, cela se fait avec une telle séparation, que j'en suis étonnée, & avec un amortissement entier de la vivacité du sentiment pour toutes les fonctions naturelles. Je crois que j'en dis assez pour me faire entendre.

CHAPITRE XIX.

Continuation de ses austérités. Connoissance de M. Bertot, à Paris. Retraite. Souplesse de sa volonté dans les souffrances & son union, différente de sa perte. Pressentiment de la mort de M. son Pere ; sa même mort & celle d'une fille d'insigne piété. Son contract avec le S. Enfant JÉSUS*, & ses conditions. Redoublement des croix, pour faire mourir la nature.*

1. Pour reprendre la suite de mon histoire, je dirai que la petite vérole m'avoit si fort gâté un œil, que je craignois de le perdre. J'avois une glande au coin de l'œil qui étoit relâchée ; il s'y formoit des abcès de tems en tems entre le nez & l'œil, qui me faisoient de fort grandes douleurs jusqu'à ce que cela fût percé. Je ne pouvois souffrir l'oreiller dans l'enflure étrange que cela causoit à toute ma tête : le moindre bruit m'étoit un supplice, & la providence permettoit que dans ces tems on faisoit un fort grand bruit dans ma chambre. Quoique cela me causât beaucoup de douleur, ce tems ne laissoit pas d'être celui de mes délices, pour deux raisons ;

sons; la premiere, parce qu'on me laissoit seule dans mon lit, où je faisois une très-douce retraite: la seconde, parce qu'il contenta la faim que j'avois de souffrir, qui étoit telle, que toutes les austérités du corps auroient été comme une goutte d'eau pour éteindre un si grand feu. Je me faisois souvent arracher des dents quoiqu'elles ne me fissent point de mal : c'étoit un rafraichissement pour moi ; & lors que les dents me faisoient mal, je ne songeois pas à me les faire arracher; au contraire elles devenoient mes bonnes amies, & j'avois regret de les perdre sans douleur. Je me jettai une fois du plomb fondu sur la chair nue ; mais il ne me faisoit aucun mal, parce qu'il coula, & ne demeura pas. En cachetant des lettres je me laissois tomber de la cire d'Espagne ; & cela faisoit plus de mal, parce qu'elle adhére. Lorsque je tenois de la bougie, je la laissois finir & me brûler long-tems. Ce ne sont point là des croix ni des peines ; notre propre choix ne nous peut causer que de légéres croix : c'est à vous, ô mon Amour crucifié, de les tailler à votre mode pour les rendre pesantes. Je ne m'étonne pas de ce que l'on vous peint dans la boutique de S. Joseph faisant des croix; ô que vous êtes habile à ce métier !

2. Je demandai d'aller à Paris pour faire traiter mon œil ; bien moins cependant pour cela, que pour voir Monsieur Bertot, que la Mere Granger m'avoit depuis peu donné pour Directeur, & qui étoit un homme d'une profonde lumiere. Il fut donc conclu que j'irois à Paris. Je fus dire adieu à mon pere, qui m'embrassa avec une tendresse bien grande : il ne croyoit pas, non plus que moi, que ce seroit la derniere fois,

Paris n'étoit plus pour moi un lieu à redouter, le monde ne fervoit qu'à me recueillir, & le bruit des rues augmentoit mon oraifon. Je vis Mr. Bertot, qui ne me fervit pas autant qu'il auroit fait fi j'avois eu alors le don de m'expliquer: mais Dieu tenoit une telle conduite fur moi, que quelque envie que j'euffe de ne rien cacher, je ne pouvois rien dire. Sitôt que je lui parlois, tout m'étoit ôté de l'efprit; enforte que je ne pouvois me fouvenir de rien que de quelques défauts que je lui difois. Ma difpofition du dedans étoit trop fimple pour en pouvoir dire quelque chofe : & comme je le voiois très-rarement, que rien n'arrêtoit dans mon efprit, & que je ne lifois rien qui fût conforme à ce que j'éprouvois, je ne favois comment m'en expliquer. D'ailleurs je ne défirois faire connoître que le mal qui étoit en moi : c'eft ce qui a fait que Mr. Bertot ne m'a connue qu'après fa mort. Cela m'a été d'une très-grande utilité pour m'ôter tout appui, & me faire bien mourir à moi-même.

3. Je me réfolus après avoir vû Mr. Bertot & achevé mes remèdes, d'aller paffer les dix jours de l'Afcenfion à la Pentecôte dans une Abbaie à quatre lieues de Paris, dont l'Abbeffe avoit bien de l'amitié pour moi. Je crus que j'y ferois facilement une retraite de dix jours. J'avois alors un attrait intérieur extrêmement fort, & il me fembloit, ô mon Dieu, que mon union avec vous étoit continuelle : j'éprouvois qu'elle s'enfonçoit toujours & fe retiroit du fenfible, devenant toujours plus fimple, mais en même tems plus étroite & plus intime.

4. Le jour de S. Erafme, patron de ce monaftere, à quatre heures du matin, je fus réveil-

lée en sursaut avec une vive impression que mon pere étoit mort. Je n'eus point de repos que je n'eusse prié pour lui comme mort; & l'ayant fait, je ne fus plus troublée : mais il me resta une forte conviction de sa mort, avec un abattement extrême & une douleur savoureuse ou une saveur douloureuse, (je ne sais pas comment la nommer,) qui accabloit tellement mon corps, qu'elle le réduisoit dans une très-grande foiblesse. J'allois à l'Eglise, où je ne fus pas plutôt, qu'il me prit une défaillance ; & après que je fus remise il me resta une extinction de voix, ensorte que je ne pouvois parler. Je ne pus manger chose au monde, le recueillement & la douleur étoient trop forts : mon ame étoit dans un contentement & une force divine, & mon extérieur étoit accablé de douleur & de foiblesse. Je ne me serois apperçue d'aucune douleur, tant le contentement de mon ame étoit grand, si elle n'avoit pas fait une si forte impression sur mon corps.

5. Dans tous ces coups & dans une infinité d'autres, j'ai remarqué dès le commencement que ma volonté étoit si souple pour tous vos vouloirs, ô mon Dieu, qu'elle ne répugnoit pas même à ce que vous faisiez, quelque rude qu'il parût à la nature : ensorte que je n'avois que faire de me résigner ni soumettre : je n'en pouvois même faire aucun acte; parce que la chose me paroissoit toute faite en moi. Il n'y avoit plus ni de soumission ni de résignation, mais union de ma volonté à la vôtre, ô mon Dieu, qui étoit telle, qu'il me sembloit que la mienne étoit disparue. Je ne savois où trouver cette volonté mienne; mais sitôt que je cherchois une volonté, je ne trouvois que la vôtre, la mienne ne

paroissoit pas, même dans ses effets qui sont les désirs, les tendances, les penchans. Il me sembloit qu'il m'auroit été impossible de vouloir autre chose que ce que vous faisiez en moi & de moi. Si j'avois une volonté, il me paroissoit qu'elle étoit avec la vôtre comme deux luths bien d'accord; celui qui n'est point touché rend le même son que celui qui est touché : ce n'est qu'un même son & une seule harmonie. C'est cette union de la volonté qui établit l'ame dans une paix parfaite. Quoique mon état fût déja de la sorte, ma volonté n'étoit point cependant perdue, bien qu'elle le fût quant à ses opérations; puisque les états étranges qu'il m'a fallu passer depuis, m'ont bien fait voir ce qu'il en coute avant qu'elle ait perdu tout son propre dans toutes ses circonstances & dans toute son étendue, afin qu'il ne reste plus à l'ame aucun intérêt ni de tems ni d'éternité, que le seul intérêt de Dieu seul en la maniere qu'il connoît lui-même, & non en notre façon de concevoir. Combien y a-t-il d'ames qui croient leurs volontés toutes perdues, qui pourtant en sont très-éloignées? Elles verroient bien qu'elles subsistent encore si Notre Seigneur en faisoit les dernieres épreuves. Qui est-ce qui ne veut point quelque chose pour soi-même, soit intérêt, bien, honneur, plaisir, commodité, liberté, salut, éternité? & tel qui croit ne point tenir à ces biens, parce qu'il les posséde, s'appercevroit bien de son attache s'il les lui falloit perdre. S'il se trouve dans tout un siecle trois personnes qui soient si mortes à tout qu'elles veulent bien être le jouet de la providence, sans aucune exception, ce sont des prodiges de la grace. Comme je ne suis pas maîtresse de ce que j'écris, je ne suis aucun ordre; mais il ne m'importe.

6. Après le dîner, comme j'étois avec l'Abbesse à laquelle je disois que j'avois de forts pressentimens que mon pere étoit bien malade s'il n'étoit pas mort, nous nous entretenions un peu de vous ensemble, ô mon Dieu, quoique je ne pûsse presque pas parler, tant j'étois saisie au-dedans & abattue au-déhors. On lui vint dire qu'on la demandoit au parloir. C'étoit un homme qui étoit venu en diligence de la part de mon mari, parce que mon pere étoit tombé malade; & comme il ne le fut que douze heures, il étoit mort lors que l'homme arriva. L'Abbesse me vint trouver, qui me dit: Voila une lettre de votre mari qui vous mande que votre pere est tombé malade griévement. Je lui dis: il est mort, Madame, & je n'en puis douter. J'envoiai aussitôt à Paris querir un carrosse de louage afin d'aller plus vîte, le mien m'attendoit à moitié chemin. Je partis à neuf heures du soir: on disoit que je m'allois perdre; car je n'avois avec moi personne de connoissance. J'avois envoié à Paris ma femme-de-chambre pour mettre ordre à tout, & comme j'étois dans une maison religieuse, je n'avois point gardé avec moi de valets. L'Abbesse me dit, que puisque je croiois mon pere mort c'étoit une témérité de m'exposer de la sorte: que les carrosses n'y passoient qu'à peine, le chemin même que je devois tenir n'étant pas fraié. Je lui repartis, que c'étoit pour moi un devoir indispensable d'aller secourir mon pere, & que je ne devois pas sur un simple pressentiment m'exempter de ce devoir.

Je partis donc seule, abandonnée à la providence avec des gens inconnus. La foiblesse où j'étois étoit si grande, que je ne pouvois me tenir au fond du carrosse, & il me falloit souvent descendre malgré ma foiblesse à cause des chemins périlleux. Il me fallut passer la nuit en cette sorte une forêt qui est un coupe-gorge : j'y étois encore à minuit sonnant. Cette forêt est renommée par les meurtres & les vols qui y ont été faits : les personnes les plus assurées l'appréhendoient : pour moi, ô mon Dieu ! je ne pouvois rien craindre, l'abandon que j'avois à vos soins me faisoit si fort oublier moi-même, que je ne pouvois réfléchir sur tout cela. O qu'une ame abandonnée s'épargne à elle-même de fraieurs & de chagrins !

7. Je m'en allai jusqu'à cinq lieuës de notre demeure seule, accompagnée de ma douleur & de mon Amour : mais en ce lieu je trouvai mon Confesseur, qui m'étoit contraire avec une de mes parentes qui m'attendoient. Je ne saurois dire la peine que je souffris lors que je vis mon Confesseur ; car outre que je goûtois toute seule un contentement inexplicable, c'est que comme il ne connoissoit rien à mon état, il le combattoit, & ne me donnoit aucune liberté. Ma douleur étoit d'une nature que je ne pouvois répandre une larme ; & j'avois honte d'apprendre une chose que je ne savois que trop sans donner aucune marque de douleur extérieure, ni sans répandre des larmes. La paix que je possédois au-dedans étoit si profonde, qu'elle se répandoit sur mon visage : de plus, l'état où j'étois ne me permettoit pas de parler ni de faire ces actes extérieurs que l'on attend ordinairement des personnes de piété. Je ne pouvois qu'aimer & me taire.

8. J'arrivai au logis où je trouvai qu'on avoit déja enterré mon pere à cause de la grande chaleur. Il étoit dix heures du soir : tout étoit déja en habit de deuil. J'avois fait trente lieues en un jour & une nuit : comme j'étois fort foible, tant parce que mon état me minoit, que parce que je n'avois point pris de nourriture, on me mit d'abord au lit. Sur les deux heures après minuit mon mari se leva ; & étant sorti de ma chambre il revint aussitôt criant de toutes ses forces : ma fille est morte. C'étoit ma fille unique, une enfant autant aimée qu'elle étoit aimable. Vous l'aviez pourvue, ô mon Dieu, de tant de graces spirituelles & corporelles, qu'il auroit fallu être insensible pour ne la pas aimer. On remarquoit en elle un amour pour Dieu tout extraordinaire. On la trouvoit sans cesse dans les coins en priere. Sitôt qu'elle s'appercevoit que je priois Dieu, elle venoit auprès de moi prier : & lorsqu'elle savoit que je l'avois fait sans elle, elle pleuroit amérement, & disoit : Vous priez Dieu, & je ne le prie pas. Comme mon recueillement étoit grand, sitôt que j'étois en liberté je fermois les yeux : & elle me disoit : Vous dormez : puis tout-à-coup ; ô ! c'est que vous priez mon bon Jésus, & se mettoit auprès de moi à prier. Le Vendredi saint, quatre mois avant sa mort, on lui donna la croix dans l'Eglise pour la baiser ; mais comme elle vit qu'on la lui ôtoit pour la donner à d'autres, elle cria dans l'Eglise de toutes ses forces : l'on m'ôte mon Epoux ; rendez-moi mon Epoux : il fallut lui rendre le Crucifix : elle le prit, & le serrant sur son cœur elle s'écria : Voila mon Epoux ; je n'en aurai jamais d'autre. Elle a souffert plusieurs fois le fouet de sa grand-

mere parce qu'elle difoit qu'elle n'auroit point d'autre Epoux que Notre Seigneur, fans qu'on lui pût faire dire autrement. Elle étoit pure & modefte comme un petit Ange, très-douce & obéiffante. Son pere pour éprouver fon obéiffance lui donnoit à manger des chofes très-mauvaifes, & elle les mangeoit malgré fes répugnances fans rien témoigner. Elle étoit très-belle & avoit la taille fort bien faite. Son pere l'aimoit avec paffion, & elle m'étoit très-chere, bien plus pour les qualités de fon ame que pour celles de fon corps. Je la regardois comme mon unique confolation fur la terre; car elle avoit autant d'attache pour moi que fon frere en avoit d'éloignement.

9. Elle mourut d'une faignée à contre-tems; mais que dis-je? elle mourut par la main de l'Amour, qui me voulut dépouiller de tout. Il ne me reftoit plus que le fils de ma douleur: il tomba malade à la mort, & Dieu le rendit aux prieres de la Mere Granger, ma feule confolation après Dieu. Les nouvelles de la mort de ma fille me furprirent très-fort. Mon cœur ne fut pas pour cela ébranlé, quoique je me viffe privée en même tems fans l'avoir fû, de mon pere & de ma fille, qui m'étoient chers au point que vous favez, ô mon Dieu. Mon état intérieur étoit tel, que je ne pouvois être ni plus affligée pour toutes les pertes imaginables, ni plus contente pour tous les biens poffibles. Il faut avoir éprouvé ces douleurs délicieufes pour les comprendre. Je ne pleurai pas plus la fille que le pere: tout ce que je pus dire fut: Vous me l'aviez donnée, Seigneur, il vous plait de la reprendre; elle étoit à vous. La vertu de mon pere étoit

tellement connue, & il y auroit tant de choses à en dire, qu'il faut que je m'en taise plutôt que d'en parler. Sa confiance en Dieu, sa foi, & sa patience étoient admirables. C'étoit le fléau de l'hérésie & des nouveautés. Mon pere & ma fille moururent au mois de Juillet 1672.

10. La veille de la Madelaine de la même année, la mere Granger m'envoya, je ne sais par quelle inspiration, un petit contract tout dressé. Elle me manda de jeûner ce jour-là, & de faire quelques aumônes extraordinaires, & le lendemain dès le matin, jour de la Madelaine, d'aller communier, une bague dans mon doigt; & lors que je serois revenue au logis de monter dans mon cabinet où il y avoit une image du Saint Enfant Jésus dans les bras de sa sainte Mere, & que je lûsse à ses pieds mon contract, le signasse, & lui misse ma bague. Le contract étoit tel : „ Je „ N. promets de prendre pour mon Epoux No„ tre Seigneur Enfant, & me donner à lui pour „ épouse, quoiqu'indigne. Je lui demandois, „ pour dot de mon mariage spirituel les croix, les „ mépris, les confusions, opprobres & ignomi„ nies; & je le priois de me faire la grace d'en„ trer dans ses dispositions de petitesse & d'anéan„ tissement avec quelque autre chose "; que je signai. Après quoi, je ne le regardai plus que comme mon divin Epoux. O que ce jour-là m'a été depuis un jour de grace & de croix ! Ces mots me furent d'abord mis dans l'esprit, qu'il me seroit (*a*) *un Epoux de sang*. Depuis ce tems il m'a pris si fort pour sienne, qu'il s'est parfaitement consacré mon corps & mon esprit par la croix.

(*a*) Exode 4. v. 25.

11. O divin Epoux de mon Ame, il me semble que vous fîtes alors de moi votre temple vivant, & que vous vous le consacrâtes vous-même comme l'on consacre les Eglises. Aussi lorsque l'on faisoit des fêtes de dédicace d'Eglise, ne me faisiez-vous pas comprendre que cette consécration étoit une figure de la consécration que vous aviez faite de moi pour vous ? & comme les Eglises sont marquées par le signe de la croix, vous me marquâtes aussi de ce même signe. C'est ce *signe* admirable dont vous marquez vos amis les plus choisis, selon que St. Jean (a) le fait voir dans son Apocalypse. Et comme dans la consécration des Eglises, il y a des cierges que l'on allume dans l'endroit des croix, & que le cierge représente la foi & la charité ; aussi ai-je lieu de croire que vous n'avez pas permis que ces vertus m'aient abandonnée depuis ce tems : mais comme le propre du cierge est de se consumer peu à peu par son feu, & se détruire par la lumiere & la chaleur qui le font vivre ; de même il me sembloit qu'il falloit que mon cœur fût parfaitement détruit & anéanti par ce feu d'amour ; & que ce feu n'étoit attaché à cette croix que pour m'apprendre que la croix & l'amour seroient les marques immortelles de ma consécration.

12. Depuis ce tems les croix ne me furent pas épargnées : & quoique j'en eusse eu beaucoup jusqu'alors, je puis dire qu'elles n'étoient que l'ombre de celles qu'il m'a fallu souffrir dans la suite. Sitôt que les croix me donnoient quelque moment de relâche, je vous disois : O mon cher Epoux, il faut que je jouisse de ma dot ; rendez-moi ma croix. Vous m'accordiez souvent

(a) Apoc. 7. v. 3.

ma requête : d'autrefois vous me la faisiez attendre & demander plus d'une fois, & je voiois alors que je m'en étois rendue indigne par quelque infidélité envers la même croix. Lorsque l'accablement & l'abandon étoient plus forts, vous me consoliez quelquefois ; mais pour l'ordinaire ma nourriture étoit une désolation sans consolation.

13. Le jour de l'Assomption de la Vierge de la même année 1672, que j'étois dans une désolation étrange, soit à cause du redoublement des croix extérieures, ou de l'accablement des intérieures, j'étois aller me cacher dans mon cabinet pour donner quelque essor à ma douleur. Je vous dis : „Mon Dieu & mon Epoux, vous seul con-„noissez la grandeur de ma peine". Il me vint un certain souhait ; ô si Mr. Bertot savoit ce que je souffre ! Mr. Bertot, qui n'écrivoit que rarement, & même avec assez de peine, m'écrivit une lettre datée de ce même jour sur la croix, la plus belle & la plus consolante qu'il ait gueres écrite sur cette matiere. Il faut remarquer qu'il étoit à plus de cent lieues d'où j'étois. Quelquefois j'étois si accablée & la nature si éperdue des croix continuelles qui ne me donnoient point de relâche, ou si elles sembloient me donner quelque instant de repos, ce n'étoit que pour redoubler avec plus de furie, & la nature en étoit quelquefois à tel point, qu'étant seule j'appercevois sans que j'y fisse attention que mes yeux se tournoient de chaque côté comme tout-éperdus, cherchant s'ils ne trouveroient point quelque soulagement. Une parole, un soupir, une bagatelle, ou savoir que quelqu'un prît part à ma douleur, m'auroit soulagée ; mais cela ne m'étoit

pas accordé, pas même de regarder vers le ciel, ni faire une plainte. L'Amour tenoit alors de si près, qu'il vouloit qu'on laissât périr cette misérable nature, sans lui donner aucune pâture. Elle auroit quelquefois voulu du soulagement, & le vouloit avec tant de violence, que je souffrois infiniment plus de la retenir que de tout le reste.

14. Vous donniez encore à mon ame, ô mon cher Amour! un soutien victorieux, qui la faisoit triompher des foiblesses de la nature; & vous lui mettiez même le couteau en main pour la détruire sans lui donner un moment de relâche. Cette nature est cependant si maligne, si pleine d'artifices pour conserver sa vie, qu'elle prit enfin le parti de se nourrir de son désespoir. Elle trouva du secours dans l'abandon de tout secours. Cette fidélité dans un accablement si continuel lui servoit de pâture secrette; ce qu'elle cachoit avec un extrême soin, afin de n'être pas découverte: Mais vos yeux divins étoient trop pénétrans pour ne pas découvrir sa malignité. C'est pourquoi, ô mon divin Pasteur, vous changeâtes de conduite envers elle. Vous la consolâtes quelque tems avec votre houlette & votre bâton, c'est-à-dire, par votre conduite autant amoureuse que crucifiante; mais ce ne fut que pour la reduire dans les derniers abois comme je le dirai dans la suite.

CHAPITRE XX.

Dieu convertit une Dame de considération par son entremise. Il la gratifie de nouveau & plus fortement de la jouissance de sa présence. Puis il la dispose par la mort d'une Religieuse qui lui servoit d'appui, & par diverses croix extérieures, à la privation & à l'absence la plus terrible de toutes.

1. Une Dame que je voiois quelquefois, parce qu'elle étoit Gouvernante de notre ville, avoit pris bien de l'inclination pour moi, parce que, disoit-elle, ma personne & mes manieres ne lui déplaisoient pas. Elle me disoit quelquefois, qu'elle y remarquoit quelque chose d'extraordinaire. Je crois que ce grand attrait que j'avois au-dedans rejaillissoit sur mon extérieur: car il y eut un jour un homme du monde qui dit à une tante de mon mari: J'ai vû Madame votre niéce; mais on connoit bien qu'elle ne perd point la présence de Dieu: ce qui m'ayant été rapporté, me surprit beaucoup; car je ne croiois pas qu'il comprît ce que c'étoit que d'avoir Dieu présent de cette sorte. Cette Dame, dis-je, commença à être touchée de Dieu de ce qu'une fois me voulant mener à la comédie, je n'y voulus point aller: car je n'y allois jamais, & je me servois du prétexte de l'indisposition continuelle de mon mari. Elle me poussa fort, & me dit que des maux continuels comme ceux-là ne devoient point m'empêcher de me divertir; que je n'étois pas en âge à me borner à être garde-malade. Je lui fis bien entendre les raisons que j'avois

d'en uſer de la ſorte : mais elle conçût que c'é- toit plus par principe de piété que je n'y allois pas, qu'à cauſe des maux de mon mari : & m'ayant fort preſſée de lui dire mon ſentiment ſur ce que je jugeois de la comédie, je lui dis que ce divertiſſement n'étoit pas de mon appro- bation, ſur-tout pour les femmes véritablement chrétiennes. Comme elle étoit beaucoup plus âgée que moi, ce que je lui dis fit une ſi forte impreſſion ſur ſon eſprit, qu'elle ne fût jamais depuis à la comédie.

2. Une fois étant avec elle & avec une autre Dame qui parloit beaucoup & avoit même étu- dié les Peres, elles entrerent dans une con- verſation où elles parloient beaucoup de Dieu. La Dame en parloit ſcientifiquement. Je ne dis preſque rien ; car j'étois attirée à garder le ſilen- ce, ayant même de la peine de cette maniere de parler de Dieu. La Dame mon amie me vint voir le lendemain, & me dit que Dieu l'avoit ſi fort touchée, qu'elle ne pouvoit plus réſiſter. J'attribuai ſa touche à la converſation de l'autre Dame ; mais elle me dit : „ Votre ſilence avoit „ quelque choſe qui me parloit juſques dans le „ fond de l'ame ; & je ne pouvois goûter ce „ qu'elle me diſoit. Nous parlâmes donc à cœur „ ouvert ". Ce fut là, ô mon Dieu, que vous entrâtes tellement dans le fond de ſon cœur, que vous ne vous en retirâtes plus depuis juſ- qu'à ſa mort. Elle reſta ſi fort affamée de vous, ô mon Dieu, qu'elle ne pouvoit entendre par- ler d'autre choſe. Comme vous la vouliez toute vôtre, vous lui enlevâtes au bout de trois mois ſon mari, qu'elle aimoit extraordinairement & dont elle étoit fort aimée. Vous lui envoiâtes

des croix si terribles, & en même tems des graces si fortes, que vous vous rendîtes maître absolu de son cœur. Après la mort de son mari & la perte de presque tout son bien, elle vint à quatre lieues de chez nous, à une terre qui lui restoit. Elle obtint de mon mari que j'irois passer huit jours chez elle pour la consoler de ses pertes. Dieu lui donnoit par mon moyen tout ce qui lui étoit nécessaire. Elle avoit beaucoup d'esprit : elle étoit étonnée que je lui disois des choses qui étoient si fort au-dessus de ma portée. J'en aurois été moi-même surprise si j'y avois réfléchi : car mon esprit naturel n'étoit pas capable de ces choses. C'étoit vous, ô mon Dieu, qui me les donniez à cause d'elle, faisant couler les eaux de votre grace dans son ame sans considérer l'indignité du canal dont vous vouliez vous servir. Depuis ce tems son ame a été le temple du S. Esprit, & nos cœurs ont été unis d'un lien indissoluble.

3. Nous allâmes faire ensemble un petit voyage, où vous me fîtes, ô mon Dieu, exercer l'abandon & l'humiliation sans qu'il m'en coutât rien : car votre grace étoit si forte, qu'elle me soutenoit. Nous pensâmes tous périr dans une riviere : ils eurent des effrois épouvantables : tous se jetterent hors du carrosse, qui enfonçoit dans le sable mouvant : je restai si abandonnée, & si possédée intérieurement, que je ne pouvois penser même au péril. Vous m'en délivrâtes sans que j'eusse pensé à l'éviter. J'étois si recueillie & si saisie intérieurement, que je ne pouvois rien faire que de me laisser noier si mon Dieu l'avoit permis. On dira que je suis téméraire : je crois qu'il est vrai : mais j'aime mieux périr par trop

de confiance, que de me sauver moi-même : Mais que dis-je ? Nous ne périssons que parce que nous ne savons pas nous confier à vous, ô mon Roi ! C'est ce qui fait mon plaisir, que de vous devoir toutes choses ; & c'est ce qui me rend contente dans mes miséres, que j'aimerois mieux garder toute ma vie en m'abandonnant, que de les détruire en m'appuiant sur moi-même. Je ne conseillerois pourtant pas à un autre d'en user de la sorte à moins qu'il ne fût dans les mêmes dispositions que j'étois alors.

4. Comme les maux de mon mari devenoient tous les jours & plus forts & plus opiniâtres, il résolut d'aller à S^{te}. Reine, à laquelle il avoit une grande dévotion. Il me parut avoir une extrême envie d'être seul avec moi ; de sorte qu'il ne put s'empêcher de dire : si on ne me parloit jamais contre vous, je serois plus content, & vous plus heureuse. Je fis bien des fautes d'amour-propre & de recherche de moi-même dans ce voyage : & comme j'y étois dans un fort grand abandon intérieur, j'eus bien dequoi éprouver ce que je serois sans vous, ô mon Dieu ! Il y avoit déja du tems que vous aviez retiré de moi cette douce correspondance intérieure que je n'avois qu'à suivre auparavant. J'étois devenue comme une égarée qui ne trouvoit plus ni voie, ni sentier, ni route : mais comme je garde à un autre lieu à décrire les terribles ténèbres par où j'ai passé, je continuerai la suite de l'histoire. Mon mari au retour de S^{te}. Reine, voulut passer par S. Edme : car comme il n'avoit d'enfans que mon fils-aîné, qui étoit très-souvent aux portes de la mort, & qu'il souhaitoit extrêmement d'avoir des héritiers, il en demanda avec instance par l'intercession de

ce Saint. Pour moi, je ne pouvois rien demander. Mais il fut exaucé, & Dieu me donna un second fils. Le tems où j'étois proche d'accoucher, étoit pour moi un tems de grande consolation : car quoique je fusse très-malade en acouchant, l'amour que j'avois pour la croix me faisoit envisager ce tems avec plaisir. Je me réjouissois de ce que la nature devoit tant souffrir. D'ailleurs comme j'étois quelques semaines après la couche sans qu'on m'osât faire parler, à cause de ma grande foiblesse, c'étoit des tems de retraite & de silence pour moi, où je tâchois de me dédommager du peu de tems que j'avois dans les autres pour vous prier, ô mon Dieu, & pour demeurer seule à seul avec vous.

5. Je ne parlerai point ici des choses extraordinaires qui se passèrent durant ma grossesse, l'ayant écrit ailleurs : je dirai seulement que durant ces neuf mois Dieu prit de moi une nouvelle possession : il ne me laissa pas un instant ; & ces neuf mois se passèrent dans une jouissance continuelle, sans interruption. Comme j'avois déjà éprouvé bien des travaux intérieurs, des foiblesses & des délaissemens, cela me paroissoit une nouvelle vie. Il me sembloit que je jouissois déjà de la béatitude. Mais que ce tems si heureux me couta cher ! puisque cette jouissance, qui me paroissoit entiere & parfaite, & d'autant plus parfaite qu'elle étoit plus intime, plus éloignée du sensible, plus constante, plus exempte de vicissitudes, ne me fut cependant que le préparatif d'une privation totale de bien des années, sans nul soutien ni espérance de retour.

6. Cet état terrible commença par la mort d'une personne qui étoit ma seule consolation

après Dieu. J'appris avant mon retour de Ste Reine que la Mere Granger étoit morte. J'avoue que ce coup me fut le plus sensible que j'eusse encore eu. Vous m'en laissâtes boire, ô mon Dieu, toutes les amertumes : & comme vous me laissiez alors dans la pure foiblesse, je souffris beaucoup de me voir dépouillée par-là de tous les appuis créés. Il me sembloit que si j'avois été à sa mort, j'aurois pû lui parler & m'instruire de quelque chose ; mais Dieu a voulu que j'aie été absente dans presque toutes mes pertes, afin d'en rendre les coups plus douloureux. Il est vrai, que quelques mois avant sa mort j'eus une vue que (bien que je ne pusse voir cette Mere qu'avec une extrême difficulté ni sans souffrir) elle m'étoit cependant encore un soutien; & Notre Seigneur me fit connoître que ce seroit un bien pour moi d'en être dépouillée : mais dans le tems qu'elle mourut cela ne m'étoit plus présent. Comme j'étois dans un très-grand délaissement intérieur & extérieur, je ne pensois qu'à la perte que j'avois faite d'une personne qui m'auroit conduite dans un chemin où je ne trouvois plus ni route ni sentier. O mon Dieu, que vous savez bien faire vos coups ! vous m'avez laissé cette Mere dans un tems où elle ne m'étoit que peu utile ; puisque le soin que vous aviez de moi, & votre conduite continuelle sur moi, faisoit que hors certains tems je n'avois rien à faire qu'à vous suivre pas à pas: mais dans le tems que vous me dépouilliez pour l'intérieur de toute conduite apperçue, que vous renversiez mes sentiers, que vous bouchiez mes voies de pierres quarrées, c'est dans ce tems que vous m'ôtiez celle qui me pouvoit guider dans ce chemin tout égaré, tout couvert de précipices, & tout semé d'épines.

7. O conduite toute adorable de mon Dieu ! Il ne faut point de guide pour celui qu'on veut égarer, point de conducteur pour celui que l'on veut perdre. Après m'avoir sauvée avec tant de miséricorde, ô mon Amour, après m'avoir conduite par la main dans vos sentiers, il semble que vous ayez été affamé de ma destruction. Ne dira-t-on pas de vous, que vous ne sauvez que pour perdre, que vous n'allez chercher la brebis égarée que pour l'égarer davantage ? Vous vous plaisez à bâtir ce qui est détruit, & à détruire ce qui est édifié. C'est donc là le jeu de votre magnificence, & c'est de cette sorte que vous renversez ce temple bâti de la main des hommes avec tant de soin, & d'une maniere qui tient du miracle, pour en rebâtir un qui ne sera pas fait de la main des hommes. O secrets de la sagesse incompréhensible de mon Dieu, inconnue à tout autre qu'à lui ! Cependant c'est une sagesse adorable que les hommes d'aujourd'hui veulent pénétrer, & à laquelle ils posent des bornes : ils anticipent sur la science de Dieu ; & veulent non-seulement l'égaler, mais le surpasser même. (a) *O profondeur de la sagesse & de la science de Dieu ! que ses jugemens sont incompréhensibles & ses voies impossibles à trouver ! Car qui est-ce qui a connu les pensées du Seigneur, ou qui a été son conseiller ?* On veut pourtant pénétrer cette sagesse quoi qu'elle soit (b) *cachée aux yeux de tous ceux qui vivent, qu'elle soit même inconnue aux oiseaux du ciel.* Sagesse dont on ne peut avoir de nouvelles que par la mort à toutes

(a) Rom. 11. v. 33.   (b) Job 28. v. 21. 22.

choses & par la perte totale. Mr. Bertot quoiqu'à cent lieues du lieu où la Mere Granger mourut, eut connoissance de sa mort & de sa béatitude & aussi un autre Religieux. Elle mourut en létargie : & comme on lui parloit de moi à dessein de la réveiller, elle dit ; je l'ai toujours aimée en Dieu & pour Dieu ; & ne parla plus depuis. Je n'eus aucun pressentiment de sa mort.

8. Pour augmentation de mes croix extérieures mon frere changea à mon égard ; car sa haine pour moi se remarquoit de tout le monde. Son mariage se fit dans ce tems, & mon mari eut la complaisance de s'y transporter quoiqu'il fût malade, & les chemins si mauvais & si couverts de neige que nous pensâmes verser plus de quinze fois. Mais loin que mon frere en eût de la reconnoissance, il se brouilla plus que jamais avec mon mari. J'eus dequoi souffrir de deux personnes qui me rendoient le but de leur chagrin. En cette occasion toute la raison étoit du côté de mon mari, & le tort de celui de mon frere. Tout le tems que je fus à Orléans, où se faisoit cette nôce, j'avois un reste d'attrait si fort, qu'il me dévoroit. Je fis bien des fautes, car je m'y laissai trop aller, demeurant trop longtems à l'Eglise au préjudice de l'assiduité que je devois à mon mari : mais j'étois alors si enivrée de l'amour, que je ne m'apperçus de la faute que lorsqu'il n'y avoit plus de remede. J'en fis encore une autre, qui fut de m'épancher trop à parler à un Pere Jésuite de ce que je sentois alors, qui étoit très-fort. Il étoit de ceux qui admirent ces sortes de choses : & comme cela paroissoit lui faire du bien, & que je sentois un grand goût en lui parlant, je m'y laissai aller.

C'étoit une faute notable, qui m'est arrivée quelquefois durant ce tems; mais jamais depuis. O que l'on prend souvent la nature pour la grace, & qu'il faut être mort à soi-même pour que ces épanchemens soient de Dieu! J'en eus tant de scrupule, que je l'écrivis d'abord à Monsieur Bertot.

9. En retournant d'Orléans j'avois le même saisissement qu'en y allant: si bien que quoiqu'il y eût beaucoup plus de danger au retour, je n'avois nulle attention sur moi, mais sur mon mari; de sorte que voyant verser le carrosse, je lui dis: ne craignez rien, c'est de mon côté qu'il verse, vous n'aurez point de mal. Je crois que tout auroit péri que je n'en aurois pas été émue; & ma paix étoit si profonde, que rien ne la pouvoit ébranler. Si ces tems duroient, on seroit trop fort: mais, comme j'ai dit, ils commençoient à ne venir que très-rarement & pour peu de tems, & à être suivis de plus longues & ennuieuses privations. Au retour de la nôce mon frere me traita avec un extrême mépris. Comme j'avois eu beaucoup d'attache pour lui, ces coups m'étoient très-sensibles. Depuis ce tems il s'est fort changé, & s'est tourné du côté de Dieu quoiqu'il ne soit jamais revenu pour moi. J'ai toujours de la joie qu'il soit dans l'ordre & dans la piété. La perte de mon frere à mon égard m'a été d'autant plus sensible, qu'il m'avoit couté plus de croix, soit de la part de mon mari, soit des autres. Je puis dire que les croix qu'il m'a causées & procurées depuis ce tems-là, ont été des plus grandes. Ce n'est pas qu'il ne soit vertueux, mais c'est une permission toute particuliere de Dieu, & une conduite de sa providence sur mon ame,

qui a fait que lui & toutes les autres perfonnes de piété qui m'ont perfécutées, ont cru rendre gloire à Dieu en le faifant, & faire des actions de juftice: & ils avoient raifon; car quelle plus grande juftice que celle que toutes les créatures me fuffent infidelles, & fe déclaraffent contre celle qui avoit tant de fois été infidelle à fon Dieu, & avoit pris le parti contraire?

10. Nous eûmes encore enfuite de cela une affaire qui me caufa de grandes croix, & qui fembloit n'avoir été faite que pour cela. Il y eut une perfonne qui prit une telle jaloufie contre mon mari, qu'il fe réfolut de le ruiner s'il pouvoit. Il ne trouva pas d'autre moien que de fe faire des amis de mon frere pour lui faire faire facilement ce qu'il voudroit : il s'accorda avec lui de nous demander au nom de Monfieur frere du Roi deux cents mille livres qu'il faifoit voir que mon frere & moi lui devions. Mon frere figna les procès-verbaux avec affurance qu'il n'en paieroit rien pour fa part. Je crois que fon extrême jeuneffe l'engagea dans une chofe qu'il ne comprenoit peut-être pas. Cette affaire donna tant de chagrin à mon mari, & avec raifon, que j'ai lieu de croire qu'elle a beaucoup avancé fes jours. Il étoit fi fort fâché contre moi de ce dont je n'étois pas la caufe, qu'il ne me pouvoit parler qu'en colere. Il ne vouloit pas m'inftruire de l'affaire, & je ne favois en quoi elle confiftoit. Il difoit qu'il ne vouloit fe mêler de cette affaire, qu'il alloit céder mon bien & me laiffer vivre comme je pourrois, & cent chofes encore plus dures. D'un autre côté, mon frere ne vouloit pas la folliciter, ni qu'on le fît. Le jour qu'elle devoit être jugée, il y avoit une partie des juges

qui étoient & juges & parties. Après la Messe je me sentis fortement pressée d'aller trouver les Juges. Je fus extrêmement surprise de voir que je savois tous les détours & finesses de cette affaire sans savoir comme je l'avois pû apprendre. Le premier juge fut si surpris de voir une chose si différente de ce qu'il pensoit, qu'il m'exhorta lui-même d'aller voir les autres juges, & sur-tout Monsieur l'Intendant, qui alloit droit, mais qui étoit mal-informé. Vous donnâtes, ô mon Dieu, tant de force à mes paroles pour faire connoître la vérité, que Mr. l'Intendant ne pouvoit se lasser de me remercier de la lui avoir fait connoître. Il m'assura que si je n'avois pas été lui parler, l'affaire étoit perdue : & comme ils virent la fausseté de toutes choses, ils auroient condamné la partie aux dépens si nous n'avions eu affaire à un si grand Prince, qui n'avoit que prêté son nom à des Officiers qui l'avoient trompé. On nous condamna à cinquante écus pour sauver l'honneur à Monsieur : de sorte que deux cens mille livres furent reduites à cent cinquante. Mon mari fut très-content de ce que j'avois fait ; mais mon frere m'en parut si indigné, que quand je lui aurois procuré une fort grosse perte il ne l'auroit pas été davantage.

CHAPITRE XXI.

Entrée dans l'état de perte ou de privation entiere. Différence des privations antérieures d'avec celle-ci, qui s'augmente par les exercices même de piété. Bonheur de l'abandon. Combat de deux penchans. Privation d'Oraison, & d'actes vertueux, & de tout appui intérieur & extérieur. Condamnation de soi-même, & défauts où l'on tombe ici.

1. Environ ce tems-là, je tombai dans un état de privation totale très-grande & très-longue, dans un état d'affoiblissement & d'entier délaissement, qui m'a duré près de sept ans. O douleur la plus forte des douleurs ! Ce cœur, qui n'étoit occupé que de son Dieu, ne se trouva plus occupé que de la créature. Il sembla être rejetté du trône de Dieu, pour vivre, comme (a) Nabucodonozor, durant sept ans avec les bêtes. Mais avant que de décrire un état aussi déplorable qu'il me fut avantageux par l'usage tout admirable que la divine Sagesse en a fait, il faut que je dise les infidélités que j'y commis.

2. Comme je commençois à vous perdre, ô mon Dieu, & à vous perdre tout-à-fait, du moins quant au sentiment perceptible, (car il ne s'agissoit depuis long-tems ni du sensible, ni du distinct,) comme je commençai dis-je à vous perdre de cette sorte, ô mon Amour, il me parut que je tombois chaque jour dans le pur naturel, & que je ne vous aimois plus du tout : ce que je n'avois éprouvé que par des alternatives. Car

(a) Dan. 4. v. 28. 30.

quoiqu'avant que d'entrer dans cet état, j'eusse éprouvé de longues privations, & presque continuelles sur la fin, j'avois pourtant de fois à autres des écoulemens de votre Divinité si profonds & si intimes, si vifs & si pénétrans, qu'il m'étoit aisé de juger, que vous étiez seulement caché pour moi; mais non pas perdu. Quoique dans le tems des privations il me parût que je vous avois perdu tout-à-fait, un certain soutien profond ne laissoit pas de subsister sans que l'ame crût l'avoir; & elle n'a connu ce soutien que par son entiere privation dans la suite. Toutes les fois que vous reveniez avec plus de bonté & de force, vous reveniez aussi avec plus de magnificence; de sorte que vous rétablissiez en peu d'heures les débris de mes infidélités, & vous me dédommagiez avec profusion de mes pertes. Mais il n'en fut pas de même dans tout le tems dont je vais parler.

3. Dans les autres privations mon ame cherchoit continuellement celui qu'elle avoit perdu: sa recherche, quoique causée par sa perte, & par une perte qu'elle croioit venir par sa faute, lui étoit encore un gage de son amour: car on ne cherche pas ce que l'on n'aime pas; & la langueur qu'elle souffroit de se voir privée de son Amour lui étoit une marque de la fidélité de ce même amour. De plus, elle avoit un soutien très-grand, quoiqu'il ne lui parût pas: c'étoit que son cœur étoit vuide de tout amour, & qu'elle pouvoit dire à son Dieu; si je ne vous aime pas, je suis assurée que je n'aime rien autre. Mais ici, c'est tout le contraire. Non-seulement il paroît que l'on n'aime plus; mais ce cœur si aimant & si aimé ne se trouve rempli

que d'un amour des créatures & de soi-même. Dans tous les autres tems on n'étoit pas privé de toute facilité à faire le bien : quoiqu'on le fît d'une maniere languissante & sans goût, même souvent avec répugnance, on ne laissoit pas de le faire : mais ici ce n'est plus répugnance, mais impuissance, & impuissance de telle nature, que l'ame ne connoît point son impuissance. Elle ne lui paroît que comme une involonté de le faire.

4. J'ai toujours remarqué depuis dix-huit ans que le tems des grandes fêtes, de celles mêmes pour lesquelles j'avois une affection singuliere, c'étoit celui où j'étois le plus délaissée intérieurement. Ce qui paroîtra surprenant est, que lorsque je communiois, quelque pénétrée que je fusse de Dieu avant ce tems, la sécheresse prenoit la place de l'abondance, & le vuide celui de la plénitude. J'en connois bien à présent la cause, qui étoit, que comme ma voie étoit une voie de mort & de foi, les grandes fêtes, & la réception des Sacremens opéroient en moi, selon les desseins de Dieu, mort, foi, croix, dépouillement, anéantissement : car Notre Seigneur n'opére par ses mystères & par ses Sacremens que ce qu'il opére par lui-même : de sorte que si l'état est tout dans les sentimens, les Sacremens, & les mystères célébrés dans les fêtes opérent des sentimens vifs & tendres de Dieu : si l'état est en lumiere, ils opérent des lumieres admirables, ou actives, ou passives, selon le dégré de l'ame : si c'est foi, ils opéreront sécheresses, obscurités, & encore plus ou moins, selon le dégré de la foi, & ainsi du reste. Ils opérent croix, dépouillement, anéantissement selon les desseins

de Dieu sur les ames & le dégré d'un chacun. Il en est de même de l'oraison : elle est séche, obscure, crucifiante, dépouillante, anéantissante &c. Ceux qui se plaignent de l'oraison, (supposé la fidélité,) & de ce qu'ils éprouvent dans la réception des Sacremens, ne le font que faute de lumiere : car il leur est toujours donné ce qu'il leur faut, quoique non pas ce qu'ils veulent & désirent. Si l'on étoit bien convaincu de ces vérités, loin de passer toute sa vie à se plaindre de Dieu & de soi-même, on ne l'emploieroit qu'à faire usage en mort & en fidélité mourante de toutes ces différentes dispositions où Dieu nous met ; de sorte qu'en nous causant la mort, elles nous procureroient la vie.

5. Car c'est une chose admirable comme tout notre bonheur spirituel, temporel, & éternel consiste à nous abandonner à Dieu, le laissant faire en nous & de nous tout ce qu'il lui plaira, avec d'autant plus d'agrément, que les choses nous satisfont moins : de sorte que par cette soumission & dépendance à l'Esprit de Dieu, tout nous est donné ; & en la main de Dieu tout nous sert admirablement : nos foiblesses mêmes, nos miséres & défauts ; je dis plus, nos péchés, qui sont un fruit & une source de mort, deviennent souvent en la main de Dieu une source de vie par l'humiliation qu'ils nous causent. Si l'ame étoit fidelle à se laisser en la main de Dieu, soutenant toutes ses opérations gratifiantes & crucifiantes, se laissant de moment en moment conduire & détruire par les coups & les conduites de sa divine providence, sans se plaindre de Dieu, ni vouloir autre chose que ce qu'elle a, elle arriveroit bientôt à l'expérience de la vérité éter-

nelle, quoiqu'elle ne connût que tard les voies & les conduites de Dieu sur elle.

6. Mais le malheur est, que l'on veut conduire Dieu, loin de se laisser conduire à lui. On veut lui indiquer un chemin, au lieu de suivre aveuglement celui qu'il nous trace : & c'est ce qui fait que beaucoup d'ames, qui seroient destinées à jouir de Dieu même en lui-même, & non pas de ses dons en elles, passent toute leur vie à courir après de petites consolations, & à s'en repaître, se bornant là, & y faisant même consister leur bonheur. Pour vous, mes chers enfans, si mes chaînes & ma captivité vous touchent, je vous prie qu'elles servent à vous engager à ne chercher Dieu que pour lui-même, à ne vouloir jamais le posséder que par la mort de tout ce que vous êtes ; à n'en jouir qu'en perte. Ne tendez jamais à être quelque chose dans les voies de l'esprit : mais donnez dans le plus profond anéantissement.

7. Je tombai donc dans le pur naturel : cependant mes infidélités étoient d'une nature qu'elles auroient paru bien & vertu à tout autre qu'à mon Dieu, qui ne juge pas de la vertu par le nom qu'on lui donne, mais par la pureté & droiture du cœur qui l'exerce. Je sentois mon inclination croître chaque jour, & que mon cœur, qui n'étoit auparavant occupé & rempli que de son Dieu, n'étoit plein & occupé que des créatures. Je me servois de toutes sortes de pénitences, de prieres, de pélérinages, & de vœux. Il sembloit, ô mon Dieu, que je trouvois l'augmentation de mon mal dans tout ce que je prenois pour lui servir de remede : de sorte que j'entrai dans une désolation inconcevable. Je puis dire que les lar-

mes devinrent mon breuvage, & la douleur ma nourriture. Au lieu que votre amour, ô mon Dieu, avoit mis dans mon cœur une paix aussi profonde qu'elle sembloit inaltérable; cette inclination mettoit le trouble & la confusion dans mon cœur avec tant de force, que je ne pouvois résister à la violence.

8. J'avois deux ennemis également puissans, & qui n'étoient jamais victorieux l'un de l'autre: de sorte qu'ils se combattoient avec d'autant plus d'opiniâtreté, que l'avantage ne penchoit jamais d'aucun côté: c'étoit l'envie de vous plaire, ô mon Dieu, & la crainte de vous déplaire; un penchant de tout mon centre vers vous, ô ma suprême félicité, & un entraînement de tout moi-même vers la créature Mais comme celui-ci étoit très-sensible, l'autre ne me paroissoit que comme une chose qui n'étoit point. Sitôt que j'étois seule je versois des torrens de larmes, & je disois avec autant de sécheresse que de désolation : Est-il bien possible que je n'aie reçu tant de graces de Dieu que pour les perdre ! que je ne l'aie aimé avec tant d'ardeur, que pour le haïr éternellement ! Que ses bienfaits aient servi de matiere à mes ingratitudes ! Sa fidélité ne seroit-elle payée que de mon infidélité ? Mon cœur n'a-t-il été si long-tems rempli de lui seul qu'afin d'en être plus vuide ? & n'a t-il été vuidé de tous les objets créés, que pour en être plus fortement rempli ? D'un autre côté je ne pouvois prendre plaisir dans les conversations, que je cherchois comme malgré moi. J'avois au-dedans de moi un bourreau qui me tourmentoit sans relâche; je sentois en moi une peine que

je ne pourrois jamais faire comprendre qu'à ceux qui l'auroient expérimentée.

9. Je perdis toute Oraison, n'en pouvant faire en aucune maniere : le tems que je prenois pour cela, n'étoit rempli que des créatures & tout vuide de Dieu. Il ne servoit qu'à me faire mieux sentir ma perte & mon malheur ; parce qu'alors rien ne fait diversion. Je ne pouvois plus non-seulement me mortifier, mais mon appétit se réveilloit pour mille choses : & lors que j'en usois, je n'y trouvois aucun goût : de sorte qu'il ne me restoit que le déplaisir d'avoir été infidelle sans avoir la satisfaction que je m'étois promise. Je ne saurois exprimer ce que je souffrois, & les infidélités que je fis durant ce tems. Je croiois être perdue : car tout ce que j'avois pour l'extérieur & intérieur me fut ôté. Mr. Bertot ne me donna plus de secours ; & Dieu permit qu'il comprit mal une de mes lettres, & qu'il m'abandonna même pour long-tems dans mon plus grand besoin, ainsi que je le dirai dans son lieu.

10. Que faire en cet état ? Le ciel étoit fermé pour moi, & il me sembloit que c'étoit justement. Je ne pouvois ni m'en consoler, ni m'en plaindre. Je n'avois aucune créature sur la terre à qui je pusse m'adresser ; & si je voulois m'adresser à quelque Saint, outre que je n'y avois aucune facilité, c'est que depuis bien des années je ne les trouvois plus qu'en Dieu : je ne les trouvois alors pleins que de la fureur de Dieu. La Sainte Vierge, à laquelle j'avois eu une très grande dévotion & fort tendre dès ma jeunesse, me paroissoit inaccessible. Je ne savois à qui m'a-

dresser, ni où trouver de secours. Il n'y en avoit ni au ciel, ni en terre. Si je voulois en chercher dans mon fond, & trouver celui qui le possédoit si fortement autrefois ; non-seulement je n'y trouvois plus rien, mais j'étois même rejettée avec violence. Je me trouvois bannie de tous les êtres, sans pouvoir trouver ni appui ni refuge en aucune chose. Ceci est une douleur la plus terrible de toutes, & qui cause aussi la mort. Je ne pouvois plus pratiquer aucune vertu, & celles qui m'avoient été les plus familieres m'avoient abandonnée avec plus de rigueur.

11. Il n'y avoit plus pour moi un Dieu Pere, Epoux, Amant, si j'ose l'appeler ainsi : il n'y avoit plus qu'un juge rigoureux, dont la colere paroissoit s'allumer chaque jour. O si j'avois pû trouver dans l'abîme un lieu, pour me cacher à sa fureur sans me dérober à sa justice, je l'eusse fait. Je ne pouvois plus aller voir les pauvres : ou je les oubliois entierement, ou je n'en trouvois plus le tems, ou j'en avois un dégoût qui alloit jusqu'à l'opposition. Si je voulois me faire violence pour y aller malgré mes répugnances, je me trouvois la plupart du tems dans de véritables impuissances. Si enfin je faisois quelquefois l'effort d'y aller, je ne pouvois y rester un moment ; & si je voulois leur parler, il m'étoit impossible : voulant me forcer, je disois des extravagances qui n'avoient pas le sens commun. Je ne pouvois plus rester un moment à l'Eglise : & au lieu qu'autrefois c'étoit mon supplice de n'avoir point de tems pour prier, mon supplice alors étoit d'avoir du tems, & d'être obligée d'être à l'Eglise. Je ne concevois ni n'entendois rien : la Messe se passoit sans que je pusse y fai-

re aucune attention. J'en entendois quelquefois plusieurs de suite, afin de réparer par l'une le défaut de celle qui l'avoit précédée ; mais c'étoit toujours pis. Mes yeux, qui se fermoient tout seuls autrefois malgré moi, s'ouvroient alors, sans qu'il me fût possible ni de les fermer, ni de me recueillir un moment.

12. Toutes les créatures se bandoient contre moi ; & les croix du déhors redoubloient à mesure que celles du dedans augmentoient. J'aurois bien voulu faire des pénitences : mais outre que l'on me les avoit défendues alors, c'est que dans la disposition où j'étois, il m'étoit quasi impossible d'en faire. Je n'en avois pas le courage : & lorsque je le voulus tenter, tout me tomba des mains. Il sembloit que Dieu ne m'avoit donné Mr. Bertot que pour m'ôter les appuis, & non pour m'en servir : car après que je fus entrée en cet état sans qu'il en sût rien, il me défendit toutes sortes de pénitences, & me dit, que je n'étois pas digne d'en faire. Il n'étoit pas difficile de me le persuader : puisque je ne croiois pas qu'il y eût sur la terre une personne plus mauvaise que moi. Ces sentimens étoient si vifs dans le commencement, qu'il n'y avoit point d'homme au monde si criminel que je ne justifiasse dans mon esprit en me condamnant : car enfin, que ces hommes eussent offensé Dieu, & l'offensassent ne le connoissant point, cela me paroissoit tolérable à votre bonté, ô mon Dieu : mais qu'une créature qui vous avoit connu, qui vous avoit aimé, & à qui vous aviez fait tant de graces, & assez pour sauver un monde entier, fût devenue comme j'étois, cela me paroissoit effroyable.

13. Je

13. Je tombois quelquefois dans des promptitudes extérieures, sans pouvoir me garder de rien : je ne pouvois non plus retenir ma langue : j'étois comme ces enfans qui ne peuvent s'empêcher de tomber. Je fis quelques vers, qui me furent des matieres d'infidélités : je résolus de n'en plus faire, mais mes résolutions étoient sans effet. Il suffisoit que j'eusse pris la résolution d'une chose pour faire le contraire aussitôt. Vous m'ôtâtes toute facilité d'en faire. Je ne pouvois plus parler de vous, ô mon Dieu : Je portois envie à toutes celles qui vous aimoient. O est-il possible que ce cœur tout de feu, soit devenu de glace ! que ce cœur si aimant, soit devenu dans la plus molle indifférence ! Il me sembloit à tout moment que l'enfer s'alloit ouvrir pour m'engloutir : & ce qui me donnoit tant de terreur alors, auroit été dans la suite l'objet de mes souhaits : car il faut concevoir, que je me croyois coupable de tous les péchés dont j'avois les sentimens ; & comme je portois le sentiment de tous les péchés, je croyois en avoir la réalité. Je ne pouvois croire, ô mon Dieu, que vous me dussiez jamais pardonner : tout étoit tellement effacé de mon esprit, que je ne me regardois plus que comme une Victime destinée à l'enfer. Le mal que j'endurois auparavant avec plaisir, me devint insupportable. Un petit mal de tête me faisoit frémir. Je ne sentois plus en moi que des mouvemens d'impatience : au lieu de cette paix de paradis, c'étoit un trouble d'enfer. Autrefois je me réjouissois avant que d'accoucher, parce que j'y devois souffrir : & alors je craignois l'ombre du mal.

CHAPITRE XXII.

Suite de ses croix extérieures. Dieu se la consacre de nouveau. Diverses providences de Dieu sur elle. Maladies, mort Chrétienne, salut, obsèques de Mr. son Mari. Réglement de toutes ses affaires domestiques & étrangeres par un secours de Dieu tout particulier.

1. Mais avant que de parler davantage d'un état qui ne fait que de commencer, & dont les suites ont été si longues & ennuieuses, il faut reprendre où j'en étois demeurée, & concevoir, que tout ce que je dirai dans la suite étoit accompagné de l'état dont je viens de parler. Comme mon mari approchoit de sa fin, son mal devint sans relâche. Il ne sortoit pas plutôt d'une maladie, qu'il rentroit dans une autre. La goutte, la fievre, la gravelle se succédoient sans-cesse les unes aux autres. Il souffroit de grandes douleurs avec assez de patience : il vous les offroit, mon Dieu, & en faisoit un assez bon usage. La peine qu'il avoit contre moi augmentoit parce que l'on multiplioit les rapports, & l'on ne faisoit que l'aigrir. Il étoit d'autant plus susceptible de ces impressions que ses maux lui donnoient plus de pente au chagrin. Cette fille même qui me tourmentoit, prenoit quelquefois compassion de moi, & me venoit querir sitôt que j'étois allée dans mon cabinet, me disant : Venez auprès de Monsieur, afin que Madame votre belle-mere ne lui parle plus contre vous. Je faisois semblant de tout ignorer ; mais il ne pouvoit me dissimuler sa peine, ni même me

souffrir. Ma belle-mere au même tems ne gardoit plus de mesure; & tous ceux qui venoient au logis étoient témoins des brusqueries continuelles que l'on me faisoit. Ce qui étoit surprenant, c'est que bien que j'eusse les sentimens dont j'ai parlé, & les peines que j'ai décrites & que je décrirai, je ne laissois pas de souffrir avec bien de la patience : mais cela ne me paroissoit pas, à cause de la révolte effroyable que je sentois au-dedans contre tout ce que l'on me disoit & faisoit : & comme il m'échappoit quelquefois des promptitudes (ce qui étoit rare) je croyois que cela, joint à la révolte du dedans, étoit des crimes.

2. Mon mari quelque tems avant sa mort fit bâtir une chapelle à la campagne, où nous étions une partie de l'été. J'eus la commodité d'entendre tous les jours la Messe, & de communier : mais n'osant pas le faire chaque jour ouvertement, le Prêtre gardoit une hostie sans que l'on y fit attention ; & sitôt qu'on étoit sorti, il me communioit. On fit la dédicace de cette petite chapelle : & quoique je commençasse déjà d'entrer dans l'état que je viens de décrire, sitôt qu'on commença à la bénir, tout-à-coup je me sentis saisie au-dedans ; & mon saisissement, qui dura plus de cinq heures tout le tems de la cérémonie, fut que Notre Seigneur se faisoit une nouvelle consécration de moi-même. Cette chapelle n'étoit que la figure de ce que Notre Seigneur faisoit en moi, mais d'une maniere si forte, si réelle, quoique très-intime, qu'il me semble que je lui fus un temple consacré pour le tems & l'éternité. Je vous disois : O mon Dieu, que ce Temple ne soit jamais profané !

(parlant de l'un & de l'autre;) que l'on y chante à jamais vos louanges! Il me semble que vous me le promîtes, quoique tout me fût enlevé d'abord, & qu'il ne m'en restât pas même un souvenir qui me pût consoler.

3. Lorsque j'étois à cette campagne, qui n'étoit qu'une petite maison de divertissement, avant que cette chapelle fût bâtie, je faisois mon oraison dans les bois & cabinets. Comme j'aimois fort la croix, j'en faisois planter en bien des endroits; & ces lieux me servoient d'hermitage. Combien de fois m'avez-vous préservée, ô mon Dieu, des dangers & des bêtes venimeuses? Quelquefois sans y penser je m'agenouillois sur des serpens, qui y étoient en abondance; & ils se retiroient sans me faire aucun mal. Ne m'avez-vous pas préservée d'un taureau furieux, quoique j'eusse une antipatie pour ces sortes d'animaux, & eux pour moi, au point de me chercher entre plusieurs personnes & courir après moi? Je restois abandonnée; & il sembloit que leur furie tomboit devant moi. J'étois enfermée seule dans un petit bois où étoit ce taureau furieux: tout le monde crioit que l'on se gardât; il prit la fuite sans me faire aucun mal.

Si je pouvois compter toutes vos providences à mon égard, on en seroit charmé: mais elles étoient si fréquentes & si continuelles, que je ne pouvois que les admirer & en être étonnée. Vous étiez continuellement appliqué sur moi comme si j'avois été l'unique objet de vos soins. Cela a été fort marqué, sur-tout dans le commencement, & jusqu'à ce que je tombasse dans l'état dont je viens de parler, où votre divine providence sembloit m'avoir abandonnée & livrée à votre justice. Je n'ai présentement aucune répugnance d'écrire ma vie. Y a-t-il autre chose, ô mon Dieu, qu'une multitude de bontés de votre part; & de la mienne, l'ingratitude, l'infidélité, la misere! Tout vous est glorieux; & il n'y a rien que de confusible pour moi. Vous y donnez sans fin à qui n'a pas dequoi vous rendre. S'il y paroît quelque fidélité & quelque patience, c'est vous seul qui l'opérez: si vous cessez un instant de soutenir, ou si par une feinte amoureuse vous faites semblant de me laisser à moi-même, je cesse d'être forte pour devenir plus foible que nulle autre créature. O mon Seigneur, si mes miséres font voir ce que je suis, vos bontés font voir ce que vous êtes & l'extrême dépendance où je suis de vous. Je m'écarte toujours.

4. Comme je devins grosse de ma fille, & que l'on crut que je mourrois, on m'épargna un peu pour quelque tems: car je fus si extraordinairement mal, que les Médecins m'avoient condamnée.

5. Enfin après avoir passé douze ans & quatre mois dans les croix du mariage aussi grandes qu'on le puisse, (hors la pauvreté, que je n'ai jamais éprouvée, du moins celle des biens, quoique je l'aie beaucoup désirée,) vous m'en tirâtes, ô mon Dieu, de la maniere que je vais dire, pour m'en donner de plus fortes à porter, & d'une nature que je n'en avois jamais éprouvé de telles. Car si vous faites attention sur la vie que vous m'avez ordonné d'écrire, Monsieur, vous verrez que mes croix ont été toujours en augmentant jusques à présent, ne sortant de l'une que

pour entrer dans une autre plus pesante. Je dirai auparavant, que dans les grandes peines que l'on me faisoit, & lorsqu'on me disoit que j'étois en péché mortel, je n'avois personne au monde à qui parler. J'eusse souhaité avoir quelqu'un pour témoin de ma conduite ; mais je n'en avois point, n'ayant nul appui, ni Confesseur, ni Directeur, ni ami, ni conseil. J'avois tout perdu : & après, mon Dieu, que vous m'eûtes tout ôté l'un après l'autre, vous vous retirâtes aussi vous-même. Je restai sans créature, & pour comble de désolation, sans vous, mon Dieu, qui pouviez seul me soutenir dans un état si étrange.

6. Le mal de mon mari devenoit tous les jours plus opiniâtre ; & il portoit en lui-même une impression de la mort : il y étoit même résolu ; car la vie languissante qu'il menoit lui devenoit de jour à autre plus à charge. Il se joignit à ses autres maux un dégoût de toutes sortes d'alimens, & si grand, qu'il ne prenoit pas même les choses nécessaires à la vie. Le peu qu'il en prenoit, il n'y avoit que moi qui eusse le courage de le lui faire prendre. Les Médecins lui conseillerent d'aller prendre l'air à la campagne. Les premiers jours qu'il y fut, il paroissoit se mieux porter, quand tout-à-coup il lui prit une colique accompagnée d'une retention d'urine & d'une fievre continue avec des redoublemens ; & pour surcroit de mal, un abscès dans la vessie. J'étois assez disposée à tout ce qu'il plairoit à la providence d'en ordonner ; car il y avoit déja du tems que je voyois bien qu'il ne pouvoit plus gueres vivre. Sa patience augmenta avec son mal. Sa maladie fut très-crucifiante pour moi : cependant le bon usage qu'il en fit, adoucit toutes mes peines.

J'eus une extrême peine de ce que ma belle-mere m'écartoit de son lit autant qu'elle pouvoit, & lui donnoit de l'opposition pour moi. Je craignois beaucoup qu'il ne mourût là dedans, & cela m'affligeoit extrêmement. Je pris un moment que ma belle-mere n'y étoit pas; & en m'approchant de son lit, je me mis à genoux, & lui dis, que si je lui avois fait quelque chose qui lui eût déplû je lui en demandois pardon : que je le priois de croire, que ce n'étoit pas volontairement. Il parut fort touché : & comme s'il fût revenu d'un profond assoupissement, il me dit, (ce qu'il ne m'avoit jamais dit;) *C'est moi qui vous demande pardon; je ne vous méritois pas.* Depuis ce tems non-seulement il n'eut plus de peine à me voir, mais il me donna des avis sur ce que je devois faire après sa mort pour ne pas dépendre des gens dont je dépens à présent. Il fut huit jours très-résigné & patient, quoiqu'à cause de la gangrene, qui le gagnoit on le déchiquetât à coups de lancette. J'envoyai à Paris quérir le meilleur Chirurgien; mais il étoit déja mort lorsqu'il arriva.

7. On ne peut mourir avec des dispositions plus chrétiennes ni avec plus de courage qu'il le fit après avoir reçu d'une maniere édifiante tous les Sacremens. Je n'y étois pas lorsqu'il mourut; car il m'avoit fait retirer, non par opposition, mais par tendresse; & il fut plus de vingt heures sans connoissance dans l'agonie. Je crois, ô mon Dieu! que vous ne retardates sa mort qu'à cause de moi : car il étoit entierement pourri de gangrene, les entrailles & l'estomac tout noirs, qu'il vivoit encore. Vous voulûtes qu'il mourut la veille de la Madeleine, afin de me faire voir

que je devois être toute vôtre. Je renouvellois tous les ans, le jour de la Madeleine, le contract que j'avois fait avec vous, mon Seigneur, & je me trouvai libre pour le renouveller tout de bon. Je fus d'abord éclairée qu'il y avoit bien du mistere la deffous. Ce fut le matin du 21 Juillet 1676. qu'il mourut. Le soir étant seule dans ma chambre en plein jour, j'apperçus une ombre chaude paffer auprès de moi. Le lendemain j'entrai dans mon cabinet, où étoit l'image de mon cher & divin Epoux Notre Seigneur Jésus-Chrift. Je renouvellai mon mariage, & j'y ajoutai un vœu de chafteté pour un tems, avec promeffe de le faire perpétuel fi Mr. Bertot me le permettoit. Enfuite de cela, il me prit une grande joie intérieure; ce qui me fut d'autant plus nouveau qu'il y avoit longtems que j'étois dans l'amertume. Il me fembla que Notre Seigneur me voulut accorder quelque grace : auffitôt j'eus une certitude intérieure très-grande que dans ce moment Notre Seigneur délivroit mon mari du purgatoire. Je n'en ai jamais douté un moment depuis, quoique j'aie effayé d'entrer en défiance. A quelques années de là, la Mere Granger m'apparut en fonge, & me dit; ,, foyez affurée que ,, Notre Seigneur pour l'amour qu'il vous porte ,, a délivré votre mari du purgatoire le jour de ,, la Madeleine : il n'entra cependant dans le ciel ,, que le jour de S. Jaques le 25. qui étoit fa ,, fête ". Cela me furprit : mais j'ai appris depuis, qu'il y avoit deux fortes de purgatoires, celui où l'on fouffre la peine du fens, & l'autre où l'on ne fouffre que la privation de Dieu : qu'il y a des perfonnes qui paffent par le dernier fans paffer par le premier; d'autres qui paffent par le premier

& vont ensuite dans le dernier. Une grande servante de Dieu a révélé après sa mort à plusieurs de ses confidentes, qu'elle avoit été trois jours privée de la vision de Dieu sans nulle peine du sens.

8. Sitôt que j'eus appris que mon mari venoit d'expirer, je vous dis : (a) *O mon Dieu, Vous avez rompu mes liens; & je vous offrirai une hostie de louange.* Je restai après cela dans un très - grand silence intérieur & extérieur, silence cependant sec & sans soutien. Je ne pouvois pleurer ni parler. Ma belle - mere disoit de très belles choses, dont chacun étoit édifié; & l'on se scandalisoit de mon silence que l'on attribuoit à défaut de résignation. Un Religieux me dit, que chacun admiroit les beaux actes que faisoit ma belle-mere; que pour moi l'on ne m'entendoit rien dire : qu'il falloit offrir ma perte à Dieu : mais il m'étoit impossible de dire une seule parole, quelque effort que je me fisse. J'étois d'ailleurs fort abattue; car quoique je fusse nouvellement accouchée de ma fille, je ne laissois pas de veiller mon mari, sans quitter sa chambre les vingt & quatre nuits qu'il fut malade. J'ai été plus d'un an à me rétablir de cette fatigue : l'accablement du corps, joint à une blessure que je m'étois faite à une jambe que les veilles m'avoient échauffée jusqu'à la gangrène, l'accablement de mon esprit, la sécheresse & stupidité où j'étois, qui étoit telle, que je n'aurois pû dire un mot de Dieu, firent que je ne pus jamais parler. J'entrai cependant pour quelques momens dans l'admiration de votre bonté, ô mon Dieu, qui m'avoit rendu libre justement au jour que je vous

(a) Ps. 115. v. 16, & 17.

avois pris pour Epoux. Je vis bien que les croix ne me manqueroient pas, puisque ma belle-mere avoit survécu à mon mari ; & je ne pouvois comprendre votre conduite, ô mon Dieu, qui en me rendant libre, m'avoit cependant liée plus fortement, en me donnant deux Enfans immédiatement avant la mort de mon mari. Cela me surprit extrêmement, mon Dieu, que vous ne me missiez en liberté qu'en me captivant. J'ai bien connu depuis, que vous m'aviez ménagé par votre Sagesse un moyen d'être dans la suite le jouet de votre providence : car si je n'avois eu que mon fils aîné, je l'aurois mis au college, & je me serois faite Religieuse aux Bénédictines. Je me serois par là dérobée à vos desseins sur moi.

9. Je voulus marquer l'estime que j'avois pour mon mari en lui faisant faire l'enterrement le plus magnifique qui se fût fait dans le pays, à mes propres dépens. J'acquittai aussi de mes deniers les legs pieux qu'il vouloit faire. Ma belle-mere s'opposa fortement à tout ce que je pouvois faire pour assurer mes intérêts. Je restai sans aucun secours : car mon frere étoit bien éloigné de prendre mes intérêts. Je n'avois personne à qui j'osasse demander conseil ouvertement. Je ne savois les affaires en aucune maniere. Mais vous, ô mon Dieu, qui indépendamment de mon esprit naturel m'avez toujours rendu propre à tout ce qu'il vous a plû, m'en donnâtes une si parfaite intelligence que j'en vins à bout. Je n'omis quoique ce soit, & j'étois étonnée que sur ces matieres je savois tout sans l'avoir jamais appris. J'accommodai tous mes papiers, & réglai toutes mes affaires, sans secours de qui que ce soit. Mon mari avoit quantité de papiers en dépôt. Je fis de cha-

cun un inventaire exact de ma propre main, &
les envoyai à ceux à qui ils appartenoient, ce qui
m'auroit été très-difficile, ô mon Dieu, sans votre secours ; parce que le longtems qu'il y avoit
que mon mari étoit malade, faisoit que tout
étoit dans un très-grand désordre. Cela me mit
en réputation de femme habile, aussi bien qu'une autre affaire qui arriva.

10. Un grand nombre de personnes qui plaidoient ensemble depuis plus de vingt ans, s'adressèrent à mon mari pour les accommoder.
Quoique ce ne fut pas le fait d'un Gentilhomme, on l'en pria, parce qu'il avoit & de la probité & un bon esprit ; desorte que comme parmi
ces gens il y en avoit qu'il aimoit, il y consentit. Il y avoit vingt procès les uns sur les autres.
Ils étoient vingt-deux personnes qui plaidoient
de cette sorte, sans que l'on pût terminer leurs
différens, à cause des nouveaux incidens qu'ils
faisoient chaque jour. Mon mari se chargea de
prendre des avocats pour examiner leurs papiers :
mais il mourut sans avoir rien fait. Après sa mort
je les envoyai querir pour leur donner leurs papiers. Mais ils ne voulurent jamais les recevoir,
me priant de les accommoder, & d'empêcher leur
ruine. Il me paroissoit autant ridicule qu'impossible que j'entreprisse une affaire de si grande conséquence, & de si longue discussion. Cependant
appuyée sur votre force, ô mon Dieu, je suivis
le mouvement que vous me donnâtes d'y consentir. Je m'enfermai plus de trente jours dans
mon cabinet pour toutes ces affaires, sans en
sortir que pour la Messe & les repas. Ces bonnes
gens signerent tous leur accommodement à l'aveugle, sans le voir : ils en furent si contens, qu'ils

ne pouvoient s'empêcher de le publier par-tout. C'étoit vous seul, ô mon Dieu, qui faisiez ces choses : car sitôt que je n'ai plus eu de bien ni d'affaires, je ne les ai pas même comprises ; & lorsque j'en entends parler à présent, il me semble que c'est de l'arabe.

11. Sitôt que je fus veuve, mes amis & les personnes de la plus grande distinction dans le pays me venoient conseiller de me séparer d'abord de ma belle-mere : car quoique je ne m'en plaignisse pas, chacun connoissoit son humeur. Je leur répondis, que je n'avois aucun sujet de me plaindre d'elle ; & que je faisois mon capital de rester avec elle si elle me le vouloit bien permettre. Ce fut la vue que vous me donnâtes d'abord, ô mon Dieu, de ne point descendre de la croix comme vous n'en étiez point descendu vous-même. C'est pourquoi je me résolus non seulement de ne pas quitter ma belle-mere, mais même de ne point me défaire de cette fille dont j'ai parlé. Vous empêchiez, ô mon Amour, dans le tems de vos plus grandes rigueurs en mon endroit, que je me déchargeasse des croix extérieures, qui augmenterent, loin de diminuer par la mort de mon mari, comme je le dirai en son lieu, après avoir décrit l'état intérieur des peines qu'il m'a fallu soutenir & passer.

Vous excuserez, Monsieur, s'il y a si peu d'ordre dans ce que j'écris : il m'est impossible de faire autrement à cause qu'il faut parler de tant de choses différentes auxquelles je ne puis faire d'application, les disant comme elles se présentent.

CHAPITRE XXIII.

Reprise de son état intérieur. Perte de la propre force. Entrée dans l'état terrible de la mort mystique, précédé de la vie mourante, puis de l'insensible. (Pour mieux entendre ces matieres, autant que faire se peut, il convient de lire le traité de l'Auteur intitulé, *les torrens &c.* qui est écrit sur ces mêmes expériences. Voyez les OPUSCULES, *Tom.* II.)

1. J'ÉTOIS dans un dépouillement si étrange de tout soutien & de tout appui, soit pour le dehors, soit pour le dedans, qu'il me seroit difficile de le bien décrire ici, ni le bien faire comprendre. Afin de m'en acquiter le mieux que je pourrai, je vais décrire de suite les peines par où j'ai passé pendant sept années jusqu'à ce qu'il vous plût, mon Dieu, de m'en délivrer tout-à-coup: puis je reprendrai la suite de mon histoire.

2. Je ne perdis pas tout-à-coup tout soutien pour l'intérieur; mais peu-à peu : car dès le vivant de la mere Granger, j'avois déjà souffert bien des peines intérieures; mais elles n'étoient que comme les avant-coureurs de celles qu'il m'a fallu éprouver dans la suite.

3. Après que vous m'eûtes blessée d'une maniere aussi profonde que celle que j'ai décrite, vous commençates, ô mon Dieu, à vous retirer de moi : & la peine de votre absence m'étoit d'autant plus rude, que votre présence m'avoit été plus douce & votre amour plus fort en moi. Je m'en plaignis à la mere Granger & je ne

croyois plus vous aimer. Un jour que pénétrée vivement de cette pensée & de cette peine je lui dis que je ne vous aimois plus, unique objet de mon amour; elle me dit en me regardant: Quoi! vous n'aimez plus Dieu! Ce mot me fut plus pénétrant qu'une fléche ardente. Je sentois une peine si terrible, & une interdiction si forte, que je ne pus lui répondre; parce que ce qui étoit caché dans le fond se fit d'autant plus paroître dans ce moment, que je le croyois plus perdu.

4. Ce qui me persuadoit, ô mon Dieu, que j'avois perdu votre amour, étoit qu'au lieu d'avoir trouvé de nouvelles forces dans cet amour si fort & si pénétrant, j'étois devenue plus foible & plus impuissante: car autrefois je me défendois plus facilement du penchant vers la créature; & alors, quoique j'eusse éprouvé, ô mon Dieu, combien vous êtes aimable, que votre amour eût même banni de mon cœur tout autre amour, que mon ame eût été dans une élévation si grande au-dessus du créé, elle se trouvoit moins en état de se défendre d'un certain penchant pour la créature. Car je ne connoissois pas alors ce que c'étoit que la perte de notre propre force pour entrer dans la force de Dieu. Je ne l'ai appris que par une terrible & longue expérience. J'en étois d'autant plus affligée, que ce défaut me paroissoit & le plus difficile à vaincre, & celui dans lequel j'entrois avec plus de facilité, & dont cependant j'avois le plus d'horreur; parce qu'il remplit le cœur, & semble établir sa demeure au même lieu où vous faisiez, mon Dieu, auparavant votre résidence. Quoique cela ne fût pas tel, ma peine me le persuadoit. Plus

ce mal me paroiſſoit dangereux, plus il me devenoit familier.

5. C'étoit votre conduite avant que de me faire entrer dans l'état de pure miſere, que j'apellerai état *de mort* ; puiſque je n'ai pû douter que vous ne vous en ſoyez ſervi pour me faire mourir entierement à moi-même comme vous m'aviez fait mourir à tout le reſte. Car ſi on conſidére attentivement votre conduite ſur moi, on verra que les dépouillemens extérieurs n'étoient que la figure des intérieurs ; & que vous avez pouſſé les uns & les autres d'une égale force, les augmentant inſenſiblement juſqu'à la mort totale, à il ſemble que vous n'ayez changé de conduite que pour me faire entrer dans un nouvel abîme de croix & d'abjection, dans leſquelles vous avez gardé un ordre d'autant plus admirable, qu'il a preſque toujours été accompagné d'une double abjection, où vous avez tenu une conduite autant ſage & extraordinaire qu'elle a paru plus folle & abjecte aux yeux des hommes. Plus j'avance dans ce que j'ai à écrire plus l'entrepriſe m'en paroît difficile.

6. Votre conduite, ô mon Dieu, avant que de me faire entrer dans l'état de mort, étoit une conduite de vie mourante ; tantôt de vous cacher & de me laiſſer à moi-même dans cent foibleſſes, tantôt de vous montrer avec plus de charmes & d'amour. Plus l'ame approchoit de l'état de mort, plus ſes abandons devenoient longs & ennuyeux & ſes foibleſſes grandes, & auſſi les jouiſſances plus courtes, mais plus pures & plus intimes, juſqu'à ce qu'enfin elle tomba dans la privation totale. Ce fut un renverſement égal & du dehors & du dedans. Il ſem-

bloit, mon Amour, que votre providence extérieure & votre conduite intérieure se fussent donné le défi à qui la perdroit & la détruiroit le plus promptement.

7. A mesure que la sensibilité s'étoit augmentée, votre absence étoit devenue plus continuelle, les abandons plus forts, les foiblesses plus grandes, les croix extérieures plus ameres, l'impuissance de faire le bien plus forte, le penchant à tout mal, insurmontable. J'avois les sentimens de tous les péchés, sans les commettre cependant; & ces sentimens passoient dans mon esprit pour des réalités, à cause que je sentois mon cœur occupé de la créature : enfin, les choses vinrent à tel point, que je perdis pour toujours & tout soutien & tout appui, tant intérieur qu'extérieur. Il ne me restoit plus rien de vous, ô mon Dieu, que la douleur de votre perte, qui me paroissoit réelle. Je perdis encore cette douleur pour entrer dans le froid de la mort. Il ne me restoit qu'une assurance de ma perte, ô mon Dieu, & de ne vous aimer jamais.

8. Sitôt que je voyois le bonheur d'un état, ou sa beauté, ou la nécessité d'une vertu, il me sembloit que je tombois incessamment dans le vice contraire, comme si cette vûe (qui, quoique très-prompte, étoit toujours accompagnée d'amour) ne m'avoit été donnée que pour me faire éprouver son contraire d'une maniere d'autant plus terrible, que j'en avois conservé plus d'horreur. C'étoit bien alors, ô mon Dieu, que (a) *je faisois le mal que je haïssois, & que je ne faisois pas le bien que j'aimois.* Il m'étoit donné

(a) Rom. 7. v. 15. 19.

une vue pénétrante de la pureté de Dieu ; & je devenois toujours plus impure quant au sentiment : car quant à la réalité, cet état est très-purifiant ; mais j'étois alors bien éloignée de le comprendre. Il m'étoit montré, que la droiture & la simplicité de cœur étoient la vertu essentielle, & je ne faisois que mentir sans le vouloir : je croyois alors que c'étoit des mensonges ; mais dans la vérité ce n'étoit que pure méprise & paroles précipitées, sans nulle réflexion. J'avois des promptitudes. Je n'avois jamais eu que du mépris pour le bien ; j'y sentois des attaches, & j'aurois voulu r'avoir ce que j'avois perdu d'extérieur, ce me sembloit. Je ne pouvois retenir une parole ni m'empêcher de manger ce qui étoit à mon goût ; tous mes appétits se réveilloient avec une entière impuissance de les surmonter : leur réveil n'étoit pourtant qu'en apparence, car ainsi que je l'ai dit, sitôt que je mangeois des choses dont je sentois un désir si violent, je n'y trouvois plus de goût.

9. Mr. Bertot, sans savoir mon état, me défendit les austérités, qui n'auroient pû que me servir d'appui : il me manda que j'étois indigne d'en faire. Je crus alors, ô mon Dieu, que vous lui aviez fait connoître mon méchant état. Je ne pouvois plus rien souffrir, à ce qu'il me paroissoit, (quoique je fusse tout environnée de souffrances) à cause de l'extrême répugnance que j'y sentois. J'entrai dans une si étrange désolation, qu'elle est inexplicable. Le poids de la colère de Dieu m'étoit continuel. Je me couchois sur un tapis qui étoit sur l'estrade, & je criois de toutes mes forces (lors que je ne pouvois être entendue) dans le sentiment où j'étois du péché, & dans la pente que je croyois

avoir pour le commettre : *Damnez-moi, & que je ne péche pas ! Vous envoyez les autres en enfer par justice : donnez-le moi par miséricorde !* Il me sembloit que je m'y ferois jettée avec plaisir dans l'appréhension que j'avois du péché.

10. Mr. Bertot sur des rapports qu'on lui fit que je faisois de grandes austérités, (car de gens se l'imaginoient à cause de l'extrême peine où j'étois, qui me rendoit méconnoissable) quoiqu'il me les eût défendues, crut que je me conduisois à ma tête. Dans cet état déplorable je ne lui pouvois rien mander de moi, Dieu ne le permettant pas : car bien que j'eusse des peines si vives du péché, lorsque je voulois écrire, ou en parler, je ne trouvois rien & j'étois toute stupide : même lors que je me voulois confesser je ne pouvois rien dire sinon, que j'avois du sensible pour la créature. Ce sensible étoit tel, que dans tout le tems qu'il dura, il ne me causa jamais aucune émotion ni tentation dans la chair. Mr. Bertot m'abandonna, & me fit mander que je prisse un autre Directeur. Je ne doutois plus que Dieu ne lui eût fait connoître mon méchant état, & que cet abandon ne fût la plus sûre marque de ma réprobation.

11. Je restai si affligée que je crus que je mourrois de douleur. J'étois grosse de ma fille. Je me suis étonnée bien souvent comme je n'accouchai pas avant terme : les sanglots étoient si violens, que j'en étois sur le point d'étouffer. Je me serois consolée de l'abandon de Mr. Bertot si ce n'étoit que je le regardois comme la marque visible de l'abandon de Dieu. Ma peine étoit si vive au commencement, que je ne pouvois presque manger. On ne comprenoit

pas dequoi je pouvois vivre, & je ne le comprens pas moi-même. Je restai si affoiblie, que je fus malade pour accoucher, depuis le lundi midi jusqu'au samedi minuit. Les Médecins ne me trouvoient aucune force, & disoient que je mourrois de pure foiblesse sans accoucher. La crainte que l'enfant n'eût pas le batême, me fit faire un vœu à la Ste. Vierge : après quoi, j'accouchai heureusement quoique je fusse si misérable & aux portes de la mort. Je n'avois point de peine de mourir, parce que je croiois que ma mort finiroit mes maux intérieurs.

12. C'étoit tout ce que je pouvois faire durant ce tems-là que de traîner mon corps, tant j'étois abattue de langueur : car j'avois alors la privation de tous les biens, & l'assemblage de tous les maux, sans que qui que ce soit ni au ciel ni en la terre me donnât aucune consolation. Tout m'étoit contraire, & tout me crucifioit. Avec cela, il me falloit être tout le jour dans une contrariété perpétuelle, portant au-dedans des tourmens inconcevables. Si j'avois pû être seule, ma peine auroit été de beaucoup soulagée : mais je n'avois que la nuit pour plaindre & pleurer ma douleur. Comme je logeois seule dans un appartement écarté, je donnois congé à mes larmes, & je disois quelquefois avec le Prophète, (a) *Je lave mon lit de mes larmes*; & (b) *mes rugissemens sont comme le bruit des grandes eaux.* Rien du tout ne m'étoit donné pour me soulager : car l'oraison m'étoit un supplice. Je ne pouvois lire quoi que ce soit : si je me voulois forcer à le faire, je ne savois ce que je lisois, & n'y comprenois chose au monde. Je recommen-

(a) Ps. 6. v. 27.   (b) Job 3. v. 24.

çois je ne fais combien de fois ma lecture, & j'y comprenois moins la derniere fois que la premiere : il ne m'en restoit qu'un dégoût horrible. Les Sermons, & tous les exercices de piété, me faisoient le même effet. Mon imagination étoit dans un détraquement effroyable, & ne me donnoit aucun repos. Je ne pouvois parler de vous, ô mon Dieu ; car je devins toute stupide ; ni même concevoir ce que l'on en disoit lors que j'en entendois parler.

13. Au lieu de cette paix de Paradis, dans laquelle mon ame avoit été comme confirmée & établie, ce n'étoit qu'un trouble d'enfer. Je ne pouvois dormir que peu de suite : mon trouble me réveilloit comme si du lit j'eusse dû entrer en enfer ; car cette inclination, d'être damnée plutôt que de pécher, qui étoit encore une bonne chose, me fut ôtée. Je tombai dans une plus grande foiblesse : la crainte de la mort & de l'enfer me saisit : je cherchois ma premiere disposition, & je ne la trouvois point ; au contraire, il me paroissoit que le péché m'étoit plus familier, que j'aurois voulu le commettre. Je me trouvai dure pour Dieu, insensible à ses bontés : il ne m'étoit montré aucun bien que j'eusse fait en toute ma vie : le bien me paroissoit mal ; &, ce qui est effroyable, c'est que cet état me paroissoit devoir durer éternellement sans que je crusse que ce fût (a) un état, mais un vrai déchet : car si j'avois pû croire que ç'eût été un état, ou qu'il eût été nécessaire ou agréable à Dieu, je n'en eusse eu aucune peine.

14. De là j'entrai dans l'insensibilité, qui me parût être la consommation de mes maux. Ce

(a) c. à d. Un passage ou une station par où il faut passer pour bien mourir à soi-même, & entrer ensuite dans un autre état, qui est celui de résurrection & de vie.

fut aussi le dernier état mourant : mais avant d'en parler, il faut continuer mon histoire, après que je vous aurai fait remarquer ce que c'est que de porter cet état sept années, & sur-tout cinq ans, sans un instant de consolation, & accompagné de toutes les croix que j'ai décrites, & de celles que je vais dire.

CHAPITRE XXIV.

Continuation de ses croix & souffrances tant intérieures qu'extérieures en cet état. Un parti de personnes, qui fait du bruit dans l'Eglise, ayant tâché de l'attirer à eux, & n'ayant pû, la mettent dans un décri universel. Confusions qu'elle dut endurer de toutes parts.

1. Sitôt que je fus veuve, mes croix, qui sembloient devoir diminuer, augmenterent. Cette domestique, dont j'ai parlé, qui devoit, ce semble, être plus douce parce qu'elle dépendoit de moi, devint plus emportée. Elle avoit beaucoup amassé au logis, & je lui assurai une pension pour le reste de ses jours après la mort de mon mari, à cause des services qu'elle lui avoit rendus. Tout cela sembloit devoir l'adoucir : mais il en arriva tout le contraire. Elle fut enflée de vanité. La nécessité de veiller continuellement un malade l'avoit engagée à boire du vin pur pour se soutenir : or comme elle devenoit âgée & foible, la moindre chose lui donnoit à la tête. Cela lui passa en habitude. Je tâchois de cacher ce défaut ; mais il devint si violent, qu'il n'y avoit pas moien de la supporter. J'en parlai à son Confesseur afin qu'il tâchât adroitement de la corriger : mais au lieu

de profiter de cet avis de son Directeur, elle devint furieuse, & il n'y avoit point d'emportement qu'elle ne fît paroître contre moi. Ma belle-mere, qui jusqu'alors avoit eu beaucoup de peine à souffrir ce défaut en cette fille, & qui m'en avoit même parlé souvent, se joignit à elle pour me blâmer & l'excuser. C'étoit à qui me feroit le plus de peine. S'il venoit compagnie, elle crioit de toutes ses forces que je l'avois deshonorée, que je l'avois mise au désespoir; que je me damnois, & que je serois cause de sa damnation. Vous me donniez, ô mon Dieu, malgré l'état déplorable où j'étois intérieurement, une patience sans bornes à son égard. Je ne répondois qu'avec charité & douceur à toutes ses furies, lui donnant même toutes les marques de mon affection. Si quelqu'autre fille m'approchoit pour me servir, elle la retiroit avec furie, & me reprochoit que je la haïssois parce qu'elle avoit bien servi mon mari : de sorte qu'il falloit me résoudre à me servir seule lors qu'il ne lui plaisoit pas de venir; & quand elle venoit, c'étoit pour crier & gronder. Ces manieres d'agir, & beaucoup d'autres qu'il seroit trop long de dire, ont duré jusqu'à un an avant mon départ. J'avois avec cela des maladies très-fortes & très-fréquentes : & lors que j'étois malade, cette fille se désespéroit. Aussi ai-je toujours cru que vous n'aviez fait cela que pour moi, ô mon Seigneur: car sans une permission particuliere, elle n'étoit pas capable d'une si étrange conduite : elle ne connoissoit pas même de si grands défauts, croiant toujours avoir raison. Toutes les personnes dont vous vous êtes servi pour me faire souffrir, croioient vous rendre service.

I. Partie. Chap. XXIV. 231

2. J'allai à Paris exprès pour voir Mr. Bertot. Les instantes prieres que je lui avois fait faire de me conduire, jointes à la mort de mon mari, dont il crut que je serois fort affligée, l'obligèrent à me conduire de nouveau. Ce qui ne me fut que très-peu utile : car outre que je ne pouvois lui rien dire de moi, ni me faire connoître à lui; parce que toute idée m'étoit ôtée, même celle de mes miseres, lors que je lui parlois; votre providence, ô mon Dieu, permettoit que lors que j'étois empressée de le voir dans le besoin extrême que je croiois avoir de lui, c'étoit alors que je ne le pouvois voir. Je fus bien douze ou quinze fois pour le voir sans pouvoir lui parler : dans l'espace de deux mois je ne lui parlai que deux fois, & encore pour peu de tems, & de ce qui me paroissoit le plus essentiel. Je lui dis le besoin que j'avois d'un Ecclésiastique pour élever mon fils, & lui ôter les mauvaises habitudes & les impressions désavantageuses qu'on lui inspiroit contre moi, qui venoient à tel point, que quand il parloit de moi, il ne m'appelloit jamais ma mere, mais, elle a dit, elle a fait. Mr. Bertot me trouva un Prêtre qui étoit fort homme de bien, & dont on lui avoit rendu de très-bons témoignages.

3. Je fus faire une retraite avec Mr. Bertot & Mad. de C. au P. Dieu permit qu'il ne me parla point qu'un demi-quart d'heure au plus. Comme il vit que je ne lui disois rien, que je ne savois que dire, & que d'ailleurs je ne lui avois jamais parlé des graces que Notre Seigneur m'avoit faites, (non par envie de les cacher, mais parce que vous ne le permîtes pas, ô mon Dieu, qui n'aviez sur moi que des desseins de mort,) il

P 4

parloit aux ames qu'il croioit d'une plus grande grace, & me laiſſoit comme celle où il n'y avoit preſque rien à faire. Vous lui cachâtes ſi bien, ô mon Dieu, l'état de mon ame, pour me faire ſouffrir, qu'il me voulut remettre dans les conſidérations, croiant que je n'avois point d'oraiſon, & que la Mere Granger s'étoit trompée lors qu'elle lui avoit dit, que j'en avois : il crut même qu'elle n'avoit pas eu le don de diſcernement, comme il me le témoigna. Je fis ce que je pus pour lui obéir : mais il me fut entierement impoſſible. Je m'en voulois du mal à moi-même ; parce que je croiois plutôt Mr. Bertot que toutes mes expériences. Dans toute ma retraite, quelqu'effort que je fiſſe, il ne me vint jamais une penſée dans l'eſprit. Mon penchant, que je ne diſcernois qu'à cauſe de la réſiſtance que j'y faiſois, étoit de reſter en ſilence & nudité ; & je croiois déſobéir en y reſtant. Cela me faiſoit encore plus croire que j'étois déchue de ma grace. Je me tenois dans mon néant, contente de mon bas dégré d'oraiſon, ſans envier celui des autres, dont je me jugeois bien indigne. J'aurois pourtant bien déſiré de faire votre volonté, ô mon Dieu, & d'avancer, pour vous plaire : mais je déſeſpérois entierement que cela pût jamais être : & comme je ne doutois pas que ce ne fût par ma faute que j'avois perdu mon don d'oraiſon, je me contentois de reſter dans ma baſſeſſe. Je ne laiſſai pas pourtant d'être preſque toujours en oraiſon durant cette retraite ; mais je ne le connoiſſois pas, & l'on ne me diſoit rien qui me pût perſuader que j'y fuſſe ; au contraire, la Dame qui m'avoit amenée en retraite me diſoit, que je ne paroiſſois pas auſſi défectueuse que j'étois peu avancée : & comme elle lisoit un recueil des lettres de Mr. Bertot, j'en connus une qu'il m'avoit autrefois écrite sur mon état. Je lui dis qu'elle étoit à moi ; mais elle ne le voulut pas croire, assurant du contraire. On me cacha les écrits les plus intérieurs ; & on me disoit, de m'appliquer à la méditation : mais il m'étoit impossible. O mon Dieu, que votre providence fut admirable pour m'abîmer de toutes manieres ! sans ce procédé, j'aurois toujours subsisté dans quelque chose.

4. Il y avoit dans le lieu où je demeurois une personne dont la doctrine étoit suspecte de (*) — Il possédoit une dignité dans l'Eglise, qui m'obligeoit à avoir de la déférence pour lui. Comme il apprit d'abord l'opposition que j'avois pour toutes les personnes suspectes, & qu'il se persuada que j'avois quelque crédit dans ce lieu, il fit tous ses efforts pour m'engager dans ses sentimens. Je lui parlai avec tant de force, qu'il demeura sans replique. Cela ne fit qu'augmenter le désir qu'il avoit conçu de me gagner, & de faire amitié avec moi. Il continua de m'importuner deux ans & demi. Comme il avoit une humeur très-obligeante, beaucoup d'esprit, & qu'il étoit très-honnête, je ne me défiois point de lui : & parce que je sentois une grande force intérieure, & qu'en lui parlant Dieu m'étoit fort présent, je crus que c'étoit une marque infaillible que Dieu agréoit que je le visse, & qu'assurément je le gagnerois. Dans les deux ans & demi que je fus obligée de le voir, je sentis des peines très-grandes : car d'un côté j'étois entraînée comme malgré moi à le voir & à lui parler ; & de l'autre il y avoit

(*) Apparemment de Jansenisme.

beaucoup de choses en lui que je ne pouvois approuver, & pour lesquelles je sentois un extrême rebut. Dieu me paroissoit irrité contre moi, parce que je suivois souvent par infidélité le penchant trop naturel que j'avois à m'entretenir avec lui, quoique ce ne fut pour l'ordinaire que de bonnes choses, ou tout au plus d'indifférentes; mais comme je sentois que mon naturel étoit porté à ces entretiens, je voiois l'imperfection qu'il y avoit de le suivre. Je m'en retirois souvent : mais il venoit me demander pourquoi on ne me voioit plus, & faisoit ensorte par ses assiduités auprès de mon mari malade, que je ne pouvois éviter ses conversations. Je crus qu'il étoit plus court de rompre tout-à-fait ; mais Mr. Bertot ne me le voulut pas permettre qu'après la mort de mon mari. Alors voyant enfin l'opposition qu'il avoit pour la vie intérieure, & que je ne pouvois rien gagner sur son esprit, je rompis la liaison que j'avois avec lui. Lors qu'il vit qu'il ne pouvoit renouer avec moi, il me fit des persécutions étranges, soulevant tous ceux de son parti. Ces Messieurs avoient alors une méthode entre eux, qui étoit, qu'en très-peu de tems ils savoient ceux qui étoient de leur parti & ceux qui leur étoient contraires. Ils envoyèrent aux plus proches comme des lettres circulaires, qu'ils se font tenir les uns aux autres : de sorte qu'en très-peu de tems ces Messieurs me décriérent par-tout de la plus étrange maniere. Mon nom leur étoit connu, mais non pas la personne. Ils condamnoient hautement ma piété. Ils faisoient courir des bruits secrets pour me décréditer dans tous lieux où ils savoient que j'étois en réputation. Cependant la joie que j'avois de me voir dégagée de cette liaison, étoit si grande, que j'étois peu sensible à tout ce qu'il pouvoit me faire. Je goûtois si fort ma nouvelle liberté, que la peine chez moi n'étoit comptée presque pour rien. Je disois en moi-même : jamais je ne me lierai à personne; & je me tiendrai si bien, que je ne serai plus en peine de rompre. Insensée que j'étois! je ne savois pas que celui qui m'avoit dégagée, pouvoit seul m'empêcher de me lier. Je croiois encore pouvoir me défendre & me garder, & ma funeste expérience ne m'avoit pas encore parfaitement convaincue de mon impuissance : car je retombai dans une nouvelle liaison, qui dura six mois : mais elle ne me fit pas tant de peine, parce que cette personne étoit plus à Dieu. La personne avec qui j'avois rompu me décria donc par-tout : ce qui fit un peu de tort à ma réputation. C'étoit, ô mon Dieu, l'endroit où je tenois le plus, & qui m'a le plus couté à perdre dans la suite. Comme je sus qu'on parloit de moi, je me précautionnai de toutes mes forces : mais le coup étoit donné : il falloit qu'il eût son cours.

5. Ce que je souffrois étoit terrible : car l'éloignement de mon Dieu étoit toujours plus grand. Toutes les créatures se joignirent à vous, ô mon Dieu, pour me faire souffrir; & je portois une telle impression, qu'il me sembloit qu'elles vengeoient les outrages que j'avois faits à leur créateur. Je n'avois ni parent, ni ami, ni confident : il me parut que chacun avoit honte de moi. Je portois encore un état d'humiliation inexplicable : car l'impuissance où j'étois de faire des actions extérieures de charité que j'avois faites, comme d'aller après le saint Sacrement,

ensevelir les morts, rester long-tems à l'Eglise, servoit de prétexte à ce Monsieur de me condamner. Comme il vit que je ne faisois plus toutes ces pratiques, il publioit que c'étoit par son moien que je les avois faites, & que ne le voiant plus j'avois tout quitté, voulant se donner le mérite de ce que vous me faisiez faire, ô mon Dieu, par votre seule grace. Il fut si avant, que de me prêcher publiquement comme une personne qui après avoir été l'exemple d'une ville, en étoit devenue le scandale. Il prêcha plusieurs fois des choses très-offensantes : & quoique je fusse présente à ses Sermons, qui devoient me combler de confusion, (car ils scandalisoient tous ceux qui les entendoient,) je ne pouvois en avoir de peine ; au contraire, j'en eus de la joie ; car je portois dans mon fond une condamnation contre moi-même que je ne puis exprimer : & il me paroissoit que ce Monsieur réparoit par une confusion publique qu'il me procuroit, les fautes & les infidélités que j'avois faites. Il me sembloit que j'en méritois infiniment davantage ; & que si tous les hommes m'eussent connue, ils m'auroient foulée aux pieds.

6. Ma réputation se perdoit donc de plus en plus par les soins de ce Monsieur, & j'en souffrois au-dedans une plus grande confusion que si j'avois fait tous les maux possibles. C'étoit à qui me feroit le plus d'insultes. Il fit déclarer contre moi tous ceux qui passoient pour avoir de la piété ; après quoi il disoit : *Vous voyes qu'elle n'a personne pour elle : tels & tels qui sont des saints* (parlant de ceux de son parti) *sont aussi contre elle.* Je croiois qu'on avoit raison d'en user ainsi. Je ne faisois chose au monde ni pour regagner leur estime, ni pour témoigner que j'avois de la

peine de l'avoir perdue : au contraire, je me tenois éloignée & confuse comme une criminelle qui n'ose lever les yeux. J'étois abîmée devant vous, mon Dieu, dans le plus profond de la misere. Je regardois la vertu des autres avec respect, & voiois le monde sans défaut & moi sans aucune vertu. Mais quoique je me visse si éloignée du bien que je voiois dans les autres, je n'osois cependant, ni ne pouvois même, désirer leur état : je me trouvois indigne de toutes les graces de Dieu, que je croiois avoir perdues pour toujours par mon infidélité.

7. Je me contentois, ô mon Dieu, de vous voir servi par les autres ne le pouvant faire moi-même. J'avois du respect pour tous ceux qui vous servoient, & je me trouvois auprès d'eux si petite que rien plus. Lors que par hazard quelqu'un me louoit, je sentois un poids qui me renfonçoit dans mon néant, & je disois en moi-même, ils ne savent pas mes miséres ; & je rougissois très-fort. Je disois quelquefois : ô si l'on pouvoit comprendre d'où je suis déchue ! Lors que l'on me blâmoit, je voiois qu'on avoit raison. La nature eût bien voulu quelquefois se tirer d'une si étrange abjection ; mais il n'y avoit pas moien : & si je tâchois de faire paroître quelque justice extérieure par la pratique de quelque bien, mon cœur démentoit dans le secret mon action, & je voiois que c'étoit hypocrisie que de paroître ce que je n'étois pas ; & vous ne permettiez pas, ô mon Dieu, que cela réussît.

O que les croix de providence sont belles ! toutes les autres ne sont pas croix. Celle que je portois alors du poids de mes miséres, m'étoit bien plus terrible que toutes les autres. Si je ne m'étois pas cru coupable, je me ferois fait honneur de mes peines : mais je me fentois fi fale, que je me faifois horreur à moi-même.

8. J'étois fouvent très-malade & en danger de mort ; & je ne favois que faire pour me préparer à la mort : je ne voiois même rien que je puffe faire, & je me laiffois dévorer à l'amertume. Je n'ofois prefque paroître, à caufe de ma peine : il me fembloit que tout le monde devoit connoître mes miferes & l'état dont je croiois être déchue. Le plaifir même de boire la confufion me fut ôté. Il ne me refta que la confufion toute feule, que je ne pouvois plus porter : car je ne fentois plus en moi la moindre inclination au bien ; mais au contraire, un penchant à tous maux : & ce penchant involontaire, & fans effet, me paroiffoit un crime. Dieu le permettoit de la forte. Je me trouvois plus fale & plus laide que le Démon : & cependant lorfqu'il me falloit confeffer, je ne favois que dire finon certaines infidélités que je faifois, & que je fentois des fenfibilités naturelles. Car, comme j'ai dit, je ne faifois rien de marqué. C'étoit une expérience de mifere, & un fentiment inconcevable de ma baffeffe, qui me faifoit paffer les fentimens du cœur pour péchés. Je ne croiois pas qu'il y eût au monde une perfonne plus mauvaife que moi ; & je portois une confufion fi grande, que je n'ofois paroître. Les perfonnes de piété qui m'avoient connue, m'écrivoient comme s'ils avoient cru ce que ces Meffieurs difoient ; & je ne me juftifiois point, quoique je fuffe innocente de ce dont on m'accufoit.

Un jour que j'étois dans une plus forte défolation qu'à l'ordinaire, & qu'il n'y avoit rien

I. Partie. Chap. XXV. 239

sur la terre capable de me consoler, étant comme hors de moi par l'excès de la peine, qui m'ôtoit la nourriture & le sommeil, j'ouvrois le Nouveau Testament sans penser à ce que je faisois. Je trouvai ces paroles ; (a) *La vertu se perfectionne dans l'infirmité : ma grace te suffit.* Cela me consola pour quelques momens ; mais la consolation passoit dans un instant, & ne servoit que pour rendre la peine plus forte ; car il ne me restoit ni idée ni trace de ces choses.

CHAPITRE XXV.

Mort au sensible spirituel. Elle est recherchée. Sa maladie extrême. Etat où tous les biens passés paroissent maux, & toutes les justices comme péchés, & où l'on croit pécher bien qu'on préfère l'enfer même au péché. Cela contribue à faire chercher en Jésus-Christ ce qu'on ne trouve point en soi-même. Dieu guérit ainsi le mal réel par le mal apparent.

Vous m'ôtates, ô mon Dieu, tout-à-coup tout le sensible que j'avois pour les créatures, & vous me l'ôtâtes en un instant comme qui ôte une robe : ensorte que depuis ce tems il ne m'est jamais arrivé d'en avoir pour qui que ce soit. Quoique vous m'eussiez fait cette grace, (dont je ne saurois assez vous marquer ma reconnoissance,) je n'en étois cependant ni plus rassurée, ni plus contente, ni moins confuse. Vous étiez si loin de moi, ô mon Dieu, & vous me paroissiez si fort en colere, qu'il ne me restoit que la douleur de vous avoir perdu par ma faute. La perte

(a) 2. Cor. 12. v. 9.

de ma réputation par le moyen de ceux du parti de ce Monsieur, croissoit chaque jour, & devenoit plus sensible à mon esprit & à mon cœur, quoiqu'il ne me fut pas permis de me justifier ni de me plaindre.

2. Comme je devenois toujours plus impuissante pour toutes sortes d'œuvres extérieures, que je ne pouvois (comme j'ai dit) ni aller voir les pauvres, ni rester à l'Eglise, ni faire oraison ; & que plus je devenois froide pour Dieu, plus j'étois sensible à mes maux, tout cela me perdoit davantage & à mes yeux & à ceux des autres. Il y avoit cependant des partis très-considérables qui me recherchoient, & des personnes qui selon les règles ordinaires ne devoient pas penser à moi : ils se présentoient même au fort de ma désolation extérieure & intérieure, & il me paroissoit que c'étoit un moyen de me tirer de la vexation où j'étois. Mais il me sembloit alors, malgré toutes mes peines, que quand un Roi se seroit présenté, je l'aurois refusé avec plaisir, pour vous faire connoître, ô mon Dieu, qu'avec toutes mes misères je voulois être à vous seul ; & que si vous ne vouliez pas de moi, j'aurois du moins la consolation de vous avoir été fidelle en tout ce qui dépendoit de moi : car pour l'état (a) que je portois, il ne dépendoit de moi en aucune maniere : & si j'avois pû m'en défaire, je l'aurois fait, au moins pendant quelque tems ; puis qu'ensuite de cela, je le souffrois, quelquefois par résignation, d'autrefois par un désespoir d'en jamais sortir, causé par l'impuissance où je me trouvois. Je ne parlois jamais que l'on m'eût de-

(a) Qui étoit de mort mystique, d'insensibilité pour Dieu & les choses de Dieu &c.

mandée en mariage, ni des personnes qui me demandoient, quoique je susse bien que ma belle-mere disoit qu'il n'y avoit pas presse ; & que si je ne me mariois pas, c'étoit parce que je ne trouvois pas. Il me suffisoit, ô mon Dieu, que vous connussiez ce que je vous sacrifiois sans le dire, sur tout un, de qui la haute naissance, jointe à toutes les qualités extérieures, auroit pû tenter & ma vanité & mon inclination. Cependant, ô mon Dieu, plus vous m'étiez cruel, plus j'étois affamée de vous faire des sacrifices. Si dans les sacrifices & les terribles croix où j'étois plongée dehors & dedans, j'avois pû espérer, ô mon Seigneur, de vous être agréable, l'enfer, que je portois alors, se seroit changé en Paradis : mais hélas, que j'étois éloignée & de le présumer & de l'espérer ! Il me sembloit qu'une mer d'affliction ne seroit suivie que d'un tourment éternel, ô mon Dieu : il fallut même me soumettre a vous avoir perdu pour jamais, vous, qui pouviez seul finir mes maux que toutes les créatures n'auroient fait que rendre plus cuisans. Je n'osois pas désirer de jouïr de vous, ô mon Dieu : mais je désirois seulement de ne vous pas offenser.

3. Je fus cinq ou six semaines à l'extrêmité : je croyois très-souvent mourir d'une défaillance de nature, causée par un dévoiement continuel, qui m'avoit réduit à un tel état, que je ne pouvois souffrir aucune nourriture. Une cueillerée de bouillon me mettoit dans la défaillance : ma voix étoit si foible, que quelque près de ma bouche que l'on prêtât l'oreille, on ne pouvoit distinguer mes paroles. Je rendis jusqu'au chile de l'estomac. Mes dispositions étoient, que dans la misere extrême où j'étois réduite, je ne trouvois

rien qui pût affurer mon falut; au contraire, ma perte paroiffoit inévitable. Cependant je ne pouvois ne vouloir pas mourir. Comme je portois une forte impreffion que plus je vivrois plus je pécherois, & que je ne pouvois plus éviter le péché, que je ne vivrois que pour le commettre, l'enfer m'étoit alors plus doux; & dans ma douleur je m'écriois; *l'enfer & point de péché* !

4. L'autre difpofition où j'étois, fut, que loin de voir en moi aucun bien, je n'y voyois que du mal. Tout le bien que vous m'aviez fait faire en ma vie, ô mon Dieu, m'étoit montré comme mal. Tout me paroiffoit plein de défauts: mes charités, mes aumônes, mes prieres, mes pénitences, tout s'élevoit contre moi, & me paroiffoit un fujet de condamnation. Je trouvois foit de votre côté, ô mon Dieu, foit du mien, foit de celui de toutes les créatures, une condamnation générale: ma confcience étoit un témoin que je ne pouvois appaifer: &, ce qui paroîtra de plus étrange, c'eft que les péchés de ma jeuneffe ne me faifoient point alors de peine. Ce n'étoit point eux qui rendoient témoignage contre moi; c'étoit un témoignage univerfel dans tout le bien que j'avois fait & dans tous les fentimens du mal: & quoique la condamnation fût fi achevée, je ne voyois rien de particulier que je puffe dire, & dont j'euffe pû m'accufer. De forte que je ne trouvois point de remede à mes maux dans la Confeffion: & bien que je la réitéraffe felon mes forces, je ne pouvois rien dire finon de vous avoir été infidelle, ô mon Dieu. Ce que je voyois, m'étoit inexplicable: & quand j'aurois pû l'expliquer, celui à qui je me confeffois n'y auroit

rien compris : il auroit regardé comme très-grand bien & comme vertu éminente ce que vos yeux tout-purs & tout chastes rejettoient comme infidélité. C'étoit bien alors, ô trop aimable Juge, dans une plus grande rigueur, c'étoit bien alors que je compris ce que vous dites, que vous (a) *jugerez nos justices.* Ce n'étoit pas mes injustices que vous jugiez, puisque mêmes elles ne parurent pas dans ce jugement : c'étoit toutes justices, mais justices abominables devant vos yeux, à ce qu'il me paroissoit. Ah que vous êtes pur ! Ah que vous êtes chaste ! qui le comprendra ? C'étoit bien alors que je (b) *tournois les yeux de tous côtés pour voir d'où me viendroit du secours : mais mon secours ne pouvoit venir que du côté de celui qui a fait le ciel & la terre.*

5. Comme je vis qu'il n'y avoit point de salut en moi pour moi, j'entrai dans une secrette complaisance de ne voir en moi aucun bien sur quoi m'appuyer & assurer mon salut. Plus ma perte me parut proche, plus je trouvai en Dieu même (tout irrité qu'il me paroissoit) de quoi augmenter ma confiance. Il me sembla que j'avois en Jésus-Christ tout ce qui me manquoit en moi-même. J'étois, ô divin Jésus, cette brebis égarée de la maison d'Israël, que vous étiez venu sauver. Vous étiez bien véritablement le Sauveur de celle qui ne pouvoit trouver de salut hors de vous. O hommes forts & saints ! trouvez du salut tant qu'il vous plaira en ce que vous avez fait de saint & de glorieux pour Dieu : pour moi, je ne me glorifie que dans mes foiblesses, puisqu'elles m'ont mérité un tel Sauveur.

6. J'avois de la joie de ce que ce corps de pé-

(a) Pf. 9. v. 5.   Pf. 74. v. 3.   (b) Pf. 120. v. 1, 2.

ché alloit bientôt être pourri & détruit. Le retour de ma santé n'apporta aucun changement à mes peines ni à mes miseres : mais comme je ne trouvois rien de marqué en particulier, je priois ce bon Prêtre, qui demeuroit au logis, de remarquer mes défauts & de m'en avertir. Il le faisoit avec beaucoup de charité ; mais cela ne servoit qu'à augmenter ma douleur. Car outre que je me voyois dans une entiere impuissance de m'en défaire, c'est que ce qu'il me disoit m'étoit si fort insupportable, que je me faisois une violence pour ne le pas témoigner, & je me tenois la tête, dans la violence de ma peine : d'autrefois comme si j'eusse été folle, je me la serrois contre le mur, & je lui disois de ne me plus rien dire ; car je me désolois, & entrois comme dans un désespoir, à cause de l'impuissance. Il me disoit, qu'il ne me les diroit plus ; mais ce n'étoit point cela que je voulois : il n'étoit point en état de comprendre ma peine.

7. J'entrai dans un tel mépris, & même haine de moi-même, que tous les tourmens que je souffrois de la perte de Dieu, des créatures & de moi-même, me sembloient doux. Je voyois les autres honorer Dieu en leur maniere : je les voyois comme des Anges, & moi comme un Démon. La communion, que j'avois tant désirée autrefois, me devint un nouveau sujet d'apréhension & de douleur. Quand j'étois obligée par obéissance d'en approcher, tout me frémissoit. Je n'aurois pas voulu, ô mon Sauveur, abuser de votre Corps, & l'on ne me permettoit pas de la quitter quoique je crusse véritablement en abuser. Je n'avois plus que du dégoût pour une viande qui avoit fait mes plus cheres délices. Cet état

m'a duré cinq années de la même force, accompagné de croix sans relâche, comme je les ai dites, & de maladies très-fréquentes. Il y a eu outre cela deux ans où les maux n'étoient pas si extrêmes, quoique grands. Tous ces maux, joints à la perte de ma réputation, que je croyois plus grande qu'elle n'étoit, (car elle n'étoit telle que dans l'esprit du parti des * * *;) tout cela, dis-je, étoit quelquefois si fort, avec l'impuissance de manger, que je ne sais comment je pouvois vivre. Je ne mangeois pas en quatre jours ce qu'il faut en un seul repas médiocre. J'étois obligée de m'aliter de pure foiblesse : mon corps ne pouvoit plus porter un si rude faix. J'aurois voulu qu'il m'eût été permis de dire mes péchés à tout le monde.

8. Si j'avois cru, connu, ou entendu dire que ç'eût été un état, j'aurois été trop heureuse ; mais je voyois ma peine comme péché. Les livres spirituels, lorsque je m'efforçois à les lire, augmentoient ma peine : car je ne voyois point en moi ces degrés qu'ils mettent : je ne les comprenois pas même : & lorsqu'ils parloient des peines de certains états, j'étois bien éloignée de me les attribuer. Je disois ; ces personnes sentent des peines que Dieu opére ; & moi je péche, & je ne sens que mon méchant état. Ce qui me consoloit pour de certains momens sans me consoler, étoit que vous n'en étiez pas moins grand, mon Dieu. J'aurois bien voulu séparer le péché de la confusion du péché : & pourvû que je ne vous eusse pas offensé, tout m'auroit été doux.

Voila un petit crayon de mes miseres dernieres, que je suis bien aise de vous faire connoître, parce que j'y ai commis bien des infidélités dans le commencement, ayant eu de l'attache, de la vaine complaisance, des entretiens longs & inutiles dans le fond, quoique l'amour propre & la nature y fissent voir une espece de nécessité : mais sur la fin, je n'aurois pas souffert une parole trop humaine, ni la moindre chose. Vous purifiâtes en moi, ô mon Dieu & mon divin Amour, le mal réel par un mal apparent. Ne pourrois-je pas bien chanter avec l'Eglise: *O heureuse coulpe, qui m'a mérité un tel Rédempteur !*

CHAPITRE XXVI.

Renfort de délaissemens, de peines & de croix intérieures & extérieures. Modération & silence dans ces dernieres.

1. LE premier Religieux dont vous vous étiez servi, mon Dieu, pour m'attirer à vous, auquel j'écrivois de tems en tems selon la priere qu'il m'en avoit faite, m'écrivit dans le plus fort de ma désolation de ne lui plus écrire : qu'il n'avoit que du rebut pour tout ce qui venoit de ma part : que je vous déplaisois beaucoup. O mon Dieu, vous lui inspirâtes sans doute de m'écrire de la sorte afin que ma désolation fût complette, & qu'il ne me restât aucun espoir. Un Pere Jésuite, qui m'avoit beaucoup estimée, m'écrivit quelque chose d'approchant. Je n'avois pas la moindre pensée de me justifier. Je les remerciois de leur charité, & me recommandois à leurs prieres. Il m'étoit alors tellement indifférent d'être condamnée de tout le monde, & des plus grands Saints, que je n'en avois nulle peine ; car

je perdis peu-à-peu la peine de la perte de ma réputation. J'aurois voulu sur la fin que tout le monde m'eût connue comme je me connoissois moi-même. La peine de vous déplaire, ô mon Dieu, sans pouvoir y mettre ordre, étoit trop vive pour sentir les autres croix, quoique les [croix] domestiques devinssent de jour en jour plus fortes. Le souvenir du tems que j'avois perdu à parler & écrire, des infidélités que j'avois commises, l'entrainement que je sentois en moi à toutes sortes de défauts, m'étoit une peine bien plus sensible.

2. Vous m'aviez accoutumée dès le commencement à la sécheresse & à la privation : je la préférois même à l'abondance, parce que je savois qu'il vous falloit chercher au-dessus de tout. J'avois même dès les premiers commencemens un instinct au plus intime de moi-même d'outre-passer tout, & de laisser les dons pour courir au donateur : mais alors il ne s'agissoit plus de cela, ni même de vous perdre : car je ne voulois plus vous posséder en moi-même, en ayant abusé. Je ne pouvois m'accoutumer au péché : car alors j'avois l'esprit & les sens tellement frappés par votre permission, qui vouliez me détruire sans miséricorde, que plus j'allois en avant, plus tout me paroissoit péché : les croix même ne me paroissoient plus croix, mais des fautes réelles. Je croyois me les attirer par mes imprudences. J'étois comme ceux qui regardant au travers d'un verre coloré, voyent tout de la même couleur dont il est imprimé. Mes maladies me devinrent des tems de plus grande impuissance & désolation. Si j'avois pû faire quelque bien extérieur, ou quelques pénitences, cela m'auroit assurée : mais outre qu'on me l'avoit défendu, c'est que je les appréhen-

dois si fort, & je trouvois en moi une si grande foiblesse, qu'il me sembloit qu'il étoit impossible d'en faire. Je les voyois avec horreur ; & autant avois-je eu de force en cette matiere, autant m'y trouvois-je foible. Il en a été de même sur tout sujet.

3. Il me semble que j'omets bien des choses, soit des providences de Dieu à mon égard, soit des rudes sentiers qu'il m'a fait passer : mais comme je n'ai qu'une vue générale, je les laisse dans la connoissance de Dieu seul. Dans la suite, l'abandon de mon Directeur, & le refroidissement que je remarquai dans les personnes qu'il conduisoit, ne me faisoient plus de peine, ni celui de toutes les créatures, à cause de l'humiliation que je sentois au-dedans. Mon frere se joignit aussi à ceux qui me décrioient quoi qu'il ne les eût pas vûs auparavant. Je crois, mon Seigneur, que c'étoit vous seul qui conduisiez les choses de cette sorte : car il a de la vertu, & il croyoit faire un bien assurément d'en user ainsi.

4. Je fus obligée d'aller pour quelques affaires dans une ville où il y avoit des proches parens de ma belle-mere. Lorsque j'y avois été autrefois, il n'y avoit point d'honnêteté que je n'en eusse reçue, me régalant même à l'envi les uns des autres. Ils me traiterent avec le dernier mépris, disant qu'ils vengeoient par-là ce que je faisois souffrir à leur parente. Comme je vis que la chose alloit si loin, & que malgré mes soins je n'avois pû réussir à la contenter, je me résolus de m'expliquer avec elle. Je lui dis, que chacun disoit que je la maltraitois & la faisois souffrir, quoique je ne travaillasse à autre chose qu'à lui donner des marques de mon respect. Que si cela étoit de la sorte, je la priois de trouver bon que je me retirasse : que

je ne prétendois pas être chez elle pour lui faire de la peine : que je n'y demeurois que pour lui faire plaisir : qu'ayant l'aversion qu'elle savoit que j'avois pour le lieu où je demeurois, elle pouvoit bien juger que je n'y demeurois qu'à sa considération ; & que pour peu que je lui fusse à charge, je me retirerois. Elle me répondit fort froidement, que je ferois ce que je voudrois : qu'elle n'avoit pas parlé de cela ; mais qu'elle étoit résolue de faire ménage à part. C'étoit bien me donner mon congé. Je songeai à prendre mes mesures secretement pour me retirer. Comme depuis mon veuvage je ne faisois aucune visite que celles de pure nécessité ou de charité, il ne se trouva que trop d'esprits mécontens qui firent un parti contre moi avec elle. Le mien étoit seul; car vous ne me permettiez pas alors, ô mon Dieu, de m'ouvrir à personne, & vous exigiez de moi un secret inviolable de toutes mes peines extérieures & intérieures : Il n'y a rien qui coute tant, ni qui fasse tant mourir la nature, qui creve de ne trouver ni appui ni consolation. Comme je ne pouvois avoir de secours de Mr. Bertot, qui étoit très-loin de Paris, & qui même ou ne m'en auroit pas donné quand il auroit été plus proche, ou ne l'auroit pas donné à tems, je ne savois que faire. Enfin je me vis réduite à sortir au fort de l'hiver avec mes enfans & la nourrisse de ma fille, sans savoir que devenir. C'étoit l'Avent : il n'y avoit point de maison vide dans la ville. Les Bénédictines m'offrirent un appartement chez elles.

5. Je souffris un martyre inconcevable : car d'un côté, je craignois en me retirant, de me retirer de la croix : d'autre part, il ne me sem-

bloit pas juste de demeurer chez une personne pour la crucifier, n'ayant point d'autre désir que de la contenter; & cependant quelque soin que j'y prisse, tout tournoit également mal. Elle se plaignoit que je faisois les choses sans la consulter: lorsque je la consultois, elle ne me vouloit pas répondre; & quand je lui demandois avis, elle disoit, que je ne pouvois rien faire de moi-même, qu'il falloit qu'à son âge elle eût soin de tout. Si je tâchois de prévenir ses inclinations, faisant les choses comme je croyois qu'elle me les auroit conseillées elle-même, elle me disoit que je la méprisois; que les jeunes personnes n'avoient que du mépris pour les personnes âgées; qu'elles croyoient tout savoir mieux qu'elles. Lorsque j'allois à la campagne pour prendre quelque repos, elle s'en plaignoit, disant, que je la laissois seule : Si je la priois d'y venir, elle ne le vouloit pas; ou si je disois que je n'osois la prier d'y venir de peur de l'incommoder & de la faire découcher, elle se plaignoit que je ne voulois pas qu'elle y vînt; que je n'y allois que pour me cacher d'elle. Lorsque j'apprenois qu'elle étoit fâchée que je fusse à la campagne, je revenois à la ville, & elle ne pouvoit me souffrir ni me parler. Je ne laissois pas de l'entretenir; car alors, ô mon Dieu, vous me faisiez la grace d'aller contre toutes mes répugnances, quoique je ne les connusse pas. Je l'entretenois sans faire semblant que je voyois comme elle en usoit : Elle ne me répondoit pas, & se tournoit d'un autre côté. Je lui envoyois souvent mon carosse, & la priois de venir passer un jour à la campagne; que cela la divertiroit sans l'incommoder, puisqu'étant si proche, elle pourroit revenir le soir :

elle le renvoyoit à vide sans réponse : & si j'étois quelques jours sans le lui envoyer, c'étoit des plaintes. Enfin tout ce que je faisois pour lui plaire, l'aigrissoit, Dieu le permettant ainsi : car c'étoit un fort bon cœur : mais son humeur étoit peut-être en elle malgré elle, & je ne laisse pas de lui avoir beaucoup d'obligation.

6. Mon affliction étoit très-grande ; car je sentois presque toujours de la répugnance à faire ce que je faisois ; & comme je le faisois en me surmontant, la contrarieté que je sentois me paroissoit un péché.

Le jour de Noël, étant auprès d'elle, je lui dis avec beaucoup d'affection : Ma mere, le Roi de la paix est né aujourd'hui pour nous l'apporter : je vous demande la paix en son nom. Je crois que cela la toucha, quoiqu'elle ne le fit pas paroître. L'Ecclésiastique que j'avois au logis loin de me consoler & soutenir, ne servoit qu'à m'affoiblir & affliger davantage, me faisant voir que je ne devois pas souffrir de certaines choses : & lorsque je voulois par condescendance mettre quelque ordre tant à ce qui regardoit ma belle-mere que mes domestiques, outre que je n'y réussissois pas, cela augmentoit mes croix & mes peines : car c'est une chose étrange, que n'ayant plus de mari, & devant être maitresse, je n'avois pas cependant le crédit de renvoyer un domestique quelque défectueux qu'il fût. Sitôt que quelqu'un devoit s'en aller, elle prenoit son parti, & tous ses amis s'en mêloient.

7. Comme j'étois prête à me retirer, un des amis de ma belle-mere, (homme de bien, qui m'a toujours estimée sans le lui oser faire paroître,) en ayant été averti, appréhenda beaucoup

que je ne quittasse la ville : car quelques-unes de mes aumônes passoient par ses mains. Il crût que c'étoit faire un très-grand tort au pays. Il se résolut de parler à ma belle-mere avec le plus de ménagement qu'il pourroit : car il la connoissoit. Après qu'il lui eût parlé, elle dit, qu'elle ne me mettroit pas hors de chez elle ; mais que si j'en sortois, elle n'y mettroit pas d'obstacle. Il me vint voir ensuite, & me pria d'aller lui faire des excuses pour la contenter. Je lui dis, que je le lui ferois cent fois pour une quoique je ne susse pas dequoi ; que je lui en faisois continuellement de tout ce que je voyois qui lui faisoit peine : mais qu'il ne s'agissoit pas de cela : que je ne me plaignois de rien d'elle, & que j'étois contente de rester avec elle tant qu'il lui plairoit : mais qu'étant chez elle, il n'étoit pas à propos que j'y restasse pour lui faire de la peine : qu'il étoit juste que je procurasse son repos. Je ne laissai pas d'aller avec lui dans la chambre de ma belle-mere. Je lui dis que je lui demandois pardon si je lui avois déplu en quelque chose ; que ce n'avoit jamais été mon intention ; que je la priois de me dire devant ce Monsieur, qui étoit son ami, en quoi j'avois pû lui causer du chagrin, & si j'avois jamais fait quelque chose à dessein de l'offenser. Vous permîtes, ô mon Dieu, qu'elle fît elle-même la déclaration de la vérité en présence de cet homme : Elle dit, qu'elle n'étoit pas personne à se laisser offenser ; qu'elle ne l'auroit pas souffert ; qu'elle n'avoit point d'autre plainte à faire de moi sinon que je ne l'aimois pas ; que j'aurois voulu qu'elle fût morte. Je lui répondis, que ces pensées étoient bien éloignées de mes sentimens : que loin d'avoir jamais eu cette pensée, j'aurois voulu de tout mon cœur alonger sa vie par mes assiduités auprès d'elle : que mon affection étoit entiere ; mais qu'elle n'en seroit jamais persuadée, quelque témoignage que j'essayasse de lui en donner, tant qu'elle écouteroit les gens qui lui parloient à mon désavantage : qu'elle avoit même une fille auprès d'elle qui loin de me témoigner du respect, me maltraitoit au point de me pousser lorsqu'elle vouloit passer : elle l'avoit même fait à l'Eglise, me faisant ranger avec autant de violence que de mépris, & plusieurs fois dans la chambre, me choquant même de paroles : que je ne m'en étois jamais plainte, mais que j'étois bien aise de l'en avertir, parce qu'un esprit de cette trempe pourroit lui faire de la peine un jour, & lui mettre dans l'esprit des choses qui la tourmenteroient. Elle prit le parti de sa fille : cependant nous nous embrassâmes, & cela resta là. Mais vous, ô mon Dieu, qui veilliez d'autant plus sur moi que vous paroissiez m'oublier davantage, permîtes qu'après que je fus allée à la campagne, cette fille ne me trouvant plus pour me porter ses chagrins, en usa si mal avec sa maîtresse, qu'elle fut obligée de la mettre dehors avant mon retour. Je dois avertir encore ici, que le procédé de ma belle-mere étoit plutôt une conduite de Dieu sur moi qu'un défaut de sa part ; car elle avoit de la vertu & de l'esprit : & ôté certains défauts que des personnes qui ne font pas oraison ne connoissent pas, elle avoit des bonnes qualités. Peut-être lui ai-je bien causé des croix sans le vouloir : elle m'en a causé sans peut-être le savoir : car l'opposition qu'elle avoit pour mes manieres lui pouvoit être une sorte de croix.

J'espére que ceci ne sera vu de personne qui puisse s'en scandaliser, & qui ne soit en état de voir les choses en Dieu.

8. Une des pénitentes de ce Monsieur dont j'ai parlé, qui m'avoit fait de la peine à cause que j'avois rompu avec lui, fut obligée pour des affaires survenues à son mari de quitter le pays. Ce Monsieur lui-même fut accusé des mêmes choses dont il m'avoit accusée, & d'autres bien plus fortes, & avec plus d'éclat. Vous me fîtes la grace, ô mon Dieu, quoique je susse bien les choses dont on l'accusoit, de n'en jamais parler : au contraire, lors que l'on m'en parloit, je le justifiois ; & vous retintes si bien mon cœur, qu'il ne se laissa jamais aller à la vaine joie de le voir accablé du mal qu'il m'avoit procuré : & quoique je susse que ma belle-mere n'ignoroit rien de cela, je ne lui en parlai jamais, de crainte de contenter la nature, & de lui procurer une vie : & lorsqu'elle m'en parloit, & des brouilleries qu'il avoit faites dans une autre famille, je ne m'en prévalus point pour lui faire voir le tort qu'il m'avoit fait : je lui répondois simplement quelques mots, sans le blâmer : car il est vrai, mon Dieu, que vous avez voulu un tel silence de mes croix, durant plus de seize ans, qu'il seroit difficile d'en trouver un plus universel.

CHAPITRE XXVII.

Durant ses miséres Dieu ne veut point qu'elle recherche du soulagement auprès des hommes. Sureté de cette voie obscure, par laquelle l'ame est pleinement purifiée, & même revêtue de tous les états de Jésus-Christ sans y avoir réfléchi. Solitude & silence durant la privation. Perte d'espoir perceptible: on s'y regarde comme reprouvé. La paix commence à lui revenir à l'occasion de quelques lettres du Pere L. C. qui la rassure & prie pour elle.

1. Un jour accablée de peines, & ne sachant que faire, il me vint dans l'esprit de parler à un homme de mérite & de distinction qui venoit souvent au pays, homme qui passe pour fort intérieur. Je lui écrivis un billet pour lui demander quelque tems; parce que j'avois besoin de ses avis. Sitôt que je fus devant le S. Sacrement, je sentis une si terrible peine, que je ne pouvois plus vivre. Quoi! (m'étoit-il reproché,) tu cherches à te soulager & secouer mon joug! Mon mari étoit vivant encore. J'envoyai au plus vîte un autre billet pour le prier de m'excuser : & comme je le croyois intérieur, je dis en moi-même; s'il est intérieur, il ne s'offensera point : s'il ne l'est pas, je serois fâchée de lui parler. Je lui mandai que ce n'avoit été que par amour-propre que j'avois désiré cette conversation, & non par un vrai besoin; que comme je savois qu'il comprenoit ce que c'étoit, que d'être fidele à Dieu, j'avois cru qu'il ne trouveroit pas mauvais que j'en usasse avec cette simplicité

si chrétienne. Il se trouva cependant piqué de cela : ce qui me surprit d'autant plus, que j'avois conçu de grandes idées de sa vertu. Il en a assurément : mais ce sont des vertus vivantes, qui ignorent même les sentiers de la mort. Vous avez été, ô mon Dieu, mon fidele Conducteur, même dans mes miseres, comme je l'ai découvert avec admiration lorsqu'elles ont été passées. Que vous en soyez béni, ô mon Dieu, à jamais ! Je suis obligée de rendre ce témoignage à votre bonté, que vous m'avez fait faire le bien par une douce nécessité, & que de mon côté je n'ai payé vos bontés que d'ingratitude, & je n'y ai répondu que par de continuelles infidélités. Combien de fois ai-je dit dans la vue de vos miséricordes en mon endroit, que si je me damnois, il falloit faire un nouvel enfer pour moi, l'enfer des démons étant trop doux pour punir tant d'ingratitude ?

2. Il faut avant que je continue mon histoire, dire une remarque que Notre Seigneur m'a fait faire de la voie par laquelle il a plû à sa bonté de me conduire : c'est qu'elle est d'autant plus sure, qu'elle étoit plus obscure ; parce que ne laissant à l'ame aucun appui, elle étoit contrainte malgré elle de se perdre. Ce que j'ai remarqué aussi, c'est que l'ame quoiqu'elle ne se soit point appliquée en particulier à aucun des états de Jésus-Christ, se trouve cependant au sortir de sa boue revêtue de toutes les inclinations de Jésus-Christ sans y avoir fait aucune attention ; & cet état lui communique Jésus-Christ même & ses divins états. C'est là véritablement être *revêtue de Jésus-Christ*. Cette ame, auparavant si impure & proprietaire, est ici purifiée comme
l'or

l'or dans le creuset. Cette personne pleine de son jugement & de sa volonté, se trouve sans résistance, & elle obéit à un enfant; elle ne peut même trouver en elle de volonté: Son esprit se démet sans résistance de ses propres pensées pour prendre celles des autres. Autrefois elle auroit contesté pour une chose indifférente; après, elle céde d'abord; non avec peine, comme autrefois, ou par pratique de vertu, mais comme tout naturellement. Ses propres vues se dissipent d'elles-mêmes sitôt que celles des autres paroissent. Cette créature autrefois si vaine, n'aime plus dans la suite que la pauvreté, la petitesse & l'abjection: elle étoit autrefois idolâtre d'elle-même, ici elle s'oublie sans cesse: elle se préféroit à tout le monde, & elle préfére tout le monde à elle. Au commencement cela se fait en maniere apperçue, & en se contrariant; ensuite cela paroît comme tout acquis & sans peine.

3. Dans l'état d'humiliation dont je viens de parler, tout paroît perdu: Lorsque cet état est passé tout se trouve en l'ame, mais d'une maniere si facile & si naturelle, qu'elle ne le découvre plus que lorsqu'il est nécessaire de le voir. Elle a aussi une charité immense pour le prochain & pour supporter ses défauts & foiblesses: ce qu'elle ne pouvoit faire autrefois qu'avec une extrême peine; car on a, faute de lumiere, un zèle amer contre les défauts du prochain. Les personnes les plus défectueuses lui sont maintenant devenues aimables: cette colere de loup, est changée en la douceur d'un agneau. Au commencement j'aimois les pratiques d'humiliation, & de faire les choses les plus basses, comme baleyer; &, lorsque j'allois voir les pauvres, faire leur

Tome I. R

lit & leur ménage ; allant dans le couvent j'y lavois la vaisselle. Je faisois des pénitences en public comme les autres : mais après, j'oubliai tout cela, & il ne me venoit pas dans l'esprit d'en demander, ni d'en faire : lorsqu'on me le disoit, je le faisois avec joie ; mais de moi-même, je ne m'avisois plus d'aucune chose.

4. Dans le tems de mes expériences de misères je ne cherchois point de récréations au dehors ; au contraire, elles me faisoient peine, & je ne voulois rien voir ni rien savoir : & lorsque les autres alloient voir, je demeurois au logis. Mon cabinet étoit mon seul divertissement. Je me suis trouvée proche de la Reine, que je n'avois point vue, & que j'aurois eu assez d'envie de voir, & Monseigneur aussi qui y étoit : il n'y avoit qu'à ouvrir les yeux ; & je ne le faisois pas. J'aimois à entendre chanter : cependant je fus une fois quatre jours avec une personne qui a passé pour la plus belle voix du monde, sans la prier de chanter ; ce qui l'étonnoit ; parce qu'elle n'ignoroit pas que sachant son nom, je devois savoir la beauté de sa voix. J'ai fait néanmoins des infidélités marquées en m'informant de ce que d'autres disoient de moi pour me blâmer. Il y avoit une personne qui me disoit tout ; & quoique je n'en témoignasse rien, & que cela ne servit qu'à me crucifier, comme j'étois encore bien vivante, je voyois fort bien que l'amour propre & la nature me le faisoient demander.

Je ne pourrois exprimer le nombre de mes misères : mais elles sont si fort surmontées par vos bontés, ô mon Dieu, & si absorbées en elles, que je ne puis plus les voir. Une des choses qui m'a fait le plus de peine dans les sept années dont j'ai parlé, sur-tout les cinq dernieres, c'étoit une folie si étrange de mon imagination, qu'elle ne me donnoit aucun repos : mes sens lui faisoient compagnie, ensorte que je ne pouvois plus fermer les yeux à l'Eglise : & ainsi toutes les portes étant ouvertes, je ne devois me regarder que comme une vigne exposée au pillage; parce que les haies que le pere de famille avoit plantées, étoient arrachées. Je voyois alors tout ce qui se faisoit & tout ce qui alloit & venoit à l'Eglise; état bien différent de l'autre. La même force qui m'avoit tirée au-dedans pour me recueillir, sembloit me pousser au-dehors pour me dissiper.

5. Accablée donc de miseres de toutes manieres, comblée d'ennuis, affaissée sous la croix, je me résolus de finir mes jours de cette sorte. Il ne me resta plus aucun espoir de sortir jamais d'un état si pénible : mais pourtant croyant avoir perdu la grace pour jamais, & le salut qu'elle nous mérite, j'aurois voulu au moins faire ce que j'aurois pû pour un Dieu que je croyois ne devoir jamais aimer : & voyant le lieu d'où j'étois tombée, j'aurois voulu par reconnoissance le servir, quoique je me crusse une victime destinée pour l'enfer. D'autrefois la vue d'un si heureux état me faisoit naître certains désirs secrets d'y rentrer; mais j'étois soudain rejettée dans le profond de l'abîme, d'où je ne faisois pas un soupir, demeurant pour toujours dans un état qui étoit dû aux ames infidelles. Je restai quelque tems en cet état comme les morts éternels, qui ne doivent jamais revivre. Il me semble que ce passage me convenoit admirablement, (a) *Je suis comme les morts éfacés du cœur.* Il me sembloit

(a) Ps. 30. v. 13.

ô mon Dieu, que j'étois pour jamais éfacée de votre cœur & de celui de toutes les créatures. Peu-à-peu mon état cessa d'être pénible. J'y devins même insensible ; & mon insensibilité me parut l'enduroissement final de ma réprobation. Mon froid me parut un froid de mort. Cela étoit bien de la sorte, ô mon Dieu ; puisque vous me fîtes trépasser amoureusement en vous, comme je vais le dire.

6. Pour reprendre donc mon histoire, il arriva qu'un laquais que j'avois au logis, voulut se faire Barnabite : & comme j'en écrivois au Pere de la Mothe, il me manda qu'il falloit s'adresser au Pere la Combe, qui étoit alors supérieur des Barnabites de Tonon. Cela m'obligea de lui écrire. J'avois toujours conservé un fond de respect & une je ne sais quelle estime de sa grace. Je fus bien aise de cette occasion pour me recommander à ses prieres. Comme je ne savois parler que de ce qui m'étoit le plus réel, je lui écrivis, que j'étois déchue de la grace de mon Dieu ; que j'avois payé ses bienfaits de la plus noire ingratitude ; enfin, que j'étois la même misere, & un sujet digne de compassion ; & que loin d'avoir avancé vers mon Dieu, je m'en étois entierement éloignée. Il me répondit d'une maniere comme s'il eût connu par une lumiere surnaturelle, malgré l'effroyable portrait que je lui faisois de moi-même, que mon état étoit de grace. Il me le manda de la sorte : mais j'étois bien éloignée de me le persuader.

7. Durant le tems de ma misere Geneve (*a*)

(*a*) Cela pouvoit lui marquer ou de se rendre dans cet Evêché-là, ou de s'y adresser à quelqu'un ; ou peut être aussi, que les protestans pourroient profiter de ses lumieres, me venoit dans l'esprit d'une maniere que je ne puis dire. Cela me fit craindre beaucoup. Je me difois à moi-même: quoi! pour comble d'abandon irois-tu jufqu'à cet excès d'impieté, que de quitter la foi par une apoſtaſie? je me croiois capable de tous les maux du monde; & l'endurciſſement extrême où je me trouvois, joint à un dégoût général de tout ce qui eſt appellé bon, me donnoit toute ſorte de défiance de moi-même. Je diſois; pourrois-je quitter l'Egliſe, pour laquelle je donnerois mille vies? Quoi! cette foi, que j'aurois voulu ſceller de mon ſang, ſeroit-il poſſible que je m'en éloignaſſe? Il me ſembloit que je ne pouvois rien eſpérer de moi-même, & que j'avois mille ſujets de craindre après l'expérience que j'avois faite de ma foibleſſe. Cependant la lettre que j'avois reçue du P. la Combe, où il me mandoit ſa diſpoſition préſente, qui avoit aſſez de rapport à celle qui avoit devancé mon état de miſere, me fit un tel effet, parce que vous le voulûtes de la ſorte, ô mon Dieu, qu'elle rendit la paix à mon eſprit & le calme à mon cœur. Je me trouvai même unie intérieurement à lui comme à une perſonne d'une grande grace. Il ſe préſenta à moi à quelque tems de là la nuit en ſonge une petite Religieuſe fort contrefaite, qui me paroiſſoit pourtant & morte & bienheureuſe. Elle me dit, *Ma ſœur, je viens vous dire que Dieu vous veut à Geneve.* Elle me dit encore quelque choſe dont je ne me ſouviens pas. J'en fus extrêmement conſolée; mais je ne ſavois pas ce que cela vouloit dire. Selon le portrait de la mere Bon, que j'ai vû depuis, j'ai connu que c'étoit elle; & le tems que je la vis ſe rapporte aſſez à celui de ſa mort.

Environ huit ou dix jours avant la Madeleine de l'an 1680 il me vint au cœur d'écrire encore au P. la Combe, & de le prier, s'il recevoit ma lettre avant la Madeleine, de dire la Messe pour moi ce jour là. Vous fîtes, ô mon Dieu, que cette lettre (contre l'ordinaire des autres qu'il ne recevoit que très-tard à cause du défaut des messagers qui les vont querir à pied à Chambéri) lui fut rendue la veille de la Madeleine : & le jour de la Madeleine il dit la Messe pour moi. Comme il m'offrit à Dieu au premier *memento*. Il lui fut dit par trois fois avec beaucoup d'impétuosité : *Vous demeurerez dans un même lieu*. Il fut d'autant plus surpris, qu'il n'avoit jamais eu de parole intérieure. Je crois, ô mon Dieu, que cela s'est bien plus vérifié & pour l'intérieur & pour les mêmes aventures crucifiantes, qui nous sont arrivées assez pareilles, & pour vous-même, ô Dieu, qui êtes notre demeure, que pour la demeure temporelle. Car quoique j'aie été quelque tems avec lui dans un même pays, & que votre providence nous ait fourni quelques occasions d'être ensemble, il me paroît que cela s'est vérifié bien plus par le reste ; puisque j'ai l'avantage aussi bien que lui, de confesser Jésus-Christ crucifié.

CHAPITRE XXVIII.

Délivrée de toutes peines elle est mise dans une vie nouvelle de paix, de liberté, de facilité à tout bien, retrouvant Dieu, & tout en lui & avec lui, sans plus d'appropriation, avec fermeté & durée, & en union d'unité.

1. Ce fut ce jour heureux de la Madeleine que mon ame fut parfaitement délivrée de toutes ces peines. Elle commençoit déja depuis la premiere lettre du P. la Combe de reprendre une nouvelle vie ; mais cela étoit comme un mort que l'on ressuscite, qui n'est pas encore délié de ses suaires : mais dans ce jour, je fus comme en vie parfaite. Je me trouvai autant élevée au-dessus de la nature, que j'avois été plus rigoureusement captive sous son poids. Je me trouvois étonnée de cette nouvelle liberté, & de voir de retour, mais avec autant de magnificence que de pureté, celui que je croyois avoir perdu pour toujours. Ce que je possédois étoit si simple, si immense, que je ne le puis exprimer. Ce fut alors, ô mon Dieu, que je retrouvai en vous d'une maniere ineffable tout ce que j'avois perdu. Vous me le rendîtes avec de nouveaux avantages. Mon trouble & ma peine furent changés en une paix qui étoit telle, que, pour m'en mieux expliquer je l'appelle Paix-Dieu. La paix que je possédois avant ce tems étoit bien la paix de Dieu, paix don de Dieu ; mais ce n'étoit pas la *paix-Dieu*, paix qu'il posséde en lui-même, & qui ne se trouve qu'en lui.

2. Quoique ma joie fût extrêmement grande,

il ne me fut pas alors permis de m'y laisser aller. Le souvenir de ma misere passée m'empêchoit de me réjouïr & de laisser prendre part à la nature en quoique ce soit : sitôt qu'elle vouloit voir ou goûter quelque chose, l'esprit lui faisoit tout outrepasser. Je ne saurois mieux expliquer l'empire que l'esprit avoit alors sur la nature que comme un fameux Conquérant, qui auroit été retenu captif lui-même par l'ennemi qu'il viendroit de dompter : il lui feroit faire avec empire ce qu'il voudroit, & il n'y auroit plus de résistance en lui. J'étois bien éloignée alors de m'élever, ou de me rien attribuer de ce nouvel état ; car mon expérience me faisoit bien voir & sentir ce que j'étois.

3. Je voyois bien que c'étoit un changement d'état qui me dureroit quelque tems ; mais je ne croyois pas mon bonheur aussi grand & aussi immuable qu'il étoit. Si l'on juge du bien par le travail qui l'a précédé, je laisse à juger du mien par les travaux qu'il m'a fallu soutenir avant de l'avoir. Ô Paul, vous dites que (a) *les travaux de cette vie n'ont rien de comparable avec la gloire qui nous est préparée !* Cela est vrai même dès cette vie, où je puis dire, pour l'avoir éprouvé, que tous les travaux que l'on souffre en cette vie ne seroient rien, comparés avec le bonheur de vous posséder en vous-même en la maniere que mon ame se trouvoit. Un jour de ce bonheur seroit bien avec usure la recompense de plusieurs années de souffrances. Quoiqu'il ne fût alors que dans son aurore naissante, il ne laissoit pas d'être tel que je le décris. Toute facilité pour le bien me fut rendue bien plus grande qu'auparavant,

(a) Rom. 8. v. 18.

mais d'une maniere si libre & si exempte de gêne, qu'elle sembloit m'être devenue naturelle.

4. Au commencement cette liberté avoit moins d'étendue : mais plus j'avançois, plus la liberté devenoit grande. J'eus occasion de voir Mr. Bertot pour quelques momens. Je lui dis, que je croiois mon état bien changé, sans lui en dire le détail, ni ce que j'éprouvois, ni ce qui l'avoit précédé. J'eus très-peu de tems à lui parler, & encore étoit-il appliqué à autre chose. Vous permîtes, ô mon Dieu, qu'il me dit, que non ; peut-être sans y penser. Je le crus : car la grace me faisoit croire ce que l'on me disoit malgré mes lumieres & mes expériences ; de sorte que lors que l'on m'avoit dit le contraire de ce que je pensois, toute autre pensée n'étoit plus admise dans mon esprit, qui restoit si soumis à ce qu'on lui disoit, qu'il n'avoit pas seulement une pensée ni une réflexion contraire. Cela ne me fit aucune peine ; car tout état m'étoit indifférent. Je sentois pourtant augmenter tous les jours en moi une espece de béatitude. Je fus entierement délivrée de toute peine & de tous les penchans que je croiois avoir au péché. Il me semble que je faisois alors toutes sortes de biens sans propriété ni retour : & s'il se présentoit un retour, il étoit d'abord dissipé. Il me sembloit qu'il se tiroit comme un rideau qui couvroit cette pensée, & faisoit qu'elle ne paroissoit plus. Mon imagination fut entierement fixée, ensorte que je n'en avois plus de peine. J'étois étonnée de la netteté de mon esprit, & de la pureté de mon cœur.

5. Je reçus une lettre du Pere la Combe qui m'écrivit, que Dieu lui avoit fait connoître qu'il avoit de grands desseins sur moi : qu'ils soient de

justice ou de miséricorde, tout m'est égal. Il lui avoit été dit : *Vous demeurerez en un même lieu.* Il n'en connut pas davantage; & Dieu ne lui fit rien connoître alors de plus particulier. J'avois toujours Geneve dans le fond de mon cœur, sans m'en expliquer à personne. Je ne m'arrêtois pas même à y penser, ni à ce que le P. la Combe m'avoit mandé des desseins de Dieu sur mon ame. Je reçus tout cela dans une entiere indifférence, sans vouloir ni m'en occuper ni y penser, attendant tout, ô mon Dieu, de votre toute puissante volonté. Comme ma misere étoit encore si proche, je craignois même que ce ne fut une ruse du Démon, qui en m'amusant de la pensée d'un bien que je n'avois pas, me feroit perdre celui que je possédois, en me tirant de mon état. Cette crainte étoit douce, paisible, animée de confiance & d'espérance. Plus je me voiois misérable, plus je me voiois propre à vos desseins, ô Dieu ! & il me sembloit que ma misere, mon incapacité, & mon néant ne pouvant rien dérober à Dieu de ce qu'il faisoit, il auroit lui seul toute la gloire de ses œuvres. Je vous disois : *ô mon Seigneur ! prenez des misérables & des hébétés pour faire vos ouvrages, afin que l'on vous en rende toute la gloire, & que l'homme ne s'en attribue rien. Si vous preniez une personne de grande vertu, & enrichie de talens, on pourroit lui en attribuer quelque chose : mais si vous me prenez, on verra bien que vous êtes seul auteur de tout ce que vous ferez.* Je restai de cette sorte sans y penser davantage ni m'en occuper le moins du monde, persuadée que j'étois, que si vous vouliez quelque chose de moi, mon Dieu, vous m'en fourniriez les moyens. Je me tenois cependant en attente, avec une ferme

I. PARTIE. CHAP. XXVIII. 267

volonté d'exécuter vos ordres aux dépens de ma vie propre lors que vous me les feriez connoître. Vous m'ôtâtes toutes croix, & vous me donnâtes une si grande facilité pour toutes choses, que j'en étois surprise. Je me remis à panser les plaies, & vous me faisiez guérir les plus incurables : lors que les Chirurgiens n'y vouloient plus travailler, ou qu'ils vouloient couper les membres où le mal étoit attaché, c'étoit alors que vous me les faisiez guérir. Je devins si libre, que j'aurois pu rester tout le jour à l'Eglise quoique je n'eusse rien de sensible ; & aussi, je n'avois nulle peine de n'y pas être, trouvant par-tout dans une immensité & vastitude très-grande celui que je ne possédois plus, mais qui m'avoit abîmée en lui.

6. O que j'ai bien véritablement éprouvé ce que vous dites dans votre Evangile, qui n'est pas répété des quatre Evangelistes sans sujet, & même dit deux fois dans un Evangile, que (a) *quiconque perdra son ame, la trouvera; & quiconque la voudra sauver, la perdra.* O heureuse perte que celle qu'une heureuse nécessité me fit faire ! Lorsque je me croiois plus perdue sans ressource, ce fut alors que je me trouvai plus sauvée : lorsque je n'espérois plus rien de moi-même, je trouvai tout en mon Dieu : lors que j'eus perdu tout bien, je trouvai en lui toutes fortes de biens : lorsque j'eus perdu tous les appuis créés, & même les divins, je me trouvai dans l'heureuse nécessité de tomber dans le pur divin, & d'y tomber par tout ce que je croiois qui m'en éloignoit davantage. En perdant tous les dons, je trouvai le Donateur : en vous perdant, mon

(a) Matth. 10. v. 39. & 16. v. 25.

Dieu en moi, je vous trouvai en vous-même dans l'immuable, pour ne vous plus perdre. O pauvres créatures, qui passez toute votre vie à goûter les dons de Dieu, & qui croyez en cela être les plus favorisées & les plus heureuses, que je vous plains cependant si vous n'allez pas à mon Dieu par la perte de ces mêmes dons ! Combien d'ames passent toute leur vie de cette sorte, & se croient des prodiges ? Il y a d'autres personnes qui étant destinées de Dieu à mourir à elles-mêmes, passent toute leur vie dans une vie mourante, & dans d'étranges agonies, sans entrer jamais en Dieu par la mort & la perte totale ; parce qu'elles veulent toujours retenir quelque chose sous de bons prétextes, & ne se perdent jamais dans toute l'étendue des desseins de Dieu ; c'est pourquoi elles ne jouissent jamais de Dieu en plénitude ; ce qui est une perte qui ne se connoîtra parfaitement que dans l'autre vie.

7. O mon Seigneur, quel bonheur ne goûtois-je pas dans ma petite solitude & dans mon petit ménage, où rien n'interrompoit mon repos ! Comme je fus longtems à la campagne, & que le bas âge de mes enfans ne requeroit pas trop mon application, joint qu'ils étoient en assez bonne main, je me retirois tout le jour dans le bois, où je passois autant de jours heureux que j'y avois eu de mois de douleur : car c'étoit là où je donnai ci-devant liberté à la douleur de me détruire : c'étoit aussi, dans le commencement, où je donnai lieu à l'amour de me consumer ; & c'étoit alors où je me laissois plus perdre dans un abîme infini & incompréhensible. Je ne puis rien dire de ce qui se passoit en moi, pour être trop pur, trop simple, & trop hors de moi.

8. Vous me traitâtes, ô mon Dieu, comme votre serviteur Job, me rendant au double ce que vous m'aviez ôté, & me délivrant de mes croix. Vous me donnâtes une facilité merveilleuse pour contenter tout le monde : & ce qui est de plus surprenant, c'est que ma belle-mere, qui jusqu'alors s'étoit toujours plainte de moi, quelque soin que j'eusse pris de la satisfaire, sans que je fisse rien qui la contentât, avouoit que l'on ne pouvoit être plus contente de moi qu'elle l'étoit. Les personnes qui m'avoient le plus décriée, en témoignerent de la douleur, & devinrent mes panégiristes. Ma réputation se rétablit avec d'autant plus d'avantage, qu'elle paroissoit plus perdue. Je restai dans une entiere paix, tant du dehors que du dedans. Vous fites cela, ô mon Dieu, pour rendre le sacrifice que vous prépariez de me faire faire, & plus douloureux, & plus parfait ; car s'il m'eût fallu rompre dans le tems des persécutions, ç'auroit été un soulagement, & non un sacrifice : peut-être aussi ne me serois-je jamais pu résoudre de quitter dans le tems de mes peines : j'aurois toujours sans doute appréhendé de descendre de la croix par moi-même, & de lui être infidelle. Il me semble que l'on ne pouvoit être plus contente & plus heureuse que j'étois & dedans & dehors. Comme la croix avoit toujours été ma fidelle compagne & amie, il se réveilloit de tems en tems de petites peines de ne plus souffrir ; mais elles étoient absorbées aussitôt dans un fond qui ne pouvoit admettre aucuns désirs. Quoique le corps souffrît de grandes douleurs, ce n'étoit plus douleur ; mais un fond qui béatifioit toutes choses. Il me semble que mon ame étoit devenue comme cet-

te nouvelle (*a*) Jérusalem de laquelle il est parlé dans l'Apocalypse, où il n'y a plus ni clameur, ni douleur. L'indifférence en moi étoit parfaite; & l'union au bon plaisir de Dieu si grande, que je ne trouvois en moi aucun désir ni tendance. Ce qui me paroissoit alors plus perdu en moi, étoit la volonté; car je n'en trouvois pour quoi que ce soit : mon ame ne pouvoit s'incliner plus d'un côté que de l'autre : tout ce qu'elle pouvoit faire, étoit de se nourrir des providences journalieres. Elle trouvoit qu'une autre volonté avoit pris la place de la sienne, volonté toute divine, qui lui étoit cependant si propre & si naturelle, qu'elle se trouvoit infiniment plus libre dans cette volonté, qu'elle ne l'avoit été dans la sienne propre.

9. Ces dispositions, que je décris comme dans un tems passé afin de ne rien confondre, ont toujours subsisté, & se sont même toujours plus affermies & perfectionnées jusqu'à l'heure présente. Je ne pouvois désirer ni une chose ni une autre; mais j'étois contente de tout ce qui arrivoit, sans y faire ni attention ni réflexion, sinon lorsqu'on me disoit : voulez-vous ceci ou cela? & alors j'étois étonnée que je ne trouvasse plus en moi ce qui pouvoit vouloir : j'étois comme si tout étoit disparu chez moi, & qu'une puissance plus grande eût pris la place. J'avois bien éprouvé dans les tems qui précéderent mes peines, qu'un plus puissant que moi me conduisoit, & me faisoit agir. Je n'avois alors, ce me semble, de volonté que pour me soumettre avec agrément à tout ce qu'il faisoit en moi & par moi : mais ici, il n'en étoit plus de même : je ne trou-

_____
(*a*) Apoc. 21. v. 4.

vois plus de volonté à soumettre : elle étoit comme disparue, ou plutôt passée dans une autre volonté. Il me semble que ce puissant & fort faisoit alors tout ce qu'il lui plaisoit ; & je ne trouvois plus cette ame qu'il conduisoit autrefois par sa houlette & son bâton avec un extrême amour ; il me paroissoit seul, & comme si cette ame lui eût cédé la place, ou bien plutôt, fut passée en lui pour ne plus faire qu'une même chose avec lui.

10. O Union d'unité, (a) demandée à Dieu par Jésus-Christ pour les hommes, & méritée par le même Jésus-Christ, que tu es forte dans une ame que tu perds de la sorte en son Dieu ! C'est là qu'après la consommation de cette unité divine, l'ame demeure (b) *cachée avec Jésus-Christ en Dieu.* O heureuse perte, & d'autant plus heureuse que ce n'est point de ces pertes passageres que l'extase opere, qui sont plutôt des absorbemens que des pertes, puisque l'ame se retrouve sitôt après : mais pertes permanentes & durables, qui vont toujours se perdant dans une mer immense, comme un petit poisson iroit toujours s'abîmant dans une mer infinie. Mais la comparaison ne me paroît pas assez juste : c'est plutôt comme une petite goutte d'eau jettée dans la mer, qui prend toujours plus les qualités de la même mer. Cette ame recevoit, sans pouvoir s'incliner ni choisir. Lors que je parle de *pouvoir*, je ne l'entens pas d'un pouvoir absolu ; mais de celui d'une ame qui a encore des élections & des désirs. Elle recevoit dans une entiere indifférence ce qui lui étoit donné ou fait. Elle faisoit dans les commencemens encore

(a) Jean 17. v. 23.   (b) Col. 3. v. 3.

quelques fautes de précipitation ; mais cela étoit comme hors d'elle, sans cependant qu'elle connût son état.

CHAPITRE XXIX.

Un confesseur à Paris, un Religieux, l'Evêque de Geneve, une Supérieure, le Pere la Combe, le P. Claude Martin, M. Bertot, une Religieuse, lui déclarent que Dieu veut qu'elle s'emploie toute à son service. Marques des songes divins ; Vision significative sur son sujet. Elle se dispose à tout abandonner en pure foi pour servir Dieu selon sa divine volonté nonobstant les répugnances de la nature.

1. Je fus obligée d'aller à Paris pour quelques affaires. Etant entrée dans une Eglise fort obscure pour me confesser, j'allai au premier Confesseur que je trouvai, que je ne connoissois pas, & que je n'ai jamais vu depuis. Je fis simplement ma confession, qui fut fort courte, & je ne disois pas un mot à ce Confesseur. Je fus fort surprise lorsqu'il me dit : je ne sais qui vous êtes ; si vous êtes fille, femme, ou veuve ; mais je me sens un fort mouvement intérieur de vous dire, que vous fassiez ce que Notre Seigneur vous a fait connoître qu'il vouloit de vous : je n'ai que cela à vous dire. Je lui répondis : mon Pere, je suis une veuve, qui ai de petits enfans de quatre & six ans ; qu'est-ce que Dieu pourroit vouloir de moi autre chose que de les élever ? Il me dit : je n'en sais rien. Vous savez bien si Dieu vous a fait connoître qu'il vouloit quelque chose de vous : & si cela est, il n'y a rien qui vous doive

ve empêcher de faire sa volonté. Il faut abandonner ses enfans pour la faire. Cela me surprit fort. Je ne lui dis cependant rien de ce que je sentois pour Geneve. Je ne laissai pas de me disposer doucement à tout quitter si vous le vouliez de moi, ô mon Dieu, & si vous m'en faisiez naître les occasions par votre divine providence. Je n'envisageois pas cela comme un bien auquel j'aspirasse, ni comme une vertu que j'espérasse d'acquérir, ni comme une chose extraordinaire, ni comme un acte qui méritât quelque retour de la part de Dieu. Je ne l'embrassois point comme par zele ; cela paroissoit mort en moi : mais je me laissois aller doucement à ce que l'on me disoit être volonté de Dieu, à laquelle la mienne ne pouvoit faire de résistance ; non par acquiescement, comme autrefois ; mais comme n'étant plus, & ne faisant plus ni distinction ni attention.

2. Comme j'étois dans cette disposition, vivant dans mon domestique avec une extrême tranquillité, sans m'occuper de tout cela, un Religieux de l'Ordre de S. Dominique, de mes amis, eut un grand desir d'aller en mission à Siam. Il demeuroit à vingt lieues de chez nous. Comme il étoit prêt d'en faire le vœu qu'il avoit écrit pour le prononcer, il ne lui fut pas possible de le faire. Il lui fût donné à entendre qu'il devoit m'en venir parler. Il y vint aussitôt : & comme il avoit quelque répugnance à me le déclarer, il alloit dire la Messe dans ma chapelle, croiant que Dieu se contenteroit qu'il fît son vœu en célébrant la Messe, que j'entendrois : mais il en fut empêché : de sorte qu'il quitta la chapelle ayant déja mis l'amict, qu'il ôta, pour

me venir parler. Il me dit donc sa pensée.

Quoique je n'eusse ni sentiment ni pensée de rien faire de positif, je me sentis poussée à lui dire ce qui m'étoit arrivé, & la pensée que j'avois pour Geneve depuis long-tems. Je lui contai même un songe qui m'avoit paru surnaturel, qui m'étoit arrivé la nuit de la Transfiguration, le sixiéme jour d'Août, un an, jour pour jour avant les vœux que je fis ; dont je parlerai dans la suite. Il me sembla de voir l'ecclésiastique du logis avec mon fils le cadet, qui regardoit le ciel avec beaucoup d'admiration : ils s'écrierent, que le ciel étoit ouvert, ils me prioient d'y aller, qu'ils voyoient le Tabor & le Ciel ouvert. Je leur dis, que je ne voulois pas y aller ; que le Tabor n'étoit pas pour moi ; qu'il ne me falloit que le Calvaire. Ils me pressèrent si fort de sortir, que ne pouvant résister à leurs importunités je m'y rendis : je ne vis plus qu'un reste de lumiere ; & en même tems je vis descendre du ciel une croix d'une grandeur déméfurée. Je vis quantité de gens de toutes especes Prêtres, Religieux, qui faisoient effort pour l'empêcher de venir. Je ne faisois autre chose que de rester en ma place en paix, sans faire effort pour la prendre ; mais je restois contente. Je l'apperçus qu'elle s'approchoit de moi : elle avoit avec elle un étendart de la même couleur que la croix : elle se vint jetter d'elle-même entre mes bras : je la reçus avec une extrême joie. Les Bénédictines ayant voulu me l'ôter, elle se retira de leurs mains pour se jetter dans les miennes.

3. Comme je m'entretenois de cela avec ce Pere, j'eus un fort mouvement de lui dire ; mon Pere, vous n'irez point à Siam : vous me servi-

rez en cette affaire ; & c'est pour cela que Dieu vous a envoié ici. Je vous prie de me donner votre avis. (Il est fort savant.) Il me dit, qu'il resteroit trois jours avec moi à la campagne ; & qu'après avoir recommandé l'affaire à Dieu durant ces trois jours, & dit trois Messes, il me diroit son sentiment. Il me dit donc après ce tems, qu'il croioit que c'étoit la volonté de Dieu que j'allasse en ce pays-là : mais qu'afin d'en être plus assurée, il falloit voir l'Evêque de Geneve : que s'il approuvoit mon dessein, c'étoit une marque qu'il étoit de Dieu : que s'il le condamnoit, il n'y falloit plus penser. J'entrai dans son sentiment ; & il s'offrit d'aller à Anneci pour trouver Monsieur de Geneve & lui parler, & de me rendre un compte fidele de ce qu'ils auroient résolu ensemble. Comme il étoit âgé, nous raisonnions de quelle maniere il feroit un si long voyage sans être incommodé, lorsqu'il vint deux Religieux passans, qui nous dirent que l'Evêque de Geneve étoit à Paris. Cela me parut, ô mon Dieu, un miracle de votre providence. Ce bon Religieux se résolut d'y aller : il me conseilla d'écrire au P. la Combe pour savoir son sentiment & recommander l'affaire à ses prieres, sachant qu'il étoit du pays. Il parla donc à Paris à Mr. de Geneve : & comme il arriva une affaire que la divine providence me ménagea pour me faire aller à Paris, je parlai moi-même à Mr. de Geneve.

4. Je lui dis, que mon dessein étoit d'aller en ce pays-là, & y employer mes biens pour faire un établissement pour tous ceux qui voudroient véritablement se convertir à Dieu & se donner à lui sans reserve : que quantité de serviteurs &

servantes de Dieu m'avoient assurée que Dieu demandoit cela de moi; & quoique je ne sentisse aucun penchant marqué pour cela, je croiois néanmoins devoir obéir à la voix de Dieu, qui m'étoit marquée par tant de personnes différentes qui ne s'étant jamais connues, & étant fort éloignées les unes des autres, me mandoient cependant la même chose. Mr. de Geneve approuva mon dessein, & me dit, qu'il y avoit des Nouvelles-Catholiques qui vouloient s'aller établir à Gex; & que c'étoit une providence. Je lui répondis que je n'avois point de vocation pour Gex, mais pour Geneve. Il me dit, que je pourrois aller de là à Geneve. Je crus que c'étoit une occasion que la divine providence m'envoioit pour faire ce voyage avec moins de difficulté: & comme je ne savois rien de positif de ce que Dieu vouloit de moi, je ne voulus m'opposer à rien. Peut-être, disois-je, qu'il veut que je contribue seulement à cet établissement.

5. Je fus voir la Supérieure des nouvelles Catholiques de Paris pour savoir comment toutes choses alloient: elle m'en témoigna bien de la joie, & m'assura qu'elle seroit de la partie. Comme c'est une grande servante de Dieu, cela me confirma; car lors que je pouvois réfléchir un moment (ce qui étoit rare,) je croiois que Dieu prendroit cette fille pour sa vertu, & moi pour mon bien: car sitôt que par infidélité je me regardois, je ne pouvois croire que Dieu voulût se servir de moi: mais lors que je voiois les choses en Dieu, il me sembloit que plus j'étois peu de chose, plus j'étois propre à ses desseins. Comme je ne voiois rien en moi d'extraordinaire, que je me croiois dans le plus bas étage de la perfec-

tion, & qu'il me paroiſſoit, faute de lumiere, (car mon ame n'étoit pas parfaitement établie dans la lumiere éternelle, qui eſt vous, ô mon Dieu,) comme, dis-je, il me paroiſſoit qu'il falloit des lumieres extraordinaires pour des deſſeins extraordinaires; cela me faiſoit héſiter, & craindre la tromperie. Je ne comprenois pas aſſez, que de ſuivre pas à pas votre divine providence étoit la plus grande & la plus pure lumiere; & qu'outre cela, vous m'en donnâtes de continuelles, & d'autant plus admirables, que je les recherchois moins. Ce n'eſt pas que je craigniſſe quelque choſe pour mon ſalut & ma perfection; ce que j'avois remis à Dieu: mais je craignois de ne pas faire ſa volonté pour la vouloir trop faire. J'allai conſulter le P. Claude Martin, fils de la Mere de l'Incarnation de Canada: il ne me décida rien alors, me demandant du tems pour prier, & qu'il m'écriroit ce qui ſeroit la volonté de Dieu ſur moi.

6. J'avois quelque peine à parler à Mr. Bertot, tant à cauſe de la difficulté de lui parler, que parce que je ſavois combien il condamnoit les choſes extraordinaires, & que d'ailleurs il ne m'aidoit aucunement pour mon intérieur, qu'il diſoit être l'oraiſon d'affection, quoique je ne ſuſſe ce que c'étoit. Je me ſoumettois, contre mes lumieres, à ce qu'il me diſoit, quoiqu'il m'eût autrefois certifiée ſur l'oraiſon de foi; mais je laiſſois toutes mes expériences lorſqu'il s'agiſſoit de croire & d'obéir. Comment auroit-il connu mon intérieur, puiſque je ne pouvois lui en rien dire? Je crus cependant que quoiqu'il ne m'aidât plus, je devois m'adreſſer à lui pour une affaire de cette importance, & préférer ſes

lumieres à toutes autres, persuadée que j'étois qu'il me diroit infailliblement la volonté de Dieu. J'y allai donc; & il me dit, que mon dessein étoit de Dieu, & qu'il y avoit déja quelque tems que Dieu lui avoit fait connoître qu'il vouloit quelque chose de moi. Je le crûs sans hésiter; & je revins pour mettre ordre à tout. Plus je me voiois confirmée, plus j'avois d'appréhension sans appréhension, parce que j'aimois beaucoup mes enfans; & l'on ne peut goûter un contentement pareil à celui où j'étois.

7. Lors que je fus de retour, je m'abandonnai, ou plutôt je me délaissai entre les mains de Dieu, résolue de ne pas faire une démarche ni pour faire réussir la chose, ni pour l'empêcher, ni pour la faire avancer ou reculer. Je me laissai en proie à la providence, faisant un sacrifice volontaire en attendant que j'en fisse un réel. J'avois des songes mistérieux qui ne pronostiquoient que des croix, des persécutions, & des douleurs. Mon cœur se soumettoit à tout ce que son Dieu pouvoit vouloir pour lui. J'en eus un très-significatif. Je voiois auprès de moi en travaillant à quelque chose qui étoit de nécessité, un certain animal fort petit, & qui paroissoit comme mort. Cet animal me parut être l'envie de quelques personnes qui paroissoit s'amortir depuis peu de tems. Je pris cet animal: & comme je vis qu'il faisoit ses efforts pour me piquer, & qu'il grossissoit à vûe d'œil, je le jettai. Je trouvai qu'il avoit empli mes doigts comme d'aiguilles. Je m'approchai d'une personne que je connois fort bien, afin qu'il me les ôtât: mais il me les enfonça avec rigueur, & je restai pleine de ces pointes, jusqu'à ce qu'un Prêtre charita-

ble, d'un mérite extraordinaire, (dont le visage m'est encore présent, quoique je ne l'aie jamais vû, mais je crois que je le verrai avant que de mourir) prit cet animal avec des tenailles. Sitôt qu'il le tint serré, mes aiguilles tomberent d'elles-mêmes, & je trouvai que j'entrai facilement dans un lieu qui auparavant me paroissoit inaccessible ; & quoiqu'il y eût de la boue à la hauteur de la ceinture pour aller à une Eglise abandonnée, je passai dessus sans me salir. Il sera aisé par la suite de ma vie de voir ce que cela signifie.

8. On s'étonnera sans doute que faisant si peu de cas de tout l'extraordinaire, je rapporte des songes. Je le fais pour deux raisons : la premiere, par fidélité, ayant promis de ne rien omettre de ce qui me viendroit dans l'esprit : la seconde, parce que c'est la maniere dont Dieu se sert & se communique aux ames de foi pour leur donner des significations de l'avenir en choses qui les concerne, quoiqu'il y ait une maniere de connoître d'une extrême pureté, dont il les gratifie, & que j'expliquerai ailleurs. Ces songes mystérieux se trouvent en quantité d'endroits de l'Ecriture sainte. Ils ont des propriétés singulieres, comme, de laisser une certitude qu'ils sont mystérieux, & qu'ils auront leur effet en leur tems ; de ne s'effacer presque jamais de la mémoire quoique l'on oublie tous les autres, & de redoubler la certitude de leur vérité toutes les fois que l'on y pense ou que l'on en parle : de plus, ils produisent une certaine onction au réveil pour la plupart.

9. Une religieuse des Bénédictines, qui est une très-sainte fille, vit dans leur réfectoire No-

tre Seigneur attaché à la croix, & la Sainte Vierge auprès de lui, qui paroissoient dans une grande peine. Ils faisoient des mouvemens qui sembloient marquer leur souffrance, & le désir qu'ils avoient de trouver quelqu'un qui voulût les partager. Elle courut en avertir la Supérieure, qui dit, qu'elle avoit à faire, & ne pouvoit y aller. Elle voioit qu'elle s'amusoit à des fleurs & à des arbres. Ne trouvant personne qui voulût y aller, elle étoit fort en peine, lorsqu'elle me rencontra & me le dit. J'y courus aussitôt, & Notre Seigneur en parut très-content; il me reçut & m'embrassa comme pour m'associer à ses souffrances; après quoi il n'eut plus de peine. Lors qu'elle me dit cela, je ne lui dis chose aucune de mes desseins. Je compris dans ce moment que c'étoit des desseins de croix, d'opprobres, & d'ignominies, pour me faire porter JESUS CRUCIFIÉ.

10. Je reçus une lettre du Pere la Combe qui me manda, qu'il avoit fait prier de très-saintes filles qui étoient en ces quartiers; que toutes disoient, que Dieu me vouloit à Geneve. Une Religieuse de la Visitation, qui est une très-sainte fille, me manda, que Dieu lui avoit fait connoître la même chose, & qu'il lui avoit été dit, elle sera fille de la croix de Geneve : une Ursuline me fit aussi savoir, que Notre Seigneur lui avoit dit, qu'il me destinoit pour être l'œil de l'aveugle, le pied du boiteux, le bras du manchot &c. L'ecclésiastique qui étoit au logis, craignoit beaucoup que je ne fusse trompée : mais ce qui acheva de le confirmer pour ce tems là, fut que le Pere Claude Martin, dont j'ai parlé, m'écrivit, que Dieu lui avoit fait connoître après

beaucoup de prieres, qu'il me vouloit à Geneve, qu'il vouloit que je lui fisse un sacrifice généreux de toutes choses. Je lui répondis, que Dieu ne vouloit peut-être de moi qu'une somme d'argent pour aider à une fondation qui s'alloit faire là; que je la fournirois bien sans quitter mes enfans. Il me fit réponse, que Dieu lui avoit fait connoître qu'il ne vouloit point de mes biens; mais qu'il vouloit ma personne. Je reçus cette lettre, & en même tems une autre du P. la Combe, qui me mandoit la certitude que Dieu lui avoit donnée & à quantité de bonnes servantes de Dieu, que Dieu me vouloit à Geneve. Quoique ces deux Religieux fussent à plus de cent cinquante lieues l'un de l'autre, ils m'écrivoient presque la même chose. Je fus surprise de recevoir en même tems ces deux lettres si conformes de gens si éloignés.

11. Sitôt que je crûs que c'étoit votre volonté, ô mon Dieu, je ne voiois rien sur la terre capable de m'arrêter. Mes sens ne laisserent pas d'être abandonnés à la peine que peut causer une telle détermination dans une personne qui est mere & qui aime ses enfans : & sitôt que je faisois réflexion le doute s'emparoit de mon esprit. Je n'avois nul témoignage intérieur. Je ne sentois ni penchant ni désir, mais plutôt répugnance. Cependant je m'abandonnois contre toute espérance, appuiée sur la foi en Dieu, qui ne permet pas que ceux qui se confient en lui, soient confus. Ô mon Amour, si je m'étois appuiée sur moi-même ou sur la créature j'aurois appréhendé. Il m'auroit semblé qu'il me seroit arrivé ce qui est dit dans l'Ecriture, que je me serois (a) *appuyée sur un roseau qui en se rompant m'auroit transpercé la main* : mais m'appuyant sur vous seul, ô bonté

(a) Isa. 36. v. 6.

infinie, que puis-je craindre? Quoi! vous, qui délivrez ceux qui ne vous invoquent qu'à peine, pourriez-vous tromper ou abandonner ceux qui quittent tout pour faire votre volonté? Je me réfolus d'aller comme une folle, fans pouvoir dire ni motif ni raifon de mon entreprife. On m'affuroit que vous le vouliez, ô mon Dieu, & c'étoit affez pour me faire entreprendre les chofes les plus impoffibles. Je ne fentois nulle confiance en tous ceux qui me fignifioient votre volonté. Je croiois, que comme ils ne me connoiffoient pas, ils fe trompoient ; & la vûe de ma baffeffe me faifoit tout craindre. Cependant une confiance au-deffus de toute confiance me faifoit voir, qu'il valoit mieux être trompée faifant ce que je croiois être votre volonté, que de marcher avec plus d'affurance fuivant les régles ordinaires, en y manquant. Puis, difois-je, pour ce que je vaux, c'eft bien la peine de craindre d'être trompée. O mon Dieu, vous ne pouvez tromper. Je croiois fermement que vous fourniriez par votre providence tout ce qui étoit néceffaire pour l'éducation de mes enfans ; & cela dans la pure foi : car les fens étoient fans foutien. Je mettois ordre peu à peu, fans empreffement, ne voulant pas faire la moindre chofe ni pour faire différer l'affaire, ni pour l'avancer, ni pour la faire réuffir. La providence étoit ma feule conduite. J'avois l'infidélité de réfléchir : & auffitôt je héfitois; mais mes penfées n'étoient que comme des diftractions, qui fe diffipoient par la foi. Je faifois dire cependant plufieurs Meffes : je faifois faire des dévotions de tous côtés : je donnai même des dons à une Eglife dédiée à la Sainte Vierge pour obtenir la grace de faire votre volonté, & de fortes aumônes pour obtenir de la connoître.

CHAPITRE XXX.

Retour des personnes qui l'avoient durement exercée auparavant, & punition d'une, pour qui elle souffre. De la purification d'une Religieuse, qu'elle discerna. Ses charités envers les pauvres. Elle s'abandonne à Dieu nonobstant tous obstacles, & Dieu l'assure de sa vocation divine. Ses peines sur l'engagement dans une société qu'on lui proposoit, & dont elle est détournée.

1. Il sembloit, ô mon Dieu, qu'en travaillant par votre providence à me faire tout quitter, vous rendiez tous les jours mes liens plus forts & ma séparation plus condamnable : car enfin, on ne pouvoit recevoir d'amitiés plus fortes d'une propre mere que celles que ma belle-mere me témoignoit alors. Le moindre petit mal que j'avois la mettoit dans une inquiétude mortelle. Elle disoit, qu'elle avoit de la vénération pour la vertu que vous aviez mise en moi. Je crois que ce qui ne contribua pas peu à ce changement, fut qu'elle apprit par des gens qui s'adresserent même à elle sans y penser, & par providence, que trois personnes m'avoient recherchée ; & comme je les avois refusées, quoique ce fussent des personnes d'une qualité si fort au-dessus de la mienne, & avec tant d'avantages, elle en resta surprise : mais ce qui la fit le plus rentrer en elle-même, fut qu'elle se souvint qu'elle m'avoit dit à moi-même dans le tems que ces personnes me recherchoient, que si je ne me mariois pas, c'est que je ne trouvois pas ; & que je ne lui avois point répondu un mot pour lui faire connoître qu'il ne

tenoit qu'à moi de le faire avec beaucoup d'avantage. Elle pensa même qu'un traitement aussi rigoureux que celui qu'elle tenoit en mon endroit, pourroit peut-être bien me porter à me laisser aller aux poursuites afin de me délivrer avec honneur de la tyrannie : elle comprit assez le dommage que cela feroit à mes enfans : enfin, vous lui ouvrîtes les yeux, & vous changeâtes sa rigueur en tendresse.

2. Je tombai extrêmement malade. Je crûs, ô mon Dieu, que vous étiez content de la volonté de mon sacrifice, & que vous vouliez celui de ma vie. Ce fut dans cette maladie que ma belle-mere me fit voir la tendresse qu'elle avoit pour moi. Elle ne s'écartoit presque point de mon lit ; & les larmes qu'elle versoit faisoient voir la sincérité de son affection. J'en sentois une très-grande reconnoissance ; & il me sembloit que je l'aimois comme ma véritable mere. Quelle raison de la quitter lorsqu'elle m'aimoit si fort, & dans un âge fort avancé !

Cette fille, qui jusqu'alors avoit été mon fléau, prit une amitié pour moi inconcevable. Elle me louoit par-tout ; disant, que j'étois une vraie sainte, quoique j'en fusse si éloignée. Elle me servoit avec un respect extraordinaire ; me demandoit excuse de ce qu'elle m'avoit fait souffrir. Elle mourut de regret après mon départ.

3. Il y avoit un Prêtre de mérite, & intérieur, qui avoit pris un emploi malgré l'avis que je lui avois donné du contraire. Je ne pouvois croire que Dieu le voulût de lui. C'étoit, qu'il se mit avec le premier homme avec lequel j'avois eu de la liaison, & qui m'a tant persécutée. Il s'y mit en se cachant de moi, après m'avoir dit qu'il ne le feroit pas. Notre Seigneur, qui vouloit le sau-

ver, le fît bientôt mourir. Je le voyois décheoir de sa grace peu-à-peu par cette infidélité dans les tems de la persécution de ce Monsieur chez lequel il demeuroit. J'appris qu'il avoit adhéré à ce qu'il lui disoit de moi ; qu'il en avoit même raillé avec lui. Je ne lui en témoignai rien, & même je ne le voyois point. J'étois à la campagne lorsqu'il mourut. Je n'eus pas besoin d'être avertie de sa mort. Je le portai deux fois vingt quatre heures avec une peine de purgatoire & des terreurs grandes. Il me fut donné à entendre, qu'il venoit faire un purgatoire auprès de moi, à cause qu'il avoit adhéré à la calomnie. Je communiai pour lui ; & je ne le sentis plus. Je n'ai jamais porté purgatoire si sensiblement que celui-là.

4. Il y avoit une Religieuse dans un monastere où j'allois souvent. Cette fille étoit entrée, durant six mois que je fus à la campagne, dans un état de purification que chacun regardoit comme une folie dans la maison. On l'enferma même avec violence : ce qui la pensa perdre. Toutes les personnes à qui on l'avoit fait voir, disoient que c'étoit folie. A mon retour j'entrai dans cette maison : ils me dirent qu'elle étoit devenue folle. Je savois que c'étoit une sainte fille. Je demandai à la voir. Sitôt qu'elle m'approcha, je sentis l'impression comme d'une ame de purgatoire. Je compris aussitôt que ce n'étoit point folie, mais état de purification. Je dis à la supérieure, que je la priois que l'on ne l'enfermât point : que l'on ne la fît plus voir à personne ; mais qu'elle eut la bonté de me la confier ; que j'espérois que les choses changeroient. Je compris que sa plus grande peine étoit de passer pour folle ; qu'elle avoit pour cela une très-grande répugnance ; & que lorsque l'état de folie se présentoit à son esprit avec la pensée de s'y immo-

ler, loin de le faire, elle y réfiſtoit, & devenoit toute furieuſe. Je lui conſeillai de ſe ſacrifier à porter l'état de folie, que Jéſus-Chriſt avoit voulu porter chez Hérode. Ce ſacrifice lui donna d'abord plus de calme. Mais comme Dieu vouloit purifier cette ame, il la purifioit de toutes les choſes auxquelles elle avoit eu le plus d'attache. Elle avoit pour ſa ſupérieure une attache très-forte. Elle éprouvoit à ſon égard une peine étrange, qui étoit, un déſir de la voir & d'être auprès d'elle; & ſitôt qu'elle l'approchoit, une haine & oppoſition effroyable. Elle étoit de même pour tous ſes exercices ſpirituels pour leſquels elle avoit eu attache. Elle paſſoit autrefois les jours devant le S. Sacrement; & elle n'y pouvoit alors durer un inſtant. Cela les faiſoit toujours plus juger qu'elle étoit folle. Je portois en mon fond un inſtinct de jugement juſte, qui ne me trompoit point; & j'aſſurois du contraire : mais pour l'impreſſion de ſon état comme celui d'un purgatoire, il m'étoit donné lorſqu'elle m'approchoit. Enfin après avoir ſouffert étrangement, ſa Supérieure m'écrivit que j'avois eu raiſon, & qu'elle étoit ſortie de là purifiée comme un Ange. Dieu permît qu'il n'y eût que moi qui connut ſon état. Vous commenciez à me donner alors, ô mon Dieu, le diſcernement des eſprits.

5. L'année que je partis pour m'en aller, l'hiver de devant fut un des plus longs & des plus rudes qu'il y eût eu depuis bien des années. C'étoit en 1680. La néceſſité devint extrême. Cela me fut occaſion de faire de très-grandes charités : Car outre celles que je faiſois en ſecret aux pauvres honteux, qui étoient en très-grand nombre, celle que l'on faiſoit au logis, diſtribuant du pain à tous les autres, étoit fort grande. Ma belle-mere vou-

lut être de celle du logis, & nous nous mîmes ensemble pour cela. Elle y contribua avec bien de la bonté & de la charité; & je la trouvois si changée, que j'en étois surprise & ravie. Nous donnions au logis 96 douzaines de pains toutes les semaines: mais les charités secrettes étoit plus fortes. J'avois des filles en métier & de petits garçons. Tout cela fut cause que ma sortie fut bien plus blâmée, & d'autant plus, que mes charités avoient plus éclaté. Je ne trouvois alors rien de difficile; & vous donniez, ô mon Dieu, un telle bénédiction à mes aumônes, que je ne trouvois pas qu'il en coutât rien à ma famille: ce qui me surprenoit extrêmement. Avant la mort de mon mari, ma belle-mere lui ayant dit que je le ruinerois pas mes charités, (quoiqu'il fut lui-même si charitable qu'une année de cherté, étant encore garçon, il distribua une somme très-considérable,) comme cependant ma belle-mere lui disoit cela fort souvent, & qu'assurément je donnois avec excès, il me dit, qu'il vouloit absolument que j'écrivisse toute la dépense que je faisois, ce que je donnois pour la dépense de la maison, tout ce que je faisois acheter; afin qu'il jugeât de ce que je donnois aux pauvres. Cette nouvelle obligation me paroissoit d'autant plus dure, que depuis plus d'onze ans que j'étois mariée l'on ne s'en étoit pas avisé. Ce n'étoit pas l'affront que j'y recevois qui me faisoit peine, ce me semble: c'étoit plutôt la peur de ne pas avoir de quoi donner. Je m'y soumis pourtant sans rien retrancher de mes charités; chose admirable de votre Providence, ô mon Dieu! Je n'écrivois aucune de mes aumônes: & ma dépense se trouva juste, sans un sol de plus ou de moins. Je restai dans l'étonnement, & je vis bien que mes charités n'étoient faites que fur votre fonds. Cela me rendit encore plus libérale d'un bien qui ne m'appartenoit pas. O fi l'on favoit combien les charités, loin d'incommoder, apportent la profufion, on en feroit charmé. Combien de diffipations inutiles, qui feroient fi propre pour la fubfiftance des pauvres & dont Dieu recompenferoit même les familles.

Dans le tems de mes grandes peines, quelques années après mon veuvage, (car mes peines ont commencé trois ans avant que je fuffe veuve, & ont duré quatre ans après,) les valets du logis me vinrent dire, qu'il y avoit dans le chemin (car j'étois à la campagne) un pauvre foldat qui fe mouroit. Je le fis amener; & lui ayant fait préparer un lit dans un lieu féparé, je le gardai plus de quinze jours : Je lui fis recevoir fes Sacremens. Son mal étoit un cours de ventre qu'il avoit pris à l'armée : il étoit fi puant, & fi infecté, que quoique l'on fût affez charitable au logis, perfonne n'en pouvoit approcher. J'allois lui vider fes pots. Il eft vrai que je n'ai jamais rien fait qui m'ait tant coûté, car je ne pus jamais m'accoutumer à cette odeur : quand je les vidois, il en fortoit une exhalaifon fi maligne, que j'en étois au mourir. Je faifois des efforts des quarts d'heure entiers : il me fembloit que mon cœur alloit fortir. Je ne défiftai jamais de le faire, & vous ne permîtes pas, ô mon Dieu, par votre bonté, qu'il m'en arrivât aucun mal. Je gardois quelquefois des pauvres pour les panfer; mais cela ne me coûtoit rien. Cette odeur étoit la plus terrible que j'aie fenti en ma vie : auffi en mourut-il.

6. Ce qui me faifoit encore plus de peine étoit la tendreffe que j'avois pour mes enfans, fur-tout pour mon cadet, que j'avois des raifons d'aimer. Je le voyois porté au bien, & il me fembloit que
tous

tout fecondoit dans fon naturel les efpérances que j'en avois conçues. C'étoit, ce me femble, beaucoup rifquer que de le laiffer à une autre éducation : ce qui me faifoit plus de peine à abandonner, que tout le refte. J'aurois bien voulu mener ma fille avec moi : je ne croyois pas la devoir quitter : mais elle étoit malade depuis trois ans d'une fievre triple-quarte : de forte qu'il n'y avoit nulle apparence de l'emmener. Cependant, ô mon Dieu, vous fîtes par votre providence que la fanté lui fut rendue fi promptement & fi parfaitement quatre mois avant mon départ, que je la trouvai en état de l'emmener.

7. Les liens dont vous me teniez unie à vous, ô mon Dieu, étoient infiniment plus forts que ceux de la chair & du fang. Il me fembloit que mon unique devoir étoit de faire votre volonté : & quand je n'aurois pas été à vous par le titre de votre créature, & par l'engagement de ma rédemption, les loix de mon mariage facré ne font elles pas de tout quitter pour fuivre fon Epoux ? Il falloit donc vous fuivre où vous m'appelliez : car quoique j'aie beaucoup héfité avant que de partir, je n'ai jamais douté dans la fuite que ce ne fût votre volonté : & quoique les hommes qui ne jugent des chofes que felon le fuccès avantageux qu'elles paroiffent avoir, ayent pris occafion de ma déroute & des mes difgraces pour juger de mon appel & le condamner d'erreur, d'illufion, & de fauffeté ; c'eft ce même renverfement, & les multitudes étranges des croix qu'il m'a attirées, qui m'ont fait juger de fa vérité : enforte que bien que la prifon (*a*) où je fuis maintenant, en foit une fuite, je fuis plus convaincue que jamais que l'a-

(*a*) Elle étoit alors renfermée à Ste. Marie à Paris.

Tome I.   T

bandon que j'ai fait de toutes choses a été selon votre volonté. Si cela n'étoit pas, votre Evangile n'auroit donc point de vérité, lui qui promet le centuple dès cette vie & des persécutions à ceux qui quitteront tout pour votre amour. N'ai-je pas eu le centuple infiniment par la possession si entiere que vous avez prise de moi, par la fermeté inébranlable que vous me donnez dans mes souffrances, par la tranquilité parfaite au milieu de la plus furieuse tempête dont je suis battue de toute part, par une joie, largeur, & liberté infinie que j'éprouve dans la plus étroite & rigoureuse captivité? Combien de pesécutions sont elles venues fondre sur moi, comme on le verra, & dont je ne suis pas à bout, puisque je suis encore prisonniere? Je ne désire point que ma prison finisse; j'aime mes chaînes: tout m'est égal, parce qu'il n'y a plus de volonté chez moi, ni d'autre amour que l'amour & la volonté de celui qui me possède, & en qui je suis passée. Il ne faut pas croire qu'il me donne du goût sensible pour mes croix. Mon cœur est bien éloigné de cela: elles se portent toutes très-nuement; mais avec une fermeté qui n'est plus en moi, ni de moi, mais en celui qui est notre vie; puisque j'ose dire avec mon Apôtre, (a) *Je ne vis plus moi, mais Jésus-Christ vit en moi. C'est en lui que nous vivons, que nous agissons & que nous sommes.*

8. Pour revenir au sujet dont je m'écarte souvent sans y penser, je dis donc, que ce qui me faisoit le plus de peine n'étoit pas tant de m'en aller, comme de m'engager avec les nouvelles Catholiques. Je voulois trouver en moi un attrait pour elles: j'en cherchois; & je n'en trouvois

---

(a) Gal. 2. v. 20. Act. 17. v. 28.

point. Cet institut étoit opposé à mon esprit & à mon cœur : non que je n'aimasse de contribuer à la conversion des ames errantes, puis que j'avois pour leur conversion autant d'attrait que j'en étois capable dans un fond très-mort & très-anéanti : mais la maniere de vie & l'esprit de cet institut ne me convenoit pas : & lorsque je voulois me surmonter en ce point, & me lier avec elles, mon ame perdoit sa paix. J'aurois pû croire que je leur aurois été assez propre ; puisque vous vous étiez servi de moi, ô mon Dieu, avant mon départ pour convertir des familles entieres, dont l'une étoit composée d'onze ou douze personnes. D'ailleurs le P. la Combe m'avoit mandé, de me servir de cette occasion pour partir, & ne me disoit point si je devois m'engager avec elles ou non. Ainsi ce fut la seule providence de mon Dieu, à laquelle j'étois abandonnée sans reserve, qui m'empêcha de me lier avec elles.

9. Un jour que par infidélité je réfléchissois sur cette entreprise, je me trouvois un peu ébranlée par la crainte de me méprendre : ce qui fut augmenté sur ce que l'Ecclésiastique du logis, qui étoit le seul auquel j'avois confié mon secret, me dit, que j'avois mal consulté, qu'assurément je ne m'étois pas bien expliquée. Comme j'étois un peu abattue, il me vint un mouvement d'ouvrir Isaïe : Je trouvai à l'ouverture du livre cet endroit ; (a) *Ne crains point, ô Jacob, qui es comme un petit ver ; & vous, Israël, qui êtes comme mort. Ce sera moi qui vous conduirai. Ne craignez point, car vous êtes à moi. Lorsque vous marcherez au travers des eaux, je serai avec vous.*

(a) Isa. 41. v. 13. 14.

10. J'avois un fort grand courage pour aller ; mais j'avois peine à me perſuader que ce fût pour être aux nouvelles-Catholiques. Il étoit cependant néceſſaire que je viſſe la ſœur Garnier, Supérieure des nouvelles-Catholiques à Paris, avant de partir ; afin de prendre des meſures avec elle. Mais je ne pouvois aller à Paris, parce que ce voyage m'auroit empêché d'en faire un autre dans le tems qu'il m'auroit fallu partir. Quoique cette fille fût fort incommodée, elle ſe réſolut de me venir trouver : mais, ô mon Dieu, vous conduiſiez les choſes d'une telle maniere par votre providence, pour faire tout venir au point de votre volonté, que je voyois tous les jours de nouveaux miracles qui me charmoient : car vous preniez avec une bonté paternelle ſoin des plus petites choſes. Comme elle penſoit partir, elle tomba malade ; & vous le permites de la ſorte pour donner lieu à une perſonne qui auroit tout découvert, de faire (cependant) un voyage. Elle partit enfin encore très-foible : & comme elle m'avoit donné avis du jour de ſon départ, voyant que ce jour-là il faiſoit une chaleur exceſſive, & un tems ſi étouffé, que je m'imaginai bien que la choiant chez elle comme on faiſoit, on ne la laiſſeroit pas partir (ce qui étoit vrai, comme elle me le dit elle-même depuis), je m'adreſſai à Notre Seigneur [diſant] encore s'il faiſoit du vent ! cela tempéreroit la chaleur, & cette bonne fille pourroit venir. A peine eus-je dit cela, qu'il s'éleva tout-à-coup un vent ſi frais, que j'en fus étonnée ; & ce vent ne ceſſa point pendant tout ſon voiage juſqu'après ſon retour.

11. J'allai au devant d'elle, & la menai à une maiſon de campagne, de ſorte qu'elle ne fut vue

ni connue de personne. Ce qui m'embarrassa un peu fut, que j'avois deux de mes domestiques qui la connoissoient : mais comme j'étois après à travailler à la conversion d'une Dame, je ménageai des conversations avec elle de sorte qu'ils crurent aisément que c'étoit pour cela que je l'avois fait venir, & qu'il falloit garder le secret afin que cette Dame ne fût point rebutée de venir, sachant qui elle étoit. Vous fîtes, ô mon Dieu, que quoique je ne sussepoint de controverse, je ne laissois pas de répondre à tous ses doutes, de maniere qu'elle ne pouvoit ne point se rendre. Quoique la Sœur Garnier eût bien du talent & de la grace, cependant ses paroles ne faisoient point dans cette ame l'effet que celles que vous me faisiez lui dire y faisoient, comme elle m'en a assurée elle-même. Elle ne pouvoit même s'empêcher de le dire. Je sentis un mouvement de vous la demander comme un témoignage de votre sainte volonté. Vous me l'accordâtes, ô mon Dieu, quoiqu'elle ne fît son abjuration qu'après mon départ, & non avant, voulant me faire partir sans autre assurance si non celle que la divine providence conduisoit toutes choses. La Sœur fut bien quatre jours sans me déclarer ses pensées. Le quatrieme elle me dit, qu'elle ne viendroit pas avec moi. J'en fus d'autant plus surprise, que je m'étois persuadée que Dieu, sans avoir égard à ma misere, donneroit à sa vertu ce qu'il refuseroit à mes démérites : D'ailleurs les sujets qu'elle me proposoit me paroissoient sans grace surnaturelle & tout humains. Cela me fit hésiter quelques momens : puis prenant un nouveau courage par l'abandon de tout moi-même, je lui dis : je n'y vais pas pour vous ; je ne laisserai pas d'y aller sans vous. Elle fut surprise, comme elle me l'avoua : car elle croyoit que sitôt qu'elle n'y iroit pas, je n'y voudrois plus aller.

12. Je réglai toutes choses, & j'écrivis sur un papier comme je voulois le contract d'association avec elles. Je ne l'eus pas plutôt fait, qu'après la Communion je sentis des brûlemens & troubles effroyables. J'allai trouver la Sœur Garnier : & comme je savois qu'elle avoit l'esprit de Dieu, je ne fis nulle difficulté de lui dire ma peine. Je lui fis entendre que je ne doutois pas que Dieu ne me demandât à Geneve ; mais que je ne savois pas s'il me vouloit de leur congrégation. Elle me demanda [du tems] jusqu'après la Messe & la Communion ; & qu'elle me diroit ce qu'elle croioit que Dieu vouloit de moi. Vous vous servîtes d'elle malgré ses propres intérêts, & contre son inclination, pour me faire connoître votre volonté, mon Seigneur. Elle me dit donc, que je ne devois point me lier avec elle, & que ce n'étoit pas votre dessein : que je devois m'en aller simplement avec ses Sœurs ; & que lorsque je serois là, le Pere la Combe (de qui elle avoit vû la lettre) me signifieroit votre volonté. J'entrai d'abord dans ces avis, & mon ame recouvra sa paix.

13. Mon premier dessein, ou plutôt ma premiere pensée, avoit été avant que je susse que les nouvelles-Catholiques alloient à Gex, d'aller à Geneve, comme alors il y avoit des Catholiques en service & autrement ; & de me mettre dans une petite chambre sans éclat & sans me déclarer d'abord : & comme je savois faire toutes sortes d'onguens, panser les plaies, & sur-tout les écrouelles, dont il y a beaucoup en ce lieu, & pour lesquelles j'avois un remede très-assuré, je me susse

insinuée doucement en cette maniere : & avec les charités que je leur aurois faites ; & de cette sorte j'y aurois gagné bien des personnes. Je ne doute pas que si je m'y fusse prise ainsi, les choses n'eussent peut-être mieux réussi. Cependant je crus que je ferois mieux de suivre le sentiment de l'Evêque que mes propres lumieres : mais que dis-je, ô mon Dieu ! votre dessein éternel n'a-t-il pas eu son effet, & son accomplissement en moi ? On parle en homme, parce que l'on est homme ; mais, ô Dieu, lorsqu'on regarde les choses en vous, on les voit bien avec d'autres yeux. Oui mon Seigneur, votre dessein étoit de donner Geneve non à mes soins & à mes paroles, mais à mes souffrances. Car plus je vois les choses désespérées, plus j'espére la conversion de cette ville par une voie connue à vous seul. Oui, Geneve, vous verrez dans vos murailles refleurir la vérité que l'erreur en a bannie, & il se vérifiera très-heureusement en votre faveur ces belles paroles qui sont écrites sur votre maison de ville, *Après les ténebres, la lumiere* : & quoique vous les preniez à présent dans un sens tout contraire, il est certain que vous serez un jour éclairée de la lumiere de vérité, & que ce beau Temple de S. Pierre aura encore l'avantage de renfermer dans son sein nos redoutables mysteres. Qu'il est bien vrai dans un sens, ô mon Seigneur, que vous m'avez fait fille de la croix de Geneve ; & que je donnerois de bon cœur mon sang pour y voir arborer votre croix ! Le pere la Combe m'a dit depuis, qu'il avoit eu de son côté un fort mouvement de me mander de ne me point engager avec les nouvelles Catholiques ; qu'il ne croioit pas que ce fût la volonté de Dieu : mais il l'oublia. Je ne pouvois plus confulter Mr. Bertot, car il étoit mort quatre mois avant mon départ. J'eus quelque figne de fa mort : je fus la feule à qui il s'adreffa : il m'a femblé qu'il me fit part de fon Efprit pour aider fes enfans.

14. Il me vint une crainte, que le rebut que j'avois fenti de me dépouiller en faveur des nouvelles Catholiques de ce que je deftinois pour Geneve ne fût une rufe de la nature, qui ne veut point fe dépouiller. J'écrivis à la Sœur Garnier de faire dreffer un contract felon mon premier mémoire. Vous permîtes, ô mon Dieu, que je fiffe cette faute pour me faire davantage connoître votre protection fur moi.

Fin de la Premiere Partie.

www.ingramcontent.com/pod-product-compliance
Lightning Source LLC
Chambersburg PA
CBHW050538170426
43201CB00011B/1479